번역과정의 전문지식과 명시화

Expertise and explicitation in the translation process

존 벤자민스 통번역 총서 14
한 국 통 역 번 역 학 회

John Benjamins Series

14

번역과정의 전문지식과 명시화

Expertise and explicitation in the translation process

비르지타 엥겔룬드 디미트로바 편저 | 유한내 옮김

HUiNE

발간사

1960년대 캣포드(J. C. Catford)와 니다(E. Nida) 이후 통역학을 포괄하는 번역학은 현대적 본격 학문 분야로 부상하기 시작하였다. 캣포드의 '언어학적 접근'과 니다의 성서 번역을 위한 '소통 효과 중심'의 접근에 이어 '문화 전환(cultural turn)'과 '맥락 전환(contextual turn)'의 패러다임 전환을 거치면서 번역학은 학제적 성격(interdisciplinarity)을 더욱더 공고히 하게 되었다.

번역학이 대표적인 학제적 학문분야인 것은 연구대상인 문제와 현상의 설명을 위해 가져오는 이론 틀(frameworks)과 연구방법론(research methodology)의 다양성 때문이라 할 수 있다. 번역학은 번역과정과 번역 결과물을 모두 연구 대상으로 삼는다. 번역사의 '블랙박스' 안에서 번역 행위를 둘러싸고 연속적으로 이루어지는 무수한 의사결정 과정과 그 과정에 작용하는 다양한 변수들을 설명하는 한편 이들 작용의 가시적 구현체로서의 번역결과물을 모두 다룬다. 이렇다 보니 번역사의 머릿속에서 이루어지는 과정을 들여다보기 위해 사고발화법(Think-Aloud Protocol), fMRI(functional magnetic resonance imaging, 기능적 자기 공명 영상 기법), 통계처리를 포함하는 코퍼스 분석, 담화분석 및 기능문법 등 다양한 인접학문분야의 연구성과와 분석도구를 차용하기도 한다.

그러나 번역학이 언제까지나 학제성에 만족하고 있을 수만은 없다. 번역학의 학제성은 그동안 어쩌면 번역학의 일방적 '짝사랑'이었을 수도 있다는 문제의식이 필요한 시점에 와있다. 프랑스 번역학자 질(D. Gile)의 이야기는 이런 면에서 시사하는 바가 크다.

> [번역학이] 타 학문 분야와 맺은 파트너십은 균형을 이루지 못한 경우가 대부분 이어서, [우월한] 지위, 파워, 재정능력 및 실제 리서치 능력은 일반적으로 파트너 관계에 있는 학문분야에 있다. 뿐만 아니라 학제성이 패러다임의 확산을 도와 결과적으로 자율적인 학문분야로서의 통번역 연구의 지위를 약화시키고 있다.
>
> (질 2004: 29)

질의 이야기는 학제성을 장점으로 부각시켜온 번역학의 입장에서 다시 한 번 곱씹어볼 만하다. 핌(A. Pym) 역시 대표적 번역학 학술지의 하나인『Target』의 역할을 돌아보면서, 번역학이 인접 학문분야의 연구 성과를 도입해오고 있는 반면, 정작 번역학의 연구 성과가 인접 학문분야로 전파되는 경우는 상대적으로 드물다는 점을 지적하고 있다. 그만큼 쌍방향의 균형 잡힌 호혜적 지적(知的) 파트너십은 아니었다는 이야기일 것이다.

이런 시점에서 번역학을 연구하는 우리가 해야 할 일은 번역학 자체의 고유 연구영역을 더 분명히 규정하는 한편, 학문적 엄격성(academic rigor)을 갖춘 연구방법론을 확립하는 일일 것이다. 이런 맥락에서 그동안 전세계적으로 번역학의 다양한 연구 성과와 새롭게 개척되는 연구방법론을 선도적으로 꾸준히 소개해온 존 벤자민스(John

Benjamins) 출판사의 통번역 총서의 기여를 인정해야 할 것이다. 번역학 연구자라면 누구나 이 총서 가운데 최소한 한두 권 이상은 읽어보았을 정도로 번역학의 학문적 성과를 집대성하여 소개하였기 때문이다. 『존 벤자민스 통번역 총서』 번역 작업에 누구보다도 바쁘신 교수연구자들이 다수 자원하신 것은 바로 이 총서에 대한 지적 향수(知的 鄕愁) 같은 것이 작용한 때문은 아닐지.

국내 최초의 전문통번역학 연구단체인 한국통역번역학회(KSCI)가 이번에 『존 벤자민스 통번역 총서』 가운데 대표적인 업적들을 선별하여 번역 출간하게 된 것은 특별히 의미가 크다. 1998년 학회 창립 이래 국내 최초의 한국연구재단 등재지 『통역과 번역』, 국제전문학술지 『FORUM: International Journal of Interpretation and Translation』을 발행해오면서 국내외 통번역학의 발전과 소통에 이바지해온 본 학회의 통번역총서 번역 발간이 우리말로 쓰인 번역학 자료에 목말라해 온 연구자들에게 도움이 될 수 있기를 희망한다.

경기침체로 출판계 전망이 장밋빛이지만은 않은 상황에서, "뜻있는 기획출판일수록 대학 출판부에서 맡아야 한다."며 선뜻 『존 벤자민스 통번역 총서』 출판 추진에 합의해주신 한국외국어대학교, 특히 장지호 지식출판원장님과 신선호 팀장님께 고개 숙여 감사를 드린다. 학회를 대표하여 출간을 총괄해주신 김대진 서울과학기술대학교 교수님과 실무조정을 도와준 학회 교수님들께도 감사의 마음을 전한다.

2016년 3월 16일

한국외국어대학교 영어통번역학부 교수

존 벤자민스 통번역 총서 기획위원장

정호정

헌사

본 연구는 스웨덴 인문사회학 연구위원회, 스웨덴 연구위원회, 스웨덴 은행 300주년 재단의 연구지원금을 받아 이루어졌다.

본 연구의 일부를 다양한 분야의 동료들과 논의함으로써 다양한 학제의 대표들로부터 피드백을 받을 수 있었다. 스톡홀름 대학 이중언어 연구센터 및 케네스 힐튼스탐(Kenneth Hyltenstam) 교수님, 스톡홀름 웁살라(Stockholm-Uppsala) 연구 프로그램 "번역과 통역-언어 및 문화 간 만남"과, 프로젝트를 이끌어주신 렌나르트 엘메빅(Lennart Elmevik) 교수님, 브리냐 스와네(Brynja Svane) 교수님, 에링 반더(Erling Wande) 교수님, 그리고 모든 참가자들, TAP 데이터를 전사해주신 에바 투르크잔스카폭스(Ewa Turczynska-Foks), 연구 네트워크 EXPERTISE와 창립자인 오슬로 대학의 안틴 포그너 래드닝(Antin Fougner Rydning), 처음부터 참여해주신 리타 야스클라이넨(Riita Jääskeläinen), 안트 뤼케 야콥센(Arnt Lykke Jakobsen), 커스틴 요나손(Kerstin Jonasson), 폴 쿠스마울(Paul Kussmaul), 베아테 트런뎀(Beate Trandem), 소냐 티르코넨-콩디(Sonja Tirkkonen-Condit), 연구 네트워크 TRAPROS(스웨덴번역과정연구)와 그 회원인 알렉산더 퀸즐리(Alexander Künzli), 울프 노르베리(Ulf Norberg)와 모레나 아즈벨 슈밋(Morena Azbel Schmidt), 초기 버전에 대해 의견 주신 스벤 귀스타브손(Sven Gustavsson), 세실리아 알브스태드(Cecilia Alvstad), 정말 중요한 제안을 해주신 익명의 검토자 두 분, 영어를 다듬어주신 캐서린 스튜어트(Katherine Stuart)께 감사드린다. 특히 텍스트의 다양한 버전을 꼼꼼히 읽고 방법론, 이론, 연구의 다양한 측면과 관련해 중요한 통찰력을 제공해주신 알렉산더르 퀸즐리께 감사드린다.

또한 다양한 TÖI 과정 및 통번역사 교육 프로그램을 통해 본 연구를 수행하고 결과를 입증할 수 있는 특별한 기회를 주신 스톡홀름 대학 통번역학연구소인 TÖI의 동료와 군나르 레마겐(Gunnar Lemhagen) 연구소장님께 감사드린다.

또한 본 연구에 참여해주신 아홉 분의 참가자들께도 진심으로 감사드린다. 이 분들이 아니었다면 연구가 불가능했을 것이다. 마지막으로 늘 나와 함께 해준 가족들 민코(Minko), 니콜라이(Nikolaj), 안톤(Anton)에게 고마움을 표현하고 싶다.

차례

발간사 • 5

헌사 • 9

약어목록 • 13

제 1 장 도입 • 15

제 2 장 텍스트 (재)생산으로서의 번역 • 25

2.1 이론적 배경 • 25

2.2 번역 역량, 능력, 전문지식 • 27

2.3 번역 업무 수행 • 38

2.4 번역과정의 텍스트 • 55

2.5 연구 설계 • 87

제 3 장 연구방법 및 데이터 • 91

3.1 방법론적 고려사항 • 91

3.2 동시발화 또는 TAP • 95

3.3 쓰기 과정의 컴퓨터 로깅 • 103

3.4 연구 데이터 • 105

3.5 코딩, 데이터 분석, 결과 보고 • 113

제 4 장 번역 업무 수행 • 117

4.1 연구문제 • 117
4.2 업무 수행: 시간적 특징 • 118
4.3 업무의 초기 계획 • 122
4.4 쓰기 과정의 분절[2)] • 129
4.5 교정- TT 평가 및 변경 • 141
4.6 요약 및 결론 • 172

제 5 장 번역과정의 명시화 • 197

5.1 연구문제, 데이터, 연구방법 • 197
5.2 러시아어 및 스웨덴어의 텍스트 연결어 • 201
5.3 ST의 함축적 순접 • 219
5.4 ST의 함축적 대조 관계 • 235
5.5 시간 및 인과 연결 • 258
5.6 요약 및 결론 • 275

제 6 장 요약 및 함의 논의 • 287

6.1 요약 • 287
6.2 번역과정의 전문지식 • 288
6.3 명시화는 번역 보편소인가? • 295
6.4 결과의 유효성 및 일반화 가능성 • 299
6.5 번역 교육에의 함의 • 303

참고문헌 • 307

약어목록

L1 first language	제1언어
L2 second language	제2언어
LS language student	언어전공학생
LTM Long Term Memory	장기기억
PR professional translator	전문번역사
STM Short Term Memory	단기기억
SL source language	원천언어
ST source text	원천텍스트
TA think-aloud	사고발화
TAPs think-aloud-protocols	사고발화 프로토콜
TL target language	목표언어
TS translation student	번역전공학생
TT target text	목표텍스트

1장

도입

번역은 문어(文語)의 역사에서 언제나 중요한 역할을 했고, 다수의 언어 및 문학작품의 발전에도 결정적인 역할을 했다. 그러나 오늘날의 정보사회에서 번역은 그 어느 때보다도 보편적이고 중요한 커뮤니케이션 수단이라고 해도 과언이 아니며, 그 중요성은 앞으로도 줄어들지 않을 것으로 보인다. 신구(新舊) 의사소통 매체를 통해 다양한 종류의 텍스트가 글로 쓰이거나 발화되고 있으며, 상당히 자주 사람이나 기계가 이를 문어(文語)나 구어(口語)의 형태로 번역해 인쇄물, 출판물, 화면, 지면 등 다양한 형태로 새로운 독자들에게 제공하고 있다. 무겁거나 가벼운 문학작품, 전문가나 대중을 위한 특정 언어, 발화텍스트, 문어텍스트, 잘 써진 텍스트나 그렇지 않은 텍스트 등 다양한 텍스트가 번역되고 있다. 번역은 국제교역 및 협력에서 필수적인 요소이며, UN이나 EU 등의 국제기구에도 반드시 필요하다.

번역되는 텍스트 수가 꾸준히 증가함에 따라 번역사라는 직업이 점차 전문화되고 있고, 자막 번역사나 로컬리제이션 전문가 등 전문분야가 다양화되고 있다. 더욱 많은 사람이 이러한 직업을 갖게 되었으며,

대부분의 국가에서 대학 수준의 교육과정이 확대되었고, 그 결과 다양한 기간과 성격의 국제적 번역사 교육 프로그램이 설립되었다.

이런 맥락에서 번역사의 전문지식과 능력은 중요한 이슈로 주목받았다. 많은 경우 전문가, 어휘전문가, 편집자, 교정자, 출판인 등 다른 직업군이 개입해 텍스트의 최종 형태에 영향을 미치기는 하지만, 텍스트를 번역하는 사람이 번역텍스트를 생산하는 전반적인 과정에서 중요한 역할을 한다는 것은 자명하다. 번역사는 원천텍스트(ST)를 기반으로 목표텍스트(TT)를 생산해내며, 다양한 분야에서 번역사가 가진 능력 및 번역 경험이 번역과정 및 그 결과인 TT에 결정적인 영향을 미치게 된다. 본 연구는 번역 경험량이 각기 다른 개인이 번역과정에서 어떤 특징을 보이며, 직업적인 경험과 전문지식이 이 과정에 어떻게 반영되는지에 중점을 두었다.

번역은 원천언어(SL)와 목표언어(TL)라는 서로 다른 두 언어를 처리하고 텍스트를 생산하는 작업이다. 이는 인지적으로 복잡한 과정인데, 종종 매우 특별한 성질을 가진 SL로 된 텍스트를 이해하고 ST에 기반해 TL의 언어 커뮤니티에서 (번역된) 텍스트로 수용될 수 있는 TL로 된 텍스트로 생산해내야 하기 때문이다. 즉 번역은 SL과 TL의 언어적 능력을 모두 필요로 하며, 법률, 의료, 기술 등 텍스트에서 다루는 주제에 따라 다양한 분야의 능력이 빈번히 요구된다는 뜻이다. 또한, 이는 의사소통 행위로서의 번역은 텍스트가 어떤 식으로 읽힐 수 있고 읽혀야 하는지, 그리고 번역된 텍스트가 어떤 식으로 읽힐 수 있고 읽혀야 하는지와 관련해 사회문화적으로 결정된 관점 및 인식의 영향을 받는다는 것을 의미하기도 한다. 번역의 이러한 측면은 번역된 텍스트와 다른 종류의 데이터를 분석한 결과에 기반해 이미 꽤 오랜 시간 번역학계에서 연구되었다. 이와 관련된 기본적인 이론적 개념에는 번역 규범이 있다(투리(Toury), 1980, 1995; 체스터만(Chesterman), 1997).

번역의 전문화가 점차 진행되고 있지만, 번역은 여전히 불분명한 경계를 가진 전문분야이며, 장·단기 번역사 교육 프로그램의 수료라는 "확실한" 방법 외에도 다양한 방식으로 번역에 입문할 수 있다. 특정 번역사 교육을 받지 않고서도 번역 업무를 수행하는 사람들을 쉽게 찾아볼 수 있다. 실제로 번역을 하는 많은 사람이 이런 방식으로 번역사가 되었다. 많은 국가에서 특정 번역사 교육 프로그램은 최근에 와서야 생겼거나 막 생겨나고 있지만, 이런 국가에서도 텍스트는 예전부터 널리 번역되고 출판되어온 것이다. SL과 TL을 모두 아는 사람들이 이러한 텍스트를 번역했지만, 이들의 번역 경험은 상당한 차이를 보인다. 대학에서 해당 언어를 배웠거나, 해외에서 공부 또는 일을 했거나, 이중언어 환경에서 자라거나 공부하는 등 현재 번역사로 일하고 있거나 향후 번역사가 될 수 있는 사람들의 배경은 매우 다양해, 이를 일일이 열거하는 것이 불가능할 정도이다. 따라서 경험과 직업에 대한 확고한 인식을 갖춘 전문번역사와 제한된 번역 경험을 가진 학생을 비교하는 등 번역사별로 어떻게 번역을 다르게 하는지를 연구하는 것이 반드시 필요하다.

대부분의 지역사회에서 번역은 문학과 일상생활 모두에서 중요한 부분을 차지하며, 특히 (국제적인 관점에서 봤을 때) 소수 표준어를 가진 지역사회에서 더욱 그렇다. 따라서 본 연구는 기본적으로 전문적인 경험을 가진 번역사뿐만 아니라 한 언어 이상을 어느 정도 구사하는 사람들 대부분이 언어 간 번역을 요청 받았을 때 기본적으로 어떻게 번역을 해야 하는지 알 것이라고 가정했다. 물론 이들이 어떻게 번역해야 할 지나 번역의 개념에 대해 모두 똑같은 생각을 하고 있지는 않을 것이다.

번역은 텍스트를 생산하는 것이다. TT는 TT를 생산한 번역과정의 결과이자 가시적인 증거이며, 텍스트는 오래전부터 번역학의 주요 연구대상이었다. 번역과정 및 번역이 어떻게 수행되는지에 중점을 둔 연구에서 번역 결과물, 즉 TT까지도 고려하면 훨씬 유효성이 높아질 것이다. 본 연구는 번역사간 차이 등 TT의 텍스트적 패턴에 대한 관심에서 출발했다. 이에 앞서 번역사에 따라 같은 ST에 대해 TT의 길이가 달라진다는 번역문 길이에 대한 연구(엥겔룬드 디미트로바(Englund Dimitrova), 1994)가 선행되었다. 이는 번역사별로 번역 문체를 갖고 있다는 것을 보여준다(베이커(Baker), 2000 참조). 또한 텍스트 분석 결과 러시아어를 스웨덴어로 번역하는 번역사들 간에 명시화(다음 및 2.4.1 참조) 등 특정 번역 절차를 적용함에 있어 유사점을 보인다는 것이 발견되었다(엥겔룬드 디미트로바, 1993).

본 연구는 전문번역사, 번역전공학생, 언어전공학생 등 각기 다른 번역 경험량을 가진 참가자를 대상으로 이루어졌다. 번역과정 및 텍스트 분석을 통해 전문번역사와 학생을 연구해보니 선행연구와는 모순되는 결과가 드러났다. 텍스트 기반 번역 연구가 일반적으로 전문번역사의 결과물을 연구 대상으로 삼은 것은 아마도 이들 연구가 대부분 전문번역사가 번역한 결과물인 출판된 텍스트를 기반으로 했기 때문일 것이다. 학생이 번역한 TT의 특징에 대한 다양한 선행연구가 있기는 하지만, 같은 ST를 같은 조건 하에서 전문번역사와 학생이 번역한 결과를 체계적으로 비교한 연구는 거의 찾아보기 힘들다. 몇 안 되는 이러한 선행연구는 대부분 번역 결과물과 번역 결과를 결합한 형태로 이루어졌으며, 전문번역사와 비교된 학생들도 주로 번역전공학생들이었다(당세트(Dancette), 1995, 1997; 요나손(Jonasson), 1997, 1998a, b; 퀸즐리(Künzli), 2003). 한편 번역과정 연구는 주로 학생을 대상으로 이루어졌는데, 이는 텍스트 기반 연구와 마찬가지로 데이터의 사용가능성 때문이었던 것으로 보인다. 즉, 연구자들이 실험대상을 자신의 제자들로 선정하는 경향이 있었기 때문이다. 따라서 번역과정에 대한 연구 중 최초의 대규모 연구(크링스(Krings), 1986a; 뢰셔(Lörscher), 1991)는 언어전공학생들을 대상으로 이루어졌다. 전문번역사의 번역과정에 관한 선행연구의 가정 중 일부는 사실 학생의 번역과정에 대한 연구에 기반한 가설적 결론이었다.

본 연구는 번역과정 및 번역 업무의 수행에 중점을 둔다. 의사소통 및 언어처리 행위로서의 이 과정에서, 출발점은 ST, 개별 번역사의 ST에 대한 이해, ST 번역이라는 구체적인 업무에 대한 이해이다. 번역학에서 번역과정의 다양한 측면에 대한 연구가 이루어진 것은 1980년대 중반 이후였다. 이 주제에 대한 연구가 급증한 것은 사고발화(think-aloud, TA) 또는 사고발화 프로토콜(think-aloud protocol, TAP)이라는 연구방법이 번역학에 도입되었기 때문이다. 이러한 대규모 연구의 예로는 크링스(1986a, 1986b, 1988, 2001), 뢰셔(1991, 1993) 야스클라이넨(1999), 당세트(1995)가 있다. TAP는 인지심리학에서 파생된 연구방법이다(에릭슨과 사이먼(Ericsson and Simon), 1984/1993 참조). 번역과정 연구에 대해서는 2.3 및 3장에서 논의하도록 하겠다.

번역과정 및 업무수행은 다양한 인지적 영역(에릭슨과 사이먼, 1984/1993) 및 글쓰기의 전문지식 연구라는 이론적 틀을 기반으로 할 것이다. 번역 업무는 일반적으로 문어텍스트라는 결과물을 생성하기 때문에, 번역 업무를 글쓰기 업무로 가정했다. 쓰기 과정의 모델(헤이즈, 플라워, 슈라이버, 스트레트만, 케리(Hayes, Flower, Schriver, Stratman & Carey), 1987; 헤이즈(Hayes), 1996)에 의하면 단일언어 글쓰기 과정은 계획, 텍스트 생산, 교정의 세 요소로 이루어져 있다. 본고에서는 이러한 과정을 번역에도 적용했다. 번역 업무 전반에 걸쳐 이러한 세 요소가 드러나며, 상대적인 중요도와 분배에서만 차이점을 보인다는 것을 보여주도록 하겠다. 참가자별로는 이러한 차이가 번역 경험량의 차이 및 개별 번역과정 프로필의 차이로 인해 나타나는 것으로 밝혀졌다.

계획 과정은 업무 전반 및 일부에 관련된 것이다. 번역에서 업무 수행의 첫 단계는 주로 ST를 읽고 기본 계획을 세우는 것이다. 이 단계의 TAP를 분석하면 번역사가 어디에 중점을 두는지와 어떻게 업무를 계획하는지가 드러난다. 단일언어 쓰기에서 텍스트 생산은 문장 단위 이

하의 작은 분절이나 덩어리 생산이라는 특징을 보인다(코퍼, 헤이즈, 플라워(Kaufer, Hayes & Flower), 1986). 번역 업무에서 텍스트 생산 과정은 TT가 ST라는 또 다른 텍스트에 의존해 작성되어야 한다는 제약이 있다. 쓰기 과정의 부분을 분석해 전반적으로 처리된 말뭉치 크기를 간접적으로 유추해보도록 하겠다. 이런 점에서 주제별로 이전에 번역 경험이 있는지에 따라 결과가 확연히 달라질 수 있을 것으로 예상된다. 교정은 이제까지 쓴 텍스트를 평가하고 문제점을 진단 및 발견한 후 수정하는 과정이다. 이는 단일언어 쓰기에서 중요한 부분이고, 물론 이는 번역 업무에서도 마찬가지다. 이러한 과정을 업무의 정의, 교정의 종류, 교정 단계의 중점 등 참가자의 발화에 대한 다양한 분석을 통해 알아보겠다. 이 분석 결과는 4장에 제시했다.

번역과정은 텍스트라는 결과로 이어지기에, 본 연구는 번역과정과 번역물의 관계를 특정 텍스트적 측면이 번역과정에서 어떻게 실현되었는지를 살펴봄으로써 알아보도록 하겠다. 이는 번역학에서 주로 '명시화(explicitation)'라고 부르는 현상에 중점을 두고 이루어질 것이다. 명시화는 ST의 함축적 정보를 통역사가 TT에서 명시적으로 만드는 기술 또는 전략이나 그러한 기술 또는 전략을 사용한 TT의 구조를 뜻한다. 명시화는 번역의 보편적인 경향 또는 보편소이며(블룸-쿨카(Blum-Kulka), 1986; 체스터만, 1997: 71; 라비오사-브레이스웨이트(Laviosa-Braithwaite), 1998; 투리, 1980: 60), 따라서 SL이나 TL의 종류와 상관없이 일어난다는 주장도 있다. 명시화와 관련해 분류나 설명도 다양하게 제시되었다(2.4.1 및 2.4.2 참조).

왜 명시화를 연구해야 할까? 그 이유는 여러 가지가 있다. 명시화가 번역의 보편적인 특징이라는 주장은 명시화가 번역에 있어 중요한 특징이며 중요한 위치를 차지한다는 것을 보여준다. 따라서 특정 언어 쌍의 경험적 데이터에 기반을 둔 결과가 다른 언어 쌍 간의 번역에도 일반화되거나, 다른 언어 쌍 또는 다른 업무조건 하의 번역에 적용할 수 있는 가설의 근거가 될 수 있을 것으로 기대된다. 이제까지 제시된 설명은 텍스트 비교분석에서 얻어진 가설이었다. 이러한 설명은 번역물이나 번역과정의 의사소통 상황과 관련된 것이었으나, 번역과정을 설명할 수 있는 실질적인 데이터 분석을 수반하지 않은 것이었다. 본 연구는 그러한 간극을 메우고자 한다.

본 연구는 또한 명시화가 번역사의 번역 경험량을 알려주는 역할을 할 수 있다고 제시했다(2.4.2 참조). 그러나 명시화가 경험 있는 전문번역사의 TT에서 발견되는 특징이라거나, 반대로 경험이 부족하거나 보통인 번역사의 TT에서 발견되는 특징이라는 주장에 대해 선행연구에서 합의가 이루어진 것은 아니다. 이제까지 그러한 제안은 부분적인 데이터나 일회적인 증거에 기반을 두고 이루어졌다. 그러나 번역사의 경험과 TT에서 발견되는 명시화의 빈도 간의 관계는 그 자체로 흥미로운 연구문제라고 생각된다. 번역은 번역과정의 관점에서 볼 때 ST라는 또 다른 텍스트에 근거해 텍스트를 생산하거나 쓰는 것을 의미한다. 명시화가 ST의 암시적인 정보를 명시적으로 말하는 것이라면, 이는 번역이란 무엇인지, 번역사의 관점에서 등가란 무엇인지, 번역사의 자유를 얼마나 허용할 수 있는지 등 번역의 근본적인 문제와 연관된 것이다. 이러한 질문에 대한 답은 아마도 번역사마다 다를 것이다. 따라서 본 연구는 거시적인 관점에서 업무 수행의 전반적인 면을 분석하는 동시에, 미시적인 관점에서 텍스트 및 번역과정 관점에서의 명시화를 분석할 것이다. 데이터는 러시아어에서 스웨덴어로의 번역이다. 본 연구는 기본적으로 업무 수행의 전반적인 면이 특정 언어에 국한되지 않고 연구 결과가 다른 언어 쌍에도 일반화 가능하다는 것을 가정으로 한다. 명시화가 번역의 보편적인 특징이라는 타당한 주장 또한 러시아어-스웨덴어 번역을 분석한 결과가 다른 언어 쌍의 번역에도 일반화 가능하다는 것을 의미한다. 물론 명시화의 정확한 언어적 구조와 발생 맥락이 특정 언어 쌍에 따라 다를 것으로 예상되므로, 일반화를 하려면 어느 정도 추상화 작업이 필요하다.

이론적인 관점에서 봤을 때 번역과정에 대한 연구는 언어를 이해하고, 이를 다른 언어로 바꾸고, 텍스트를 생산하고, 보조도구를 활용하고, 문제를 해결하고, 의사결정을 하는 등 매우 복잡한 인지적 업무를 수행하는 데 있어 사람의 마음이 어떤 기능을 하는지를 밝혀내는 데 공헌할 것이다. 번역 경험량이 각기 다른 참가자들의 번역과정을 살펴보는 것은 번역에 대한 이해를 증진하는 데 공헌하고, 번역사 교육 및 전문적인 번역 실습에 중요한 함의를 가질 것으로 기대된다(프레이저(Fraser), 1996b; 티르코넨-콩디, 2002). 또한, 번역 경험량이 번역과정 및 번역 결과물과 어떤 관계에 있는지를 알아봄으로써 번역의 전문지식이라는 개념이 새로운 관심의 대상이 되기를 바란다. 그러나 본 연구는 번역 경험의 특정 부분을 강조함으로써 번역의 전문지식이라는 개념에 문제가 있음을 제기할 것이다. 이는 다양한 분야에서 전문지식에 대한 일반적인 이해를 도울 것이다.

본고에서 채택한 데이터 수집 및 분석 방법은 다양하다. 가장 중요한 데이터는 (a) TAP로 전사된 동시발화 형태의 자기반성적 데이터 (b) TT를 쓰는 과정의 컴퓨터 로깅(3장 참조)이다. 본고의 경험적 데이터는 다음의 방식으로 수집되었다. 우크라이나의 예술가 겸 시인의 일생에 대한 러시아어 텍스트를 전문번역사, 번역전공학생, 언어전공학생 등 번역 경험량이 각기 다른 9명의 참가자에게 주고 제1언어(L1)인 스웨덴어로 번역하게 했다. ST에는 스웨덴어로 번역하면 (꼭 그럴 필요는 없지만) 명시화 가능성이 있는 함축적 논리 관계가 포함되어 있었다. 참가자는 업무를 수행하면서 동시에 자기반성적인 발화를 하도록 했고, 모든 타자를 기록하고 시간별로 코딩하는 컴퓨터를 이용해 TT를 작성하게 했다.

본고는 동시발화 및 쓰기 과정의 컴퓨터 로깅이라는 서로 다른 연구 방법 및 데이터를 결합한 데이터 삼각법(triangulation)을 활용했다는 데

의의가 있다(알브(Alves), 2003; 3장 참조). 이러한 연구방법을 사용하면 대량의 데이터가 발생한다(3장 참조). 따라서 다른 번역과정 중심 연구와 비슷하게 참가자수를 제한했고 ST 하나에 대한 번역만 데이터로 삼았다. 그러나 번역과정 중심 연구치고는 ST가 438단어로 상당히 긴 편이었다. 게다가(다년간의 경험을 가진 전문번역사, 경험이 적은 전문번역사, 번역전공학생 및 언어전공학생 등) 참가자 간 경험량 차이가 큰데, 이처럼 다양한 경험을 가진 참가자를 대상으로 한 연구는 본 연구가 최초이다. 그러나 본 연구 및 분석 결과는 무엇보다도 설명적 성격 및 가설 생성 기능을 가진 하나의 사례연구로 간주되어야 할 것이다.

본 연구의 목적은 다음의 세 가지로 요약될 수 있다.

1. 번역 경험량이 각기 다른 참가자들의 번역 업무 수행 과정을 살펴본다.
2. 러시아어에서 스웨덴어로의 번역에서 명시화라는 번역 현상을 번역과정 및 번역 결과물의 관점에서 살펴본다.
3. 새로운 연구방법을 개발 및 시험한다.

본고의 구성은 다음과 같다. 2장에서는 이론적인 배경을 다루겠다. 3장에서는 번역학의 방법론적 측면을 논의하고 본 연구의 데이터를 소개하겠다. 4장에서는 참가자 9명의 업무 수행을 기술 및 분석하겠다. 5장에서는 ST의 발췌문단의 분석, 대조분석, TT 및 번역과정 분석이 이루어진다. 6장은 전체적인 결론을 다루겠다.

John Benjamins Series

14 Expertise and explicitation in the translation process

2장

텍스트 (재)생산으로서의 번역

2.1 이론적 배경

본 연구의 이론적 배경은 여러 학제로 구성되어 있다. 먼저 본 연구는 번역학, 더 구체적으로는 TAP를 활용한 번역과정 연구 및 번역 규범 연구에 기반을 두고 있다. 본 연구에 대한 아이디어를 얻은 중요한 출처 중 하나는 인지심리학 내의 전문지식 패러다임으로, 여기에는 (단일언어) 쓰기 및 텍스트 생산에 대한 연구가 포함되어 있다.

번역학은 연구를 중심으로 한 학문 분야이자 다양한 신규 교육 프로그램이 설립된 전문 분야로 급성장했다. 지난 10년간 번역학 서적이 상당히 많이 소개되었고, 번역학을 하나의 학제로서 소개하고 번역학의 중요한 텍스트, 개념, 모델 등을 소개한 교과서가 등장했다 (예: 체스터만, 1989; 포셋(Fawcett), 1997; 겐츨러(Gentzler) 1993/2001; 허먼즈(Hermans), 1999; 콜러(Koller), 1979/1992; 먼데이(Munday), 2001; 노르트(Nord), 1997; 베누티(Venuti), 2000).

본 연구는 기술적 관점(홈즈(Holmes), 1972; 투리, 1995 참조)에서 번역사의 번역과정에 중점을 둔다. 많은 번역 연구에서 명시적으로 인정하지는 않지만(엘브스테드(Alvstad), 2003; 린드퀴스트(Lindqvist), 2002; 헤웅스버튼(Hemmungs Wirten), 1998는 예외임), 번역된 텍스트는 특히 출판되었을 경우 번역사 한 사람만의 작업으로 볼 수 없다. 텍스트타입에 따라 (다른 번역사가) 수정, 감수, 편집(모섭(Mossop), 2001 참조), 출판을 하는 등 다양한 사람과 직종이 번역과정에 참여한다. 이런 점에서 보통 번역학에서 연구되는 '번역사'는 가설적인 존재(투리, 1995: 183)이며, 실제로는 여러 사람이 내린 결정을 바탕으로 유추된 텍스트적 존재라 할 수 있다. 그러나 본 연구는 실제로 번역을 한 사람과 그 사람의 번역과정에 중점을 둔다. 이 과정에서 번역하는 사람은 ST라는 텍스트를 출발점으로 삼는다. 번역은 이 ST(의 특징)를 재생산해 TL로 생산하는 것을 의미하며, 그러므로 본 장의 제목을 '텍스트 (재)생산으로서의 번역'이라고 붙인 것이다. 그러나 이를 번역 또는 번역 행위에 대한 완벽한 정의로 받아들이거나, 번역을 단일언어 텍스트 생산보다 '부차적'이고, '파생적'이며, '열등한' 행위로 평가해서는 안 된다.

본 장에서는 연구의 이론적 배경을 소개하겠다. 2.2에서는 번역의 다양한 종류 및 활용의 바탕이 되는 역량 및 능력을 살펴보겠다. 구체적으로 번역 경험량이 다른 사람들 간에 어떤 유사점과 차이점이 있는지를 논의할 것이다. 다양한 분야에서 초보자와 전문가 사이에 일반적으로 어떤 인지적 차이점이 있는지도 살펴보겠다. 2.3에서는 번역과정에 대해 논의하고, 이를 계획, 텍스트 생산, 교정이라는 세 가지 주요 인지적 과정으로 이루어진 쓰기 업무로 간주할 것을 제안하겠다. 2.4에서는 텍스트적 관점에서 명시화라는 번역의 절차를 논의하고, 명시화가 사회문화적 제약에 따라 달라질 수 있다는 점과 명시화의 처리에 대해 논의할 것이다. 2.5에서는 본 연구의 연구질문을 요약하겠다. 일부 비교언어학적 관점(러시아어-스웨덴어) 역시 분석의 배경으로서 소개될 것이다. 여기에 대해서는 5장에서 자세히 설명하도록 하겠다.

2.2 번역 역량, 능력, 전문지식

2.2.1 번역 역량

본 연구는 기본적으로 SL과 TL에 대한 지식을 보유한 사람은 기본적으로 번역 역량이 있다고 가정한다. 즉 이런 사람은 한 언어에서 다른 언어로 번역 업무를 수행할 수 있으며, 각 언어, 특히 L2에 대한 지식 정도의 차이에 따른 제약을 받게 된다(투리, 1984: 190 참조). 물론 (적용되는 품질 기준과는 상관없이) TT의 품질이 늘 훌륭한 것은 아니며, 모든 면에서 늘 정확한 것도 아니다. 이러한 기본적인 번역 역량은 보통 한 언어 이상을 알면 갖게 된다. 한 언어 이상을 쓰면서 자란 어린이들은 L1과 L2의 능력이 비슷할 경우 번역과 비슷하게 한 언어로 먼저 발화했다가 이를 다른 언어로 발화할 수 있다(해리스와 셔우드(Harris & Sherwood), 1978). 따라서 말라코프와 하쿠타(Malakoff and Hakuta, 1991) 및 말라코프(Malakoff, 1992)는 9-12세의 이중언어 학교 학생들이 개별 단어나 응집성 있는 문어텍스트를 번역할 수 있는 번역 역량을 갖추고 있다고 밝혔다. 번역 역량은 L1 능력에 수반되는 능력이며, 다른 언어적 표현의 의미를 분석 및 비교하고 "같은 것"을 다른 언어로 표현(뢰셔, 1991: 45; 파라디스(Paradis), 1989; 투리, 1984: 189) 또는 패러프레이즈(휴슨과 마틴(Hewson & Martin), 1991: 27ff.; 말라코프와 하쿠타, 1991: 150ff.)하기 위해 모드를 전환하는 메타언어적 역량을 의미한다. 이는 의미적 능력을 뜻하며 다음과 같이 정의될 수 있다.

a) 하위어, 반의어, 반어 등 어휘 간의 관계에 대한 인식
b) 돌려 말하기나 패러프레이징을 위해 특정 어휘를 사용하지 않는 능력
c) 패러프레이징의 등가 정도를 인지할 수 있는 능력(블룸-쿨카와 레벤스턴(Blum-Kulka and Levenston), 1983: 120)

따라서 언어 간 번역 역량을 가지려면 개인이 어느 정도 이중언어를 구사할 수 있어야 한다. 번역과 관련된 이중언어의 인지적 측면에 대한 주요 연구주제는 이중언어 구사자의 언어 저장 및 처리 방법에 관한 것이었다(이에 대한 개괄은 에레디아와 맥러플린(Heredia & McLaughlin), 1992; 파라디스, 1989; 로메인(Romaine), 1989 참조). 앞서 L1과 L2의 습득 방법에 따라 복합적(compound), 대등적(coordinate), 편차적(subordinate) 이중언어 구사자 간에 언어를 저장하는 방식이 달라진다는 선행연구가 있었다(베인레이(Weinreich), 1953; 얼반과 어스굿(Ervin & Osgood), 1954). 최근의 연구는 저장과 관련해 약간 상반된 결과를 보여준다. 알타리바(Altarriba, 1992) 및 크롤과 숄(Kroll and Sholl, 1992)은 번역실험을 통해 이중언어 구사자가 언어와 상관없는 개념은 공통의 개념 저장소에 저장하고, 이 저장소는 언어와 관련된 두 개의 개별 어휘 시스템과 연결되어 있다고 밝혔다. 반면 드 그룻(de Groot, 1993)은 두 언어의 표현은 서로 섞여 있기 때문에, 구체적인 개념은 공통 시스템에 저장되고, 추상적인 개념은 각각의 시스템에 저장된다고 주장했다. 크롤(Kroll, 1993)은 L1에서 L2로의 번역이 개념적 중재를 거치는 반면 L2에서 L1으로의 번역은 어휘적 중재를 거친다고 밝혔다. 이중언어 구사자의 언어처리에는 언어 간 전환(파라디스, 1989) 또는 각 언어시스템의 활성화/비활성화(파라디스, 1989)가 필요하다. 번역 역량은 보통 이중언어 구사자에게 수반되는 능력이지만, 두 언어능력이 모두 온전하다 하더라도 실어증의 한 형태로 번역 역량이 없어지거나 손상될 수 있다는 연구(앨버트와 오블러(Albert & Obler), 1978)가 있었는데, 이는 중재과정에 대한 통제가 이루어지지 않음을 의미한다.[1] 번역이 언어교육 및 평가방법으로 쓰이는 것은 모든 학습자가 번역 역량을 갖추고 있다는 암묵적 가정을 바탕으로 한 것이다.

이중언어의 다른 면을 연구할 때에도 자주 번역을 실험방법으로 사용하는 등 이중언어 관련 연구에서는 번역 역량의 개념이 정확히 무엇인지 밝히지 않고 사용했다. 실험에 사용된 번역 업무는 개별 단어 또는 문장의 번역이지 응집성 있는 텍스트의 번역은 아니었다. 따라서 이러한 실험결과를 의사소통으로서의 전문번역 연구의 주요 관심사인 번역텍스트에 일반화해서 적용하기는 어렵다. 게다가 발표된 연구가 많지 않고, 이들 연구도 소량의 데이터를 대상으로 한다(스노그라스(Snodgrass), 1993 참조). 상반된 연구결과가 나온 것은 실험의 차이 때문으로도 볼 수 있다(에레디아와 맥러플린, 1992 참조). 해리스와 셔우드(1978)는 번역 역량을 이중언어 사용과 공존하는 것으로 보았다. 이는 두 언어능력을 개발해 이중언어를 구사하면 번역 역량이 개발되며, 두 언어의 언어적 능력을 신장시키면 자동으로 두 언어 간 번역 능력 역시 향상된다는 주장으로 이어졌다. 보통 아마추어들이 이러한 관점을 가지고 있는데, 번역학에서는 투리(1984; 1995), 뢰셔(1991), 슈리브(Shreve, 1997) 등이 이러한 관점을 강력히 부인했다. 본 연구는 기본적인 번역 역량이 번역사의 (전문) 능력 및 번역의 전문지식 개발의 (충분조건이 아닌) 필요조건이라고 상정한다.

2.2.2 번역사 능력

앞서 논의한 번역 역량은 학습되는 것이 아니다. 개인은 번역 실습을 통해서나, 주변에서 본인의 번역에 대한 피드백을 받음으로써, 또는 다른 이의 번역이나 번역 품질에 대해 인식함으로써 번역 역량을 개발할 수 있다. 이는 공식적인 교육의 틀에서 이루어질 수 있으나, 꼭 그래야 하는 것은 아니다.

전문번역사에게 필요한 능력, 다시 말해 전문번역사의 특징 또는 특징으로 추정되는 능력은 선행연구에서 다양한 명칭으로 불렸으며, 이에 대한 개괄은 오로스코와 우르타도(Orozco and Hurtado Albir, 2002)를 참조하면 된다. 본 연구에서는 이 능력이 '전문적'이라는 관점을 반영하기 위해 '번역사 능력'이라는 용어로 칭하도록 하겠다. 전문번역사는 보통 '텍스트'를 특정 의사소통 목적(또는 라이스와 페르미어(Reiss and Vermeer, 1984)에 의하면 스코포스; 노르트(1997)도 참조)을 가지고 번역한다. 이를 위해서는 일반적으로 SL 및 TL 능력과 함께 SL 및 TL 문화에 대한 지식이 요구된다. 또한, 두 언어의 화용론, 텍스트언어학, 문체 등에 대한 특정 능력 역시 요구된다. 이러한 능력에 대해서는 핌(Pym)이 다음과 같이 간단히 정리했다. 그는 ST의 한 부분을 다양한 번역소로 생산해내는 능력이 번역사 능력에서 중요하다고 생각했다(슈리브, 1997: 125 참조).

> [...] 이 능력은 두 기술의 결합으로 간단히 정의될 수 있을 것이다 [...]:
> - ST를 하나 이상의 사용 가능한 TT로 생산해낼 수 있는 역량(TT1, TT2, … TTn)
> - 이 일련의 TT 중에서 정당화될 수 있는 자신감을 가지고 신속하게 하나를 선택해 특정 목적 및 독자를 대상으로 하는 ST를 대체할 수 있는 TT로 제안하는 역량

번역 업무 수행에는 TL로 문어텍스트를 생산하는 것이 포함되기 때문에, 쓰기 능력은 번역 업무에서 중요한 부분을 차지한다. 이를 특정 쓰기 능력으로 볼 수도 있고, ST라는 다른 텍스트의 구조 및 내용에 의해 심하게 제약되는 특정 쓰기 상황에 일반적 쓰기 능력을 적용하는 것으로 볼 수도 있다. 번역 업무에는 주제나 (용어 및 텍스트 구조 등) 전형적인 언어적 패턴에 대한 지식을 얻기 위해 특정 주제나 분야에 대한 지식, 또는 (사전, 백과사전, 용어집, 인터넷, 전문텍스트, 병행텍스트 등) 다양한 보조도구를 활용하는 능력이 자주 필요하다. 오늘날 전문번역사들은 일반적으로 컴퓨터로 작업하며 워드프로세서 및 번역용 소프트웨어를 활용하기 때문에 이런 것들을 다룰 수 있는 능력이 있어야 한

다. 번역사의 전문적인 업무 및 번역사 교육 프로그램의 다양한 측면에 관한 논의는 돌러룹과 아펠(Dollerup and Appel, 1996), 돌러룹과 린데가르트(Dollerup and Lindegaard, 1994), 돌러룹과 라데가르트(Dollerup and Loddegaard, 1992), 플라이슈만, 커츠, 슈미트(Fleischmann, Kutz and Schmitt, 1997), 질(Gile, 1995), 헝(Hung, 2002), 키랄리(Kiraly, 1995, 2000), 쿠스마울(1995), 빌스(Wilss, 1996a; 1996b)을 참조하라.

번역사 능력은 보통 다양한 능력 및 하부능력의 조합이며, 전문번역사는 일반적으로 이러한 능력을 개발하는 과정을 거친 것으로 간주된다. 차오(Cao, 1996)는 바흐만(Bachman, 1991)의 의사소통 언어역량 모델을 기반으로 번역 실력(translation proficiency)이라는 다양한 요소로 이루어진 모델을 제안했다. 번역 실력의 구성요소 또는 변수는 세 가지로, 네 그룹의 하위능력으로 이루어진 **번역언어능력**, 관련 주제에 대한 지식에 해당하는 **번역지식구조**, 처리 및 합성 역량을 포함하며 다른 두 요소를 번역과정에서 통합하는 데 필요한 **번역전략능력**이 그것이다. 오로스코와 우르타도(2002)는 두 언어의 의사소통 능력, 언어 외적 능력, 전환 능력, 도구적 능력, 심리 생리학적 능력, 전략적 능력 등 상호 연관된 여섯 가지 하부능력으로 구성된 모델을 제안했다(2002: 376). 슈리브(1997)는 언어능력을 일반적인 의사소통 능력의 하위에 두고(하임스(Hymes), 1967), 전문번역사는 이중언어 구사자가 가진 인지적 기술을 갖고 있으나, 이 외에도 다른 인지적 구조도 갖고 있다고 주장했다(슈리브, 1997: 124). 전문번역은 "특정하고 계획적인 의사소통 경험을 통해서만 얻어질 수 있는 짜임새 있는 번역의 형태"이다(슈리브, 1997: 125). 번역 규범 및 전통의 내재화는 번역사 능력의 필수적인 부분이다(투리, 1980; 1984; 1995). 따라서 번역사는 "번역된 발화로서 잘 구성된"(투리, 1984: 191; 원문의 강조) TT를 쓸 수 있는데, 이는 TT가 규범의 지배를 받는 텍스트이기 때문이다. 그러므로 번역사가 TL의 화용론 및 문체적 전통에 따라 텍스트를 쓸 수 있어야 한다고 말할 수는 없다. 이러한 제약을 따르는 것은 번역의 한 방법에 지나지 않기 때문이다.

번역과정 중심 연구에서 명시적으로 언급 또는 논의된 측면 중 하나는 어떻게 번역사 능력이 번역과정에서 드러나는가 하는 것이다. 다음은 TA 방법론을 활용한 연구에서 얻어진 연구 결과들이다. 크링스(2001: 66-163)는 1982년에서 1992년까지 매우 철저한 기술(記述)을 통해 번역과정을 연구했다. 번역과정에 대한 다른 연구에는 프레이저(1996b), 야스클라이넨(1999; 2002), 쿠스마울(1998), 퀸즐리(2003), 노르베리(Norberg, 2003), 티르코넨-콩디(2002)가 있다.

여러 연구에서 전문번역사는 TT의 텍스트적 특징, 전반적인 전략, 의사소통 목적에 대해 상당히 의식하고 있는 것으로 드러났다. 따라서 전문번역사는 TAP에서 전반적인 전략, 번역의 원칙, 개별 번역이론 등에 대해 학생과 비전문가에 비해 더 많이 발화한다(야스클라이넨, 1999; 퀸즐리, 2003; 티르코넨-콩디, 1997). 또한, 데이터 분석 결과 전문번역사의 경우 발화된 전반적인 전략과 이를 적용한 텍스트의 미시적 전략 간에 높은 일관성을 보인 반면, 학생은 일관성이 떨어지는 것으로 드러났다(퀸즐리, 2003). 예상대로 전문번역사는 학생보다 발화에서 높은 자신감과 확신을 보였다(퀸즐리, 2003; 노르베리, 2003; 티르코넨-콩디, 1997; 전문번역사의 번역과정에서 드러나는 불확실성 관리에 관한 티르코넨-콩디, 2000 참조). 게다가 전문번역사는 학생보다 TL의 화용론과 문체, 그리고 번역의 목적에 대해서도 더 잘 인식하고 있었다(프레이저, 1996a; 요나손, 1998b; 퀸즐리, 2000; 2001a; 뢰셔, 1993; 세귀노(Séguinot), 1989; 티르코넨-콩디, 1992).[2)] 또한, 전문번역사는 ST의 표면적 언어적 특징에 더 많이 의존하는 비전문가/아마추어보다 텍스트적 지식 및 세상에 대한 지식(world knowledge)을 더 많이 활용하는 것으로 드러났다(야스클라이넨, 1999: 242; 티르코넨-콩디, 1992). 퀸즐리(2001b)는 전문번역사가 번역전공 학생보다 번역과정에서 더욱 다양한 보조도구를 활용한다고 밝혔다.

상술한 연구 중 일부만이 번역과정 분석을 TT의 구체적인 특징 또는 품질과 연관시키고 있다. 프레이저(1996a)는 번역사가 같은 번역 브리프를 받아 같은 문화적 개념을 번역할 때에도 서로 다른 텍스트적 전략을 사용하는 경향이 있다고 주장했다. 요나손(1998a)과 엥겔룬드 디미트로바(2001)는 전문번역사가 고유명사를 번역하는 과정에서 문제 해결 및 의식적인 심사숙고라는 특징을 보이는 반면 학생들은 ST의 고유명사를 무의식적으로 그대로 전환하는 특징을 보인다고 밝혔다. 전문번역사 또는 경험이 더 많은 전문번역사의 TT 품질이 항상 더 높은 것은 아니다(야스클라이넨, 1999; 퀸즐리, 2003; 노르베리, 2003). 퀸즐리(2003)와 노르베리(2003)는 경험이 부족한 실험 참가자(노르베리의 실험에서는 주니어 전문번역사, 퀸즐리의 실험에서는 번역전공학생)가 ST와 관련해 훨씬 더 텍스트적으로 자유로운 면을 보이기도 했다고 주장했다. 그러나 티르코넨-콩디(1992: 439)는 두 실험 참가자가 처리 방법에서는 중요한 차이를 보였지만, 결과물은 매우 비슷했다고 밝혔다. 야스클라이넨(1999: 242)은 처리 과정이 길수록 TT의 품질이 높아진다고 주장했고, 노르베리(2003: 187) 역시 업무에 대한 태도가 TT의 품질에 결정적인 영향을 미친다는 비슷한 결론을 도출했다. 자르벨라, 옌센, 옌센, 앤더슨(Jarvella, Jensen, Jensen and Andersen, 2002)은 2년 경력의 전문번역사가 10년 경력의 전문번역사에 비해 처리를 더 오래 하고, 훨씬 더 많이 교정하며, 목표 설정 및 문제 해결에 대한 발화 역시 훨씬 많이 한다고 밝혔다.

상술한 결과 중 일부는 서로 일치하는 것도 있지만, 전문번역사의 능력이 번역과정에서 어떻게 드러나는지에 대한 구체적인 연구는 소수에 불과하다는 것을 잊지 말아야 한다. 게다가 번역과정 연구의 실험 참가자 수도 소수에 불과했다. 실험 참가자를 번역사 또는 전문가라 명명하기는 했지만, 연구설계 과정을 보면 번역사 교육 프로그램의 학생(슈리브, 섀프너, 댕스, 그리핀(Shreve, Schaffner, Danks & Griffin), 1993) 또는 외국어전공 학생(크링스, 1986a), 심지어 이중언어학교 어린이(말라코프와 하쿠타, 1991)인 경우도 있었다. 반전문가(semiprofessional)라는 용어도 쿠스마울(1995)과 야콥센(Jakobsen, 2003a; 2003b)에서는 번역전공 2학년생을, 노르베리(2003)에서는 6-18개월 경력의 주니어 전문번역사를 가리키는 등 서로 다른 대상을 지칭하는 데 쓰였다. 마지막으로 핀란드, 스웨덴, 영국, 캐나다, 스위스, 독일, 덴마크 등 TL 언어 공동체 수와 연구대상 언어 역시 소수에 불과했다.

능력을 구성하는 요소에 관해서는 상술된 연구 중 다수가 합의를 한 것처럼 보이기는 하지만 번역사 능력이라는 개념에 문제가 없는 것은 아니다. 주요 쟁점의 예는 번역사 능력이라는 정의를 다른 이들은 모두 제외하고 (과거 및 현재에) 전문적으로 활동하는 번역사 및 번역교육 프로그램 졸업생에게만 적용할 수 있는가 하는 점이다. 능력이란 품질, 능력, 역량을 말하며, 절대적인 것이 아니라 서로 다른 정도로 나타날 수 있다. 특정 교육을 받거나 특정 경험이 있으면 특정 능력을 갖추게 된다고 일대일 대응의 개념으로 받아들여서는 안 된다는 뜻이다. 즉, 교육이나 경험의 결과로도 능력이 얻어지지 않을 수 있고, 특정 교육이나 경험 없이도 능력을 갖춘 사람도 있는 것이다. 따라서 번역사 능력을 연구할 때에는 일정 정도의 경력 또는 교육을 조건으로 한 조작적 개념 정의가 필요하다.

2.2.3 번역 및 다른 영역의 전문지식

일부 번역과정 연구에서는 경험이 별로 없는 전문번역사도 전문가라 칭한다. 본고에서는 인지심리학의 전문지식 연구와 비슷하게 전문지식이라는 개념을 더 좁게 적용하도록 하겠다. 또한, 번역의 전문지식은 번역사 능력의 하위 범주이며, 번역사 능력이 있다고 해서 모두 번역 전문가인 것은 아니라고 간주하겠다(핌 n.d.; 티르코넨-콩디, 2002: 9 참조). 인지심리학에서는 다양한 분야의 전문지식이 연구되는데, TAP

등 자기반성적 연구방법을 종종 활용한다. 전문가의 성과는 "해당 분야의 대표적인 업무에서 지속적으로 보이는 우수한 성과(에릭슨과 샤니스(Ericsson & Charness), 1997: 6, 원문의 강조)"로 정의할 수 있다. 따라서 우리의 관심사는 개인에게서 안정적으로 나타나는 특징이지 "일생에 한 번(에릭슨과 스미스(Ericsson & Smith), 1991: 2)" 나타나는 특징이 아니며, 경험적으로 기록 및 재생산될 수 있는 현상에 주목한다. 반면 스턴버그(Sternberg, 1997)는 전문지식이 지식의 품질, 지식의 조직, 우수한 분석 역량, 우수한 창조 역량, 우수한 처리 자동화, 우수한 실전 역량으로 이루어진 전형 구조로서, 전문가가 업무 분야의 제약 내에서 좀 더 추상적이고 인지적인 역량을 적용할 수 있도록 하는 것으로 간주한다. 전형적인 형태의 전문지식은 한 개인이 도달할 수 있는 것이 아니라는 것이다(스턴버그, 1997: 150). 그러나 스턴버그는 전문지식이 '대표적인 개념(labelling conception)'으로서 중요하다고 강조하며, 전문지식이 부분적으로는 사회적으로 결정된다는 관점을 보인다. 의사 등 전문기로 지정된 사람들은 자격을 갖추고 있다. 이는 특정 분야에서 전문지식이 어떤 것인지에 대해 공유된 개념이 있다는 것을 뜻한다(스턴버그, 1997: 159-160). 전문지식에 대한 사회적 관점은 투리가 표현한 번역사성(translatorship)에 대한 관점과 유사하다.

> ... '번역사성(translatorship)'은 무엇보다 '사회적 역할'을 할 수 있는가를 뜻한다. 예를 들어-번역 활동, 번역사, 번역물에 이르기까지-지역사회에서 지정한 기능을 참조할만한 조건에서 봤을 때 적합하게 충족시키는가를 뜻하는 것이다.

전문가는 자신의 분야에 대해 더 다양한 지식을 보유하고 있지만, 전문지식과 전문가의 인지적 처리는 단순히 더 다양한 지식이 있다고 해서 가질 수 있는 것은 아니다. 전문가들은 경험을 통해 자신의 지식을 정리하고, LTM(장기 기억)에서 관련 정보를 가져올 수 있으므로 비전문가보다 더 효과적인 방식으로 업무를 수행할 수 있다. 전문가는 예측하고, 업무 전체와 일부를 계획하고, 선택적으로 사고할 수 있다(에릭슨과 사이먼, 1984/1993: xliv-xlv). 앤더슨(Anderson, 1990: 267-284)은 전문지식 개발에 있어 중요한 몇 가지 측면을 제안했다. 전문가는 '절차화(proceduralization)'라는 과정을 통해 해당 분야의 선언적 지식을 절차적 지식으로 전환한다.[3] 전문가는 '전술적 학습(tactical learning)'을 하는 것으로 알려졌는데, 전술적 학습이란 해당 분야에서 문제를 해결하는 데 필요한 움직임이나 전략의 순서를 학습 및 자동화하는 것을 말한다. 또한, 전문가는 '전략적 학습(strategic learning)'을 하는데, 예를 들어 어떻게 하면 효율적으로 문제를 해결할 수 있는지를 학습하는 것이다. 이는 무엇보다도 전문가가 문제를 효율적으로 해결할 수 있도록 정신적으로 '문제를 표상(problem representation)'하는 방식에 기인한다. 기존의 번역과정 연구 결과 중 일부는 이러한 관점과 관련이 있으며, 그 예로는 전문번역사의 텍스트적 인식과 전반적인 전략의 발화 등이 있다(2.2.2 참조). 이는 전문가들이 초보에 비해 정성적으로 어떻게 문제에 다르게 접근하는지를 보여주는 예가 될 수 있다. 전문가는 문제를 이해하는 동시에 문제 해결을 위한 다음 단계를 생각해내는 것이다. 따라서 전문가는 관련 배경지식에서 활용 가능한 정보를 통합하는 문제 표상을 신속히 구성하며, 이는 전문가 처리의 특징이다(에릭슨과 사이먼, 1984/1993: xii).

업무를 수행하는 방식은 다양하다. 신속하고 자동화된 방식은 관련 반응이나 지식을 인식하고 즉각적으로 검색해낸다. 이런 방식이 불가능할 경우 문제 해결이 필요하다. 업무 수행에 있어 문제 해결이 필요한 경우의 수는 업무가 얼마나 복잡하고 새로운지에 따라 다르다. 전문가는 초보에 비해 인식과 검색, 즉 자동화된 과정을 더 많이 활용한다(에릭슨과 사이먼, 1984/1993: xliii). 한 분야에 대한 전문지식이 늘어나면서 개인의 인지적 과정은 인지적으로 통제하는 것에서 더 자동화된 과정으로 옮겨간다(에릭슨과 사이먼, 1984/1993: 90). 전문가는 LTM에 나름의 방식으로 저장하고 색인한 정보가 있으므로 작업 과정에서 STM(단기기억)의 제약에서 벗어날 수 있다(에릭슨과 샤니스, 1997: 15-16).

전문지식은 따라서 습득 가능한 것이며 정리된 인지적 과정 및 업무 수행으로 특징지어질 수 있다. 그러나 전문지식은 단순히 한 분야에서 경험을 쌓는다고 해서 얻어지는 것이 아니라 교사나 코치로부터 피드백을 받는 체계적, 집중적, 적극적 학습을 통해서 습득할 수 있다. 관련 연구에 따르면 전문가적 성과를 얻기 위해서는 최소 10년간 연습 및 피드백을 통해 집중적으로 준비해야 한다(에릭슨과 샤니스, 1997: 19).

그러나 번역의 전문지식은 번역사 능력에 비해 별로 문제가 되지 않는 개념이다(핌 n.d.; 슈리브, 2002 참조). 전문지식 패러다임의 연구대상이 된 업무는 일반적으로 최종 결과물이 잘 정의되어있어서 성과의 결과를 쉽게 그리고 객관적으로 측정할 수 있었다. 그러나 번역에서는 업무 성과 측정이 늘 그렇게 쉽고 객관적이지 않다. 또 다른 문제는 상술한 바와 같이 전문지식 패러다임에서는 장기간 교사나 코치에게 피드백을 받는 것이 전문지식 개발에 있어 중요한 역할을 한다는 것이다. 그런데 모든 번역사가 이런 식의 지도를 받지는 않는다. 번역사가 번역물을 다른 사람에게 교정 받는 일도 종종 있지만(퀸즐리 forthc.; 모섭, 2001 참조), 이를 운동선수 등이 받는 지도와 동급으로 볼 수는 없다. 이러한 교정은 번역사의 성과 향상을 목적으로 하는 것이 아니라 TT가 특정 품질 기준에 부합하게 하려고 이루어지기 때문이다. 또한 번역사가 교정 결과를 받아보지 못해 피드백이 이루어지지 않는 경우도 있다. 이에 관해서는 슈리브(2002)를 참조하라. 이러한 딜레마에 대한 해결책은 번역의 전문지식을 번역 경험량를 조건으로 해서 조작적으로 정의하는 것이며, 본고에서는 이 조건을 10년 이상으로 설정했다.

결론적으로 본 연구는 공식적인 학습 및 교육을 통하거나 실제로 전문가로서 경험을 쌓아 번역 역량을 개발하면 번역사 능력을 갖출 수 있는 것으로 가정한다. 또한 번역사 능력을 개발하면 번역 전문지식을 가질 수 있는 것으로 본다. 이러한 개념은 상대적이고, 전형적인 성질을 가지고 있으며, 주어진 범주 내에서 전형적인 품질 및 특징으로 이루어져 있다.

2.3 번역 업무 수행

2.3.1 번역과정을 텍스트 생산 과정으로 간주

번역과정과 관련해 다양한 모델이 제안되었다. 이에 대한 개괄 및 논의는 뢰셔(1991: 7-23)와 노르베리(2003: 23-26) 등을 참조하라. 이러한 모델은 종종 순수하게 이론적인 것으로, 경험적 데이터에 기반을 두거나 경험적으로 입증되지 않은 것이다. 게다가 이러한 모델이 기술적이면서 처방적인지, 아니면 처방적이면서 규범적인지도 늘 분명치가 않다. 또한, 대부분의 모델은 번역사가 ST를 이해하고 정신적으로 이를 TL로 전환하는 것이 정말 한순간에 일어나는 것처럼 소위 "번역의 순간"을 포착하고자 한다. 그러나 텍스트 생산 업무로서의 번역은 이보다 더 복잡하며, 최종 TT는 번역의 순간 이전, 도중, 이후에 업무 수행에 영향을 주는 요인에 의해 영향을 받는다. 크링스(1986a)와 뢰셔(1991)는 번역과정 연구의 경험적 데이터에 기반을 둔 모델을 제안했다. 뢰셔의 모델도 번역의 순간을 묘사하고 있는데, 이에 대해서는 2.4.4.2에서 자세히 논의하도록 하겠다. 크링스(1986a)는 L1으로의 번역과 L2로의 번역에 대한 모델 두 가지를 제안했다. 이러한 모델은 문제 해결 및 전략적 처리 분석 결과에만 기반을 둔다는 한계를 가진다.

본 연구에서는 헤이즈와 그 동료들이 제안한 단일언어 쓰기 모델을 적용하겠다(헤이즈 외, 1987; 헤이즈, 1996 참조). 그림 2.1은 헤이즈(1996: 3)

가 제안한 모델이다.

이 모델의 세 가지 주요 과정은 계획, 텍스트 생산,[4] 교정이다. **업무 환경**의 두 요소는 업무 및 텍스트가 쓰기의 순간에 **쓰기과제** 및 이제까지 기존에 작성된 텍스트에 의해 영향을 받는다는 것을 보여준다. **계획과정**은 ST를 읽는 것도 포함하는 것으로 생각하면 된다. 텍스트 생산은 SL로 된 텍스트 일부분을 TL로 전환하는 것으로 정의할 수 있다. LTM에는 SL 지식 확보라는 요소를 추가해야 한다.[5]

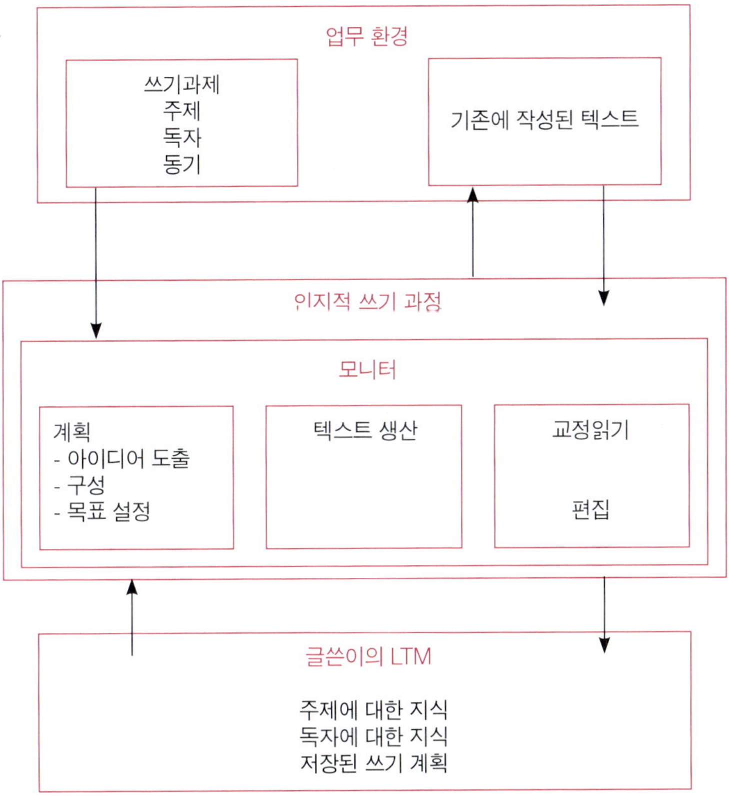

그림 2.1 쓰기 과정 모델 (헤이즈, 1996: 3)

위의 모델이 제안한 세 가지 주요 인지적 과정의 요소가 번역 및 전반적 업무의 일부에도 적용되므로, 본 연구는 이러한 요소를 분석하도록 하겠다. 위의 인지적 과정은 업무를 단계별로 나누고 각 단계 내에서 처리하는 것과 모두 관련이 있는 것으로 볼 수 있다. 다음 2.3.2부터 2.3.5에서 쓰기 및 전문지식에 대한 연구 결과를 논의하고 이를 4장의 경험적 데이터 분석의 배경으로 활용하기 위해 번역과정 연구와 관련지어 설명하도록 하겠다.

2.3.2 전반적인 시간: 업무 단계 및 과정 프로필

다양한 분야의 전문가는 비전문가보다 해당 분야에서 업무 수행 속도가 빠르며, 이는 더 자동화되고 효율적인 처리 과정 덕분인 것으로 드러났다(2.2.3 참조). 그러나 시간을 독립변수로 한 소수의 경험적 번역 연구는 이와 상반된 결과를 보인다. 야콥센(2003a; 2003b)은 전문번역사의 전반적인 번역 속도가 반전문가(번역전공학생)보다 확연히 빠르지는 않다고 주장했으며, 야스클라이넨은 평균적으로 비전문번역사가 전문번역사에 비해 더 빨리 업무를 수행한다고 밝히면서(야스클라이넨, 1999: 118), 비전문번역사가 잠재적인 번역 문제에 대해 민감도가 낮기 때문에 이러한 결과가 나온 것으로 추정했다. 향후 시간을 독립변수로 해서 다른 언어 조합의 번역 업무를 대상으로 연구를 확장하면 흥미로운 결과가 나올 것으로 보인다.

번역 업무 수행과정에는 어떤 단계가 있는지, 단계별 특징은 무엇인지, 번역사별로 단계별 차이가 있는지, 번역 경험량에 따라 이러한 차이가 나타나는지 등 단계별 문제를 구체적으로 다룬 연구는 거의 없다. 경험적 데이터에 기반을 둔 몇몇 연구에서는 번역 업무를 세 단계로 나누었는데, 이는 보통 TT 작성 전, TT 작성, TT 작성 후로 나뉜다.

1. 1단계는 *전 단계(Vorlauf)*(크링스, 1986a), *쓰기 전 단계(pre-writing stage)*(야스클라이넨, 1999), *계획 단계(Planungsphase)*(노르베리, 2003), *초기 오리엔테이션 단계(initial orientation phase)*(야콥센, 2003b)로 불린다.
2. 2단계는 *본 단계(Hauptlauf)*(크링스, 1986a), *쓰기 단계(writing stage)*(야스클라이넨, 1999), *초벌 번역 단계(Rohübersetzungs phase)*(노르베리, 2003), *초고 작성 단계(drafting phase)*(야콥센, 2003b)로 불린다.
3. 3단계는 *후 단계(Nachlauf)*(크링스, 1986a), *쓰기 후 단계(post-writing stage)*(야스클라이넨, 1999), *교정 단계(Revisionsphase)*(노르베리, 2003), *최종 교정 단계(end revision phase)*(야콥센, 2003b)로 불린다.

이러한 3단계는 모섭(2001: 135)의 연구 등 경험적 데이터에 직접적으로 기반을 둔 것이 아닌 다양한 경험에 기반을 둔 연구에서도 나타난다. 이러한 과정의 주요 단계는 다시 하위단계로 나누어진다. 각 단계를 칭하는 용어가 다양하게 나타나는 것은 각 단계를 명확하게 정의하는 것이 어렵다는 것을 의미한다. ST나 TT 읽기, 쓰기, SL을 TL로 옮기기, 평가하기 등 각 단계 내에서 다양한 인지적 처리가 이루어지기 때문이다(브리드펠트(Breedveld), 2002 참조). 게다가 번역 업무와 관련해 사용 가능한 데이터가 얼마 되지 않는데도, 데이터별로 업무에 접근하는 방법이 큰 차이를 보인다. 대부분의 용어는 경험적 데이터에 기반을 둔 것으로, 향후 특징이 다른 데이터를 분석할 때 사용하기에는 적합하지 않을 수도 있다. 예를 들어 '초고 작성 단계' 또는 '초벌 번역 단계'라는 용어는 번역사가 초고를 먼저 작성한 후 나중에 교정 한다는 뜻으로 받아들여질 수 있다. 하지만 선행연구에서는 실험 참가자가 이 단계에서 이미 업무가 완성된 것으로 보는 경우도 있었다(겔로프(Gerloff), 1986: 249; 크링스, 1986a: 181; 야스클라이넨, 1999: 124). 본 연구에서는 조작적 정의에 따라 각 단계를 명명했으며(4.1.1 참조), 쓰기 과정에 중점을 두고 컴퓨터 로깅 소프트웨어의 데이터에 기반을 뒀다.

단계별 소요시간과 번역 경험량의 상관관계가 명확하게 밝혀진 것은 아니다. 야스클라이넨(1999)과 야콥센(2003a)은 실험 참가자 대부분이 시간을 대부분 2단계에 할애했다고 밝혔다. 평균적으로 전문가는 학생에 비해 1단계 및 3단계에 더 많은 시간을 할애했다(야콥센, 2003a: 194). 그러나 일부 전문가는 교정 및 편집을 2단계에서 마치고 3단계에서는 TT만 확인했다고 밝혔다(야콥센, 2003a: 194; 야스클라이넨, 1999: 122). 이러한 연구결과는 경험량이 많은 작가가 경험량이 적은 작가에 비해 계획과 교정에 더 많은 시간을 할애하고 쓰기 업무에 더 많은 노력을 기울인다는 쓰기 관련 연구 결과와도 연관이 있다(스카다말리아와 베라이터(Scardamalia & Bereiter), 1991: 172).

단계별 시간 분배는 업무에서 주요 인지적 처리 요소가 어떻게 분배 및 적용되었는지를 보여준다. 예를 들어 1단계에서 정보 검색을 광범위하게 하는 번역사도 있고, 바로 번역을 시작한 후 3단계에 이르러서야 정보를 검색하는 번역사도 있다. 2단계에서 문제를 해결하는 번역사도 있고, 마지막 단계에서 문제를 해결하는 번역사도 있다. 2단계에서 중점을 두는 부분도 각기 다르다. 2단계에서 자연스러운 TL 텍스트를 생산하는 것을 목표로 하는 번역사도 있고, 2단계에서는 TT가 정확하고 완전한 지에만 신경을 쓰고 화용론적 측면이나 문체적 측면은 3단계에서 다루는 번역사도 있다. 각 단계의 처리 패턴은 각기 다른 과정 '프로필(process profile)'로 나타난다(야스클라이넨, 1999; 로렌조(Lorenzo), 1999; 노르베리, 2003; 브리드펠트, 2002).[6] 이러한 프로필에 대해서는 쓰기 연구에서도 논의되었으며, 계획 및 교정 등 과정별로 프로필이 다르게 나타나는 것으로 드러났다. 이러한 프로필은 쓰기 경험량과 관련 있는 것은 아니지만(토런스(Torrance), 1996: 285), 컴퓨터나 펜과 종이 사용 등 쓰기 모드와는 강한 연관성을 보였다(반 배쉬(van Waes), 1991: 320-321). 번역이나 쓰기 연구에서 개인의 과정 프로필이 업무별로 어떻게 나타나는지 분석한 경우는 거의 없지만, 레비와 랜스덜(Levy and Ransdell)

(1996)은 작가들이 다양한 쓰기 업무에서 단계별로 시간을 분배하는 데 있어 높은 일관성을 보였다고 주장하며, 개인의 과정 프로필이 일관성 있게 나타날 수 있다는 결론을 내렸다.

본 연구에서는 전반적으로 소요된 시간 및 단계별로 소요된 시간을 분석하겠다. 분석 결과는 4.2에 제시될 것이다. 4.6.6에서는 4장의 경험적 데이터 분석에 기반을 둔 과정 프로필에 대해 논의하도록 하겠다.

2.3.3 업무 계획

인지적 과정으로서의 계획은 (목표 구체화를 포함한) 목표, 또는 목표 달성 수단에 대한 준비적 사고 단계로 정의할 수 있다(헤이즈와 내쉬(Hayes & Nash), 1996: 29). 목표 설정은 특정 목표를 달성하는데 적합하도록 개인이 학습하고 내재화한 계획 및 루틴을 잠재적으로 활성화하는 것을 의미하기도 한다. 쓰기처럼 제대로 정의되지 않은 업무에서 업무 정의를 통해 업무의 목표 및 하위목표를 구체화하는 것은 특히 중요하다(헤이즈와 내쉬, 1996: 31). 번역 역시 제대로 정의되지 않은 업무이며(야스클라이넨, 1999: 84; 3.2.1 참조), 따라서 번역의 목표 또는 목적을 구체화하는 것이 업무 수행에서 매우 중요하다. 구체화를 통해 목표 및 목표 달성을 위한 일련의 움직임 또는 행위를 뜻하는 계획을 수립할 수 있기 때문이다(헤이즈와 내쉬, 1996: 32). 모델에서 볼 수 있는 것처럼 업무계획은 업무 환경이 바뀌면 도중에 변경 또는 교정될 수 있다(그림 2.1 참조). 게다가 업무를 수행하는 사람이 쓰기에서 내용도 전달하고 스스로에 대한 좋은 인상도 남기려고 하는 등 여러 개의 목표를 동시에 달성하려면 목표 간에 균형을 유지할 필요가 있다(헤이즈, 1996: 10).

헤이즈와 내쉬는 다음과 같이 계획 방법을 세 가지로 제시했다(헤이즈와 내쉬, 1996: 35-37).

1. 추상적 계획 업무의 일부, 주로 중요한 부분만을 계획한다. 쓰기에서는 주제를 잡는 것이 여기에 해당한다.
2. 유추적 계획 쓰기에서는 장르 관습을 활용하는 것이 예가 될 수 있다.
3. 모델링에 의한 계획 쓰기에서는 작가가 글을 쓰기 전에 텍스트를 머릿 속에서 부분적으로 계획하는 것이 예가 될 수 있다.

계획 과정은 업무 수행 전반에 걸쳐 나타나며, 거시적·미시적 목표 및 행위 측면에서 모두 나타난다. 업무 전반에 대한 계획에서 초기 단계가 특히 중요하다. 그런 점에서 번역에서는 1단계(2.3.2 참조)가 매우 중요하다고 볼 수 있다. 번역과정 연구에서는 실험 참가자별로 1단계에서 번역에 접근하는 방법이 상당히 차이를 보이는 것으로 나타났다. 대부분의 참가자가 ST를 전부 또는 부분적으로 소리 내지 않거나 소리 내어 읽고, 때로는 모르는 단어에 밑줄을 긋거나 단어를 찾아보기도 했다. 참가자들은 발화를 통해 어려운 점, 용어 문제, 번역 브리프에 대해 언급했다(야스클라이넨, 1999: 124; 크링스, 1986a: 186; 노르베리, 2003: 86-89). ST 읽기는 보조도구 활용을 포함하며, 이는 업무에 대한 안정감을 주는 심리적 기능도 있다(크링스, 1986a: 179).

기존 연구 결과에 따라 1단계에서 번역 업무에 접근하는 방법과 번역 경험량의 연관성을 일반화하기는 어렵다. 몇몇 연구에서 학생(크링스, 1986a: 186) 및 전문번역사(야콥센, 2003a: 194-195; 크링스[1986a: 178-179] 및 슈리브 외[1993: 24]의 전문번역사에 대한 언급도 참조) 등 일부 참가자는 번역 시작 전에 ST를 전부 읽지 않는 것으로 드러났다.[7] 평균적으로 전문번역사는 학생보다 1단계에 할애하는 시간이 약간 더 많은 것으로 밝혀졌다(야콥센, 2003a: 195; 야스클라이넨, 1999: 117). 1단계에서 취한 접근법은 번역 업무가 번역사에게 일상적인 업무인지 아닌지에 따라 달라질 수 있다(티르코넨-콩디와 라우까넨(Tirkkonen-Condit & Laukkanen), 1996: 50 참조). 야스클라이넨(1999: 121)은 실제 번역을 하기 전에 단어를 찾아보고 정보를 검색하는 번역사도 있고, 번역하면서 이를 동시에 하는 번역사도 있는 것처럼, 쓰기 전 단계에서 보조도구 활용 방법이 두 가지로 나타날 수 있다고 주장한다.

ST를 읽고 이해하는 것은 확실히 번역을 성공적으로 하기 위해 필수적인 단계이다(당세트, 1995; 쿠스마울, 1996, 1997). 그러나 이러한 읽기는 업무의 각 단계 또는 모든 단계에 걸쳐 나타나는 현상이다(브리드펠트, 2002). 번역과 동시에 이루어지는 발화를 분석해보면, 일반적으로 텍스트를 읽는 목적에 따라 어떻게 읽을 것인가와 어디에 중점을 둘 것인가 등이 달라진다(웨(Wærn), 1979). 따라서 번역사가 ST를 어떻게 읽느냐는 맡은 번역 업무에 따라 달라지며, 번역 업무의 일부로 볼 수 있다. 따라서 이때의 읽기는 다른 목적을 위한 읽기와는 다른 면이 있다. 라이스와 페르미어(1984: 72)는 ST를 읽으면서 번역사는 이미 어려운 문단을 "찾고" 생각나는 번역 등가어를 적는 등, 업무에 대한 의식이 ST에 대한 인지 및 이해 과정에 영향을 미치게 된다고 주장한다. 슈리브와 다이아몬드(Shreve & Diamond, 1997: 246-247)는 번역 전문가가 읽기에서 차별화된 신호를 포착하는 특징을 보인다고 주장한다. 이들이 ST에서 "일반적인" 언어적 정보와 함께 번역과 관련된 정보를 추출한다는 것이다. 슈리브 외(1993)는 참가자 세 그룹이 같은 텍스트를 읽되, 그룹별로 패러프레이즈, 이해, 번역 등 서로 다른 목적을 가지고 읽도록 하는 연구를 통해 목적에 따라 읽는 방법이 달라진다는 것을 보여주었다. 번역을 목적으로 텍스트를 읽은 참가자가 더 많은 문제를 발견해냈으며, 다른 그룹에서 발견하지 못한 종류의 문제를 지적했다. 그러나 이 연구에서 번역사는 전문번역에서의 번역 문제에 아직 민감해지지 않은 번역전공 1학년생들이었기 때문에 이 연구결과를 전문번역에 일반화해서 적용하기는 어렵다(야스클라이넨, 1999: 118 및 2.3.2 참조).

노르베리(2003)는 회상실험을 통해 1단계 이후 번역사들이 텍스트를 어떻게 표상하는지 알아보았다. ST는 120단어로 짧았으며(대략 거시적인 구조와 일치하는) 빈칸 7개를 채우는 형태로 내용을 회상하는 데 중점을 두었다. 평균적으로 참가자들은 빈칸 7개 중 3개를 채웠으나, 개인별로 상당한 차이를 보였다. 특히 반전문가(주니어 전문가) 그룹에서 차이가 커, 업무 접근법이나 ST 독서법에 차이가 있었음을 보여주었다(노르베리, 2003: 162).

본 연구에서는 쓰기 전 단계에서 다음의 두 가지를 살펴보겠다(4.3 참조).

1. 이 단계에 할애된 시간과 전반적인 접근법
2. 1단계에서 어떻게 업무를 정의하고 업무를 위해 어떤 목표를 설정했는지를 보여주는 참가자의 업무 계획 방식

2.3.4 TT 쓰기

2.3.4.1 과정의 분절, 자동화 처리, 전략

번역의 텍스트 생산 과정(그림 2.1 참조)은 최소한 한 가지 면에서 단일언어 쓰기의 텍스트 생산 과정과 차이를 보인다. 단일언어 쓰기에서는 작가가 쓰기 과제의 주제에 따라 텍스트를 생산하는 데 반해, 번역에서는 텍스트의 주제, 내용, 전체 및 문장 수준의 구조가 ST라는 다른 텍스트에 의해 결정된다. 그러나 둘 다 자동화 처리와 문제 해결 간의 전환 등 일반적인 인지적 처리를 포함하며, 처리되는 언어적 수준이나 측면이 비슷하다는 점에서 유사하다.

누가 번역을 하든지 간에 아무런 문제 없이 자동으로 번역되는 부분도 있고, 다양한 변수와 고려사항 때문에 문제 해결이나 전략이 필요해서 번역이 느려지는 부분도 있다. 이는 번역과정의 정지/서행(stop-and-go)적 특징 또는 2분법적 구조로 알려져 있다(크링스, 1986a: 116; 뢰셔, 1991: 203-204 참조).

'전략'이라는 용어는 번역학에서 다양한 방식으로 쓰이는데, 그 정

의가 서로 겹치기도 한다(전략에 대한 다양한 의견에 대한 개괄은 체스터만, 1998; 야스클라이넨, 1993 참조). 크게는 텍스트적 특징에 기반을 둔 정의 및 분류와 TAP 등 증거나 데이터에 기반을 둔 정의 및 분류로 나눌 수 있다. 텍스트적 특징에 기반을 둔 정의 및 분류의 예로는 자국화와 이국화 전략이라는 이분법이 있다(베누티, 1998 참조). 또 다른 예로는 선행 연구에 기반해 체스터만(1997: 94-112; 이 분류의 적용은 퀸즐리, 2003 참조)이 제안한 번역 전략의 분류이다. 여기서 전략이란 ST와 비교해 TT에서 일어난 변화 또는 변환을 의미한다. 또 다른 정의 및 분류는 과정중심 연구에서 제안되었다. 야스클라이넨(1999: 180; 야스클라이넨, 1993 참조)은 '전반적 전략'이 번역의 원칙 하에서 번역과정을 안내하는 역할을 하는 것으로 가정했다. 당세트(1997: 89)는 전략을 번역사가 문제를 해결하기 위해 의식적으로 불러내는 일련의 행동으로 보았다. 클라우디(Klaudy, 2003: 171)도 이와 비슷하게 전략을 정의했다. 크링스(1986a; 1986b)와 뢰셔(1991)는 전략을 제2언어 습득의 의사소통 전략 연구에 기반해 정의했다(프레치와 캐스퍼(Færch & Kasper), 1983). 본 연구에서는 크링스(1986a)를 따라 전략의 개념을 정의하도록 하겠다.

> ... 구체적인 번역 문제를 구체적인 번역 업무의 틀에서 해결하기 위한 번역사의 잠재적이고 의식적인 계획(크링스, 1986a: 175)

여기서 중요한 것은 '문제'라는 개념으로, 크링스(1986a, 1986b)는 이를 조작적으로 정의하면서 다양한 문제 지표를 제안했다. 이에 대해서는 5.1에서 소개하고 5장의 분석에 적용하도록 하겠다. 전략은 번역과정에서의 문제 해결 계획을 의미하므로 개념 자체가 번역과정에 기반을 둔 것이지만, 종종 전략의 결과로 특정 텍스트적 특징이나 패턴이 나타나기도 한다. 온라인 데이터(TAP 및 쓰기 과정 컴퓨터 로깅)에서 문제 지표가 없는 부분은 자동화 처리가 된 것으로 간주하겠다(에릭슨과 사이먼, 1984/1993: 15 참조). 2.4.4.2에서 번역과정에서 직역의 역할이 무엇인지 논의하고, 자동화 대 비자동화 처리와 문제 해결 전략 문제를 논의하도록 하겠다.

작업기억 용량의 제한으로 인해 번역사는 번역과정을 '분절'해야 한다. 보통 작업기억에는 7~8개의 "덩어리(chunk)"를 저장할 수 있다(앤더슨, 1990: 151; 바우어와 씨릴로(Bower & Cirilo), 1985: 75). 이 덩어리는 기억 시스템이 하나의 단위로 저장하는 패턴 또는 순서를 의미한다. 이 덩어리가 단어일 수도 있지만, 번역사가 단어 이하의 단위에 주의를 기울이는 경우 단어보다 더 작은 단위가 될 수도 있다. 경험량이 아주 많은 번역사도 번역과정에서 문장보다 작은 단위에 중점을 두어, 번역이 문장보다 작은 단위로 이루어지기도 한다고 알려져 있다(크링스, 2001: 404; 세귀노, 1996: 82 참조). 번역사가 ST 분절을 시각적으로 확인할 수 있는 경우(작업기억 일부로서의 시공간 스케치패드에 대해서는 배들리와 히치(Baddeley and Hitch)[1974] 참조) 어느 정도 처리를 촉진할 수 있다(슈리브와 다이아몬드, 1997: 235 참조).

번역사는 어떻게 번역과정에서 덩어리를 만들고 결정할까? 니다(Nida)는 다음과 같이 주장한다.

> 진정 능력 있는 번역사는 서로 비슷한 언어를 번역할 때도 구조적 단위가 아닌 "의미있는 소량(meaningful mouthfuls)"으로 번역하려 한다. 이들은 의미를 분석해 내용을 옮기고 도착언어로 메시지를 생산한다(니다, 1964: 68).

번역사가 번역을 하기 위해(ST내에서 덩어리 크기가 얼마나 크든지 간에) ST 덩어리를 추출하기 시작할 때의 과정은 다음의 시나리오 중 하나를 따르게 된다.

1. 번역사가 번역과정에서 아무 문제 없이 ST 분절을 읽고 이해한 후 TL의 언어

자료로 복구 및 생산해낸다.

2. ST의 이해나 TL로의 복구 및 생산 등의 번역과정에서 하나 이상의 문제가 있어 문제 해결을 위해 하나 이상의 전략을 적용해야 한다.

두 경우 모두 번역과정의 온라인 데이터가 하나 이상의 휴지(pause)를 기록하게 되는데, 첫 번째의 경우 계획 및 텍스트 생산 등의 처리에 필요한 시간 때문이며, 두 번째의 경우 문제 해결 전략을 적용하는데 필요한 시간 때문이다. TAP에서는 이것이 발화 도중 휴지의 형태로 드러나는데, 휴지 후 TL 분절을 발화하거나 문제 지표 및 전략 처리를 발화한다. TT 작성 과정의 컴퓨터 로깅에서는 두 경우 모두 키보드가 작동하지 않는 형태로 휴지가 나타나게 된다. 온라인 데이터에서 휴지가 나타나는 또 다른 원인으로는 이미 생산된 TL 자료의 모니터 및 평가를 들 수 있다(그림 2.1의 모델 및 아래 2.3.5의 교정 참조. 로깅 데이터의 휴지 원인은 로렌조, 1999 참조).

휴지 길이는 두 번째 경우가 첫 번째 경우보다 더 길다. 또한, 문제의 수와 문제로 인해 발생한 휴지는 경험량이 적은 번역사에게 더 많이 발생할 것으로 예상된다. 첫 번째 경우의 머뭇거림은 경험량이 적은 번역사보다 경험량이 많은 번역사의 로깅에서 더 적게 나타날 것으로 보인다. 따라서 경험량이 많은 번역사가 경험량이 적은 번역사에 비해 번역과정에서 휴지가 더 적게 발생하고, TL 결과물의 분절이 끊어짐 없이 긴 형태로 나타날 것이다. 이를 어떻게 연구할지 논의하기 전에 먼저 단일언어 쓰기의 분절, 계획, 휴지에 대해 간단히 논의할 필요가 있다.

2.3.4.2 단일언어 쓰기의 분절

단일언어 쓰기의 온라인 연구는 쓰기 과정의 컴퓨터 로깅(샌더스, 얀선, 반 데르 풀, 스킬퍼로드, 반 비크(Sanders, Janssen, van der Pool, Schilperoord, van Wijk), 1996; 스트럼퀴스트(Strömqvist), 1996; 반 배쉬, 1991), 비

디오 촬영(셸쿠와, 푸랑, 페이욜(Chanquoy, Foulin & Fayol), 1996; 마쯔하시(Matsuhashi), 1982), 받아쓰기 연구(스킬퍼로드(Schilperoord), 1996) 등을 통해 이루어졌는데, 휴지는 계획, 복구, 문제 해결, 의사결정 등 중요한 과정의 흔적을 보여주는 증거로 해석되었다. 휴지 길이는 업무의 다양한 측면이 인지적으로 얼마나 복잡한지를 보여주는 지표로 간주되었고, 텍스트 구조상의 위치와도 연관성이 있는 것으로 드러났다. 긴 머뭇거림은 복잡한 통사적 구조가 등장하기 직전과(셸쿠와 외, 1996), 계획하는 데 시간이 더 많이 걸리는 상위 담화구조 직전에 나타났다(마쯔하시, 1982; 샌더스 외, 1996; 스킬퍼로드, 1996).

정지 및 휴지는 쓰기 과정에서 상당한 분량을 차지하는데, 업무에 소요된 시간의 반 이상을 차지하며(바우즈만(Baurmann), 1989), 과정을 작은 분절로 나눈다. 코퍼 외(1986)의 연구에서 참가자는 휴지로 인해 4.5 단어에서 16.8 단어에 이르기까지 다양한 크기의 분절을 생산했다. 전문가는 초보자보다 더 큰 분절을 생산했다. 작가의 실력에 따라 휴지 수가 다르게 나타났으나, 휴지 길이와 실력은 연관성이 없었다(바우즈만, 1989: 271).

휴지 패턴은 쓰기 모드(컴퓨터인지 펜과 종이인지)에 따라 달라진다. 컴퓨터로 쓰는 경우 펜과 종이에 쓰는 것보다 휴지가 두 배 많이 발생하지만 휴지 길이는 훨씬 짧아서, 컴퓨터로 쓸 때의 쓰기 과정이 더 단편적이다(반 배쉬, 1991: 317). 컴퓨터로 글쓰기와 관련해 '워드프로세서의 편이(word-processor comfort)'라는 용어가 있는데, 이는 텍스트를 언제든 손쉽게 변경할 수 있으므로 빠른 의사결정을 통해 텍스트를 생산하고 나중에 모니터상으로 이를 평가하는 것을 뜻한다. 컴퓨터 로깅으로 쓰기 과정을 분석하는 번역과정 연구에서도 이를 유념할 필요가 있다. 실제 연구대상이 컴퓨터를 활용한 쓰기 과정이지 번역과정 그 자체는 아니기 때문이다.

2.3.4.3 번역 쓰기 과정의 분절

상술한 것처럼 번역에서 대부분의 내용은 ST의 작가가 사전에 계획한 것이다. 따라서 단일언어 쓰기와 달리 번역에서는 휴지 길이가 텍스트의 위계적 단위간 경계와 연관성이 있다고 간주할 수는 없다. 예를 들어 새 문단을 시작하기 전에 계획하는 데 필요한 시간이 문장이나 구절을 쓰기 전에 필요한 시간보다 반드시 더 긴 것은 아니다. 그러나 번역사가 머릿속으로 TL의 언어자료 구성하고 나면, TT 쓰기와 단일언어 쓰기에 중요한 유사점이 생긴다. 마쯔하시(1982)는 휴지 패턴에서 볼 수 있는 것처럼 단일언어 쓰기에서 계획은 문법단위가 아닌 개념적 내용에 기반을 둔 심리적 처리 단위에 따라 일어난다고 주장했다. 따라서 표면적인 구조가 하나의 단위가 되는 일은 거의 없다(마쯔하시, 1982: 286). 번역의 TAP에서 제기된 단위에 대한 비슷한 주장(겔로프, 1987: 147f.) 및 2.3.4.1 니다의 인용구를 참조하라.

따라서 번역과정에서의 휴지를 연구하면 언제 계획, 문제 해결, 평가, 교정이 일어났는지, 번역사의 중점이 어떻게 바뀌었는지를 알 수 있다. 휴지 사이에 생산된 TL 분절을 분석하면 분절의 크기를 알 수 있고, 이를 개별 번역사의 '번역단위(발라르(Ballard), 1993; 뢰셔, 1993: 209; 맘개어(Malmkjær), 1998a 참조)'로 명명할 수 있다. 번역학에서는 경험량이 많은 전문번역사가 학생보다 번역단위의 크기가 크다는 주장이 자주 제기되었다(퀸즐리, 2000; 쿠스마울, 1998; 뢰셔, 1993: 209; 투리, 1986: 89). 이에 대한 간접적인 증거로 번역사/학생이 L1으로 번역했을 때조차 ST와 SL의 간섭으로 인해 TL이 자연스럽지 못하거나 비문이 발생하는 등 TT에서 특정 특징들이 발견된다는 지적이 있었다(크링스, 1986a; 뢰셔, 1991; 투리, 1986). 야콥센(2003b)은 전문번역사의 번역 쓰기에서 분절 수가 더 적다는 가정이 사실임을 증명했고, 통계적으로 봤을 때 전문가와 반전문가(번역전공 2학년생) 간의 차이가 상당히 큰 것으로 드러났다.

게다가 번역 업무의 쓰기 단계에 촉진 효과로 인해 같은 번역사가 번역하더라도 업무 시작과 끝의 분절 수가 다를 수 있다. 촉진 효과는 단일언어 쓰기에서도 관찰되었으며(스트럼퀴스트, 1996), 다음의 이유로 번역에서도 역시 발생할 것으로 예상된다.

- 업무를 시작할 때 TT 및 업무와 관련된 전반적인 결정을 내리기 때문에 뒤로 갈수록 처리가 촉진되어 처리가 빨라짐.
- ST에서 특정 단어나 구가 여러 번 등장해 TL의 언어자료로 복구하는 것을 촉진함.
- 이제까지 생산한 텍스트가 (머릿속 및 TL 버전의 형태로) 점차 텍스트 표상이 되어 ST 이해 및 TT 생산의 특정 측면을 촉진함(그림 2.1 모델 참조).

4.4에서 쓰기 과정의 분절과 업무과정의 촉진 효과를 분석하겠다.

2.3.5 텍스트 교정

헤이즈 외의 모델에서 교정은 쓰기의 세 번째 인지적 과정이며, 본 연구에서는 번역에서도 이것이 동일하게 적용된다고 가정한다. 헤이즈 외(1987: 185)는 교정에서도 다수의 인지적 과정이 일어난다고 가정했다. 작가/교정자는 계획의 결과로 '업무 정의'를 내린다(2.3.3 참조). 업무 정의는 교정자의 목표가 무엇인지, 텍스트의 어떤 특징을 검사하고 어떻게 교정작업을 수행할지 등을 구체화한다. 물론 업무 정의는 개인별로 다르게 나타난다(헤이즈 외, 1987: 186). 게다가 개인의 업무 정의는 역동적이어서 교정 과정에서 수정될 수 있다. 교정자가 목표를 세워서 교정 할 수도 있지만, 교정의 결과 목표가 바뀔 수도 있는 것이다. 1996년 모델과 1987년 모델 간에는 흥미로운 차이점이 있는데, 이전 모델에서는 교정 과정에서 **업무 정의**가 과정의 일부로 간주되었는데(헤이즈 외, 1987: 185 참조), 나중 모델에서는 **지식**의 일부로 간주되었다는 점이다.

이러한 변화가 의도적인 것인지는 분명치 않다. 하지만 이는 업무 정의가 과정에서 내려지기는 하지만 작가/교정자의 지식에 의존한다는 생각을 드러내는 것으로 볼 수 있다.

교정의 평가 과정은 단어 해석, 문법지식 적용 등 낮은 수준의 과정과 작가의 의도 및 관점 파악(다른 이가 쓴 텍스트를 교정할 때), 독자의 니즈 고려(헤이즈 외, 1987: 203, 205; 헤이즈, 1996: 15-16 참조) 등 높은 수준의 과정 모두에서 이루어진다. 텍스트에서 문제를 제거할 수 있는 가장 쉬운 방법은 다시쓰기로, 이는 교정자가 자신의 표현으로 새로운 텍스트 분절을 생산하는 것을 뜻한다.

헤이즈 외(1987)는 다른 이가 쓴 텍스트를 전문가와 초보자(학생)가 어떻게 교정하는지 연구했다. 연구 결과 전문가는 교정을 텍스트 전반에 관련된 업무로 보지만, 초보자는 교정을 문장 수준의 업무로 보는 것으로 드러났다. TAP에서 전문가가 발화한 '문제 표상'은 더 전반적, 설명적, 통합적, 절차적이어서 해결을 위해 적합한 절차를 밟을 수 있도록 해주었다. 문제 및 실수를 얼마나 감지하는지에서도 차이점이 발견되었는데, 전문가는 초보자보다 지속적으로 뛰어난 성과를 보여주었다(헤이즈 외, 1987: 233). 이러한 결과는 학생들이 목표를 설정하지 않고 되는대로 교정을 하고 개별 단어나 구 등 더 낮은 텍스트 수준을 주로 교정하는 것으로 드러난 선행연구의 결과와도 일치한다(바틀릿(Bartlett), 1982: 346).

쓰기 업무의 일부로서의 교정에서는 쓰기 모드가 교정 패턴에 영향을 준다. 컴퓨터로 쓰는 사람은 쓰기 과정의 초기 단계부터 이미 교정에 상당히 많은 시간을 들이는 경향이 있다. 이들은 쓰기 과정 시작 시 계획을 많이 하기 보다는 빨리 쓰기 시작하고, 쓰기 단계가 끝난 후 따로 교정을 하기 보다는 쓰기 과정 전반에 걸쳐 동시에 교정을 하는 것으로 드러났다(세버린손 에클론드(Severinson Eklundh), 1995: 12). 그러나 이들이 교정을 한 시간의 총합은 펜과 종이로 쓴 이들의 교정 시간과 같았다(반 배쉬, 1991: 318). 그러나 여기에도 개인적인 쓰기 패턴의 차이는 있었다.

일부 연구가 번역에서의 교정을 다루기는 했으나, 이것을 주제로 한 선행연구는 거의 없었다(모섭, 2001: v). 크링스(2001)는 인지 과정에 대한 중요한 연구를 발표했는데, 주로 기계번역 텍스트의 후편집(post-editing)에 대해 다루기는 했지만 번역에 대한 것도 다루었다. 흥미로운 결과 중 하나는 참가자가 계획 및 교정에서 두 가지 특징을 보였으나, 서로 연관성은 없었다는 것이다. 하나는 과정에서 서로 다른 번역 변화소를 고려하는 경향이었다. 여기서 이상적인 타입은 변화소를 거의 고려하지 않는 경향의 '선형적 계획자(linear planner)'와 다수의 변화소를 고려하는 경향의 '병행적 계획자(parallel planner)'이다. 또 다른 특징은 변화소를 머릿속으로만 계획하는지 쓰고 나서 교정하는지이다. 크링스는 이런 점에서 이상적인 타입을 '예측형 계획자(anticipatory planners)'와 '수정형 계획자(correctional planners)'라고 칭한다(크링스, 2001: 427f., 530). 이런 점에서 다른 과정 프로필이 생기는 것이다. 크링스는 기계번역 텍스트를 후편집할 때 인지적인 노력을 가장 많이 요구하는 텍스트는 예상과는 달리 낮은 품질의 텍스트가 아니라 중간 품질의 텍스트라고 밝혔다. 이는 ST와 TT를 지속적으로 비교해 TT의 요소가 수용 가능한지를 결정해야 하기 때문이다(크링스, 2001: 539). 위에서 인용한 헤이즈 외의 관찰에 대해 보충 설명을 하자면, 중간 품질의 텍스트를 교정할 때 교정자는 문제 진단을 요구하는 집중적인 수리 절차를 적용하는 경향이 있다. 그러므로 사실 번역의 교정은 어떤 점에서 보면 단일언어 쓰기의 교정보다 훨씬 어렵다. 텍스트의 문제를 해결하는 가장 쉬운 방법은 교정자/작가가 자신의 표현대로 새로운 텍스트 분절을 생산하는 것인데, 텍스트가 ST라는 다른 텍스트를 따라 매우 비슷하게 모델링되었기 때문에 보통은 이러한 방법을 취할 수 없다. 따라서 번역을 교정하려면 번역사가 정확한 진단적 정보를 생산해야 한다. 이 결과 교정자/번역사는 자신이 텍스트를 쓸 때는 받아들이지 않을 만한 구조,

단어 등을 번역할 때는 받아들이는 경향이 있는 것이다.

교정 및 편집에 대한 교과서에서 모섭(2001)은 교정자가 확인해야 할 점인 교정의 기준을 나열한다. 이러한 기준은 전환(ST와 TT의 관계에 관한 것), 내용(텍스트에서 주어진 사실이나 논리 등에 관한 것), 언어(TL의 화용론, 문체론, 응집성, 정확성), 제시(구성 및 인쇄) 등 네 가지로 나뉜다(모섭, 2001: 99). 경험적 데이터에 의하면 번역사가 스스로 텍스트를 교정(모섭은 이를 자가교정이라 부른다)하거나 다른 사람이 번역한 텍스트를 교정할 때 모두 이러한 교정의 기준이 존재하는 것으로 밝혀졌다.

4.5에서는 번역의 교정에 대해 참가자가 어떤 목표와 계획을 발화했는지, 실제로 어떻게 교정했는지, 어떤 문제가 있다고 발화했는지를 살펴보겠다. 이를 통해 어떻게 교정을 했는지, 번역 경험량에 따라 참가자간에 어떤 차이점이 있었는지를 정성적·정량적으로 알아보도록 하겠다.

ST와 TT의 텍스트적 특징 및 번역과정에서 이를 어떻게 다루는지는 번역과정의 핵심적인 문제인데, 이제까지는 이에 대해 미루어 짐작만 해왔다. 다음 부분에서 이 점에 대해 다루도록 하겠다.

2.4 번역과정의 텍스트

2.4.1 번역의 명시화

2.4.1.1 텍스트적 현상으로서의 명시화

이제까지 전문지식 관련 연구는 주로 "성과가 측정 가능한 영역"에서 이루어졌다(에릭슨과 스미스, 1991: 9). 번역사의 업무성과는 텍스트라는 결과로 드러나기 때문에, 번역 경험량이 TT의 품질과 연관성이 있다는 가정 하에 TT의 품질을 성과 측정의 대상으로 삼을 수 있다. 그러나 번역 경험량이 TT의 품질과 항상 비례하는 것은 아니라는 연구결과가 있다(야스클라이넨, 1999; 퀸즐리, 2003). 또한, 같은 TT에 대한 평가 결과도 평가자 별로 상당히 다르게 나타날 수 있다(노르베리, 2003; 크링스, 2001: 255ff.; 퀸즐리, 2003). "좋은 번역"의 기준은 일정한 것이 아니라 변할 수 있으며 특히 번역사가 어떻게 번역했는지에 따라 달라진다. 따라서 본 연구는 특정 텍스트적 특징을 분석할 것이다. 이 특징은 TT에 나타나는지 나타나지 않는지 객관적으로 판단할 수 있으며, 번역학에서 '명시화'라는 이름으로 많은 관심을 받아왔다.

'명시화'라는 개념 및 용어는 비네와 다블네(Vinay and Darbelnet, 1958)가 처음으로 도입한 것으로 보인다.

> SL에서는 추상적인 사실/세부사항을 맥락이나 상황에 따라 TL로 명확하게 소개하는 방법(비네와 다블네, 1958/1977: 9)

번역학 백과사전 및 용어집 네 권 중 세 권에 '명시화'가 포함되어 있으며[8](베이커, 1998; 들릴, 리앙케, 꼬르미에(Delisle, Lee-Jahnke & Cormier), 1999; 셔틀워스와 코위(Shuttleworth & Cowie), 1997), 이는 명시화가 하나의 용어로 자리 잡았음을 보여준다. 셔틀워스와 코위(1997: 55)는 명시화를 설명하는 구나 접속어를 추가하거나 함의를 풀어 설명하는 형태로 "ST의 정보를 원래보다 더 명시적으로 언급하게 되는 현상"으로 정의한다. 들릴 외(1999: 139)는 명시화를 명확화를 위해서나 TL의 제약으로 인해 "번역사가 정확한 의미론적 세부사항을 TT에 소개"하는 번역 절차로 정의한다. 이러한 세부사항은 맥락적 지식이나 상황을 통해 알아낼 수 있다. 세 가지 예는 번역사의 세상에 대한 지식, 더 구체적으로는 SL의 문화 및 역사에서 추출해 추가한 것들이었다. 베이커(1998)는 명시화를 비네와 다블네(1958/1977)의 정의와 동일하게 정의했다.

텍스트 표면상 명시화는 두 가지 형태로 나타난다. 새로운 요소의 추가 또는 더 구체적인 정보를 제공하는 '구체화'가 그것이다(클라우디,

2003; 오브라(Øverås), 1998: 575; 뻬레고(Perego), 2003: 74). 표 2.1은 다양한 언어 쌍과 텍스트타입에 대한 일부 경험적 데이터를 기반으로 한 명시화 또는 명시화와 비슷한 현상을 다룬 연구를 개괄한다. 그러나 본 연구에서 보고 또는 언급하는 데이터는 예문 몇 개에서부터 상당히 대규모 코퍼스에 이르기까지 규모가 크게 차이 난다는 사실을 명심해야 한다.

정의에서 알 수 있듯이 명시화라는 용어에는 다양한 현상이 포함된다. 클라우디(1998)는 이를 의무적, 선택적, 화용론적, '번역본연적' 명시화로 구분했다. 의무적 명시화는 문법이나 의미론 등 SL과 TL의 구조적 차이로 인해 발생한다(클라우디, 1998: 82-83; 비네와 다블네, 1958/1977: 164). 예를 들어 러시아어에는 정관사가 없어서 러시아어에서 영어로 번역할 경우 "다수의 추가"(클라우디, 1998: 83)가 발생하고, 전치사가 없는 헝가리어를 러시아어 또는 영어로 번역할 경우에도 추가가 발생한다. 반면 의미적 명시화는 TT에서 더 구체적인 단어를 선택한다는 것을 의미한다. 한편 헝가리아어에는 "남동생" 또는 "형"을 부르는 단어가 다르지만, "형제(ibid.)"의 상위어가 없어서 번역사는 상위어 중 하나를 선택해야만 하며, 따라서 텍스트가 의미적으로 더 구체적 또는 명시적으로 되는 것이다. 또 다른 예로는 St. Mary's School 또는 Vassar College의 맥락에서 영어의 학생(*the students*)이 프랑스어의 학생(*les etudiantes*)으로 번역될 때 여학생만 있는 것처럼 번역되는 것이다(비네와 다블네, 1958/1977: 117의 예문).[9]

표 2.1 명시화 현상의 증거를 보여주는 연구

연구	SL	TL	텍스트타입/장르
베르크-셀릭손 (Berk-Seligson, 1987)	스페인어	영어	법정통역
블룸-쿨카(1986)	영어, 프랑스어	히브리어, 영어	다양함
당세트(1997)	영어	프랑스어	신문, 경제
덴버(Denver, 2002)	스페인어	덴마크어	저널리즘
엥겔룬드 디미트로바 (1993)	러시아어	스웨덴어	소설, 통역
고리스(Goris, 1993)	영어, 플랑드르어	프랑스어	영화 더빙
한센과 테이크 (Hansen and Teich, 2001)	영어	독일어	정치적 연설 대중적 과학 텍스트
클라우디(1996)	헝가리아어, 영어	영어, 헝가리아어	정치적 연설
클라우디 (2000, 2001, 2003)	헝가리아어, 영어, 독일어, 프랑스어, 러시아어	헝가리아어, 영어, 독일어, 프랑스어, 러시아	소설
레비(Levý, 1965)	체코어	프랑스어	소설
메이슨(2001)	프랑스어	영어	소설
올로한(Olohan, 2000)	독일어	영어	관광정보
패퍼이(Papai, 2004)	영어	헝가리아어	문학/비문학 텍스트
부우티넌(Puurtinen, 2004)	영어	핀란드어	아동문학
뻬레고(2003)	헝가리아어	이탈리아어	자막
레커(Recker, 1974)	영어	러시아어	소설
슈미트와 쉐플러(Schmied and Schaffler, 1997)	영어	독일어	EU 텍스트
세귀노(1985)	영어 프랑스어	프랑스어 영어	다양함
샤디로폴루 (Sidiropoulou, 1995)	영어	그리스어	신문
반 루벤즈바트 (van Leuven-Zwart, 1989; 1990)	스페인어	네덜란드어	소설
벤아스-레토(Vehmas-Lehto, 2001a, 2001b)	러시아어	핀란드어	문학연구
벤아스-레토(2002)	러시아어	핀란드어	신문
웨이스브로드 (Weissbrod, 1992)	영어	헤브라이어	소설
오브라(1998)	영어, 노르웨이어	노르웨이어, 영어	소설

'선택적 명시화'는 텍스트 구성 전략 및 문체에 대한 선호가 언어마다 달라 응집관계를 강화하기 위해 연결요소를 추가하거나 문장의 관점을 명확히 하기 위해 강조어를 추가하는 경우이다(클라우디, 1998: 83). 이와 같은 명시화는 TL에서 문법적으로 정확한 문장을 구성하기 위해 의무적으로 발생하는 것은 아니다. 선택적 명시화의 예는 다음과 같다.

(1) 영어: Walk in (signpost outside an office)
프랑스어: Entrez sans *frapper* [Enter without knocking] (비네와 다블네 1958/1977: 164).

(2) 영어: The father never entered the house again alive. He would have been welcome.
히브리어: 히브리어로 번역될 때는 두 문장의 관계가 '그가 만약 그랬더라면'이라는 종속절로 명시화 됨(포크너(Faulkner), 웨이스브로드, 1992: 160에서 재인용).

(3) 프랑스어: Un personnage? Oui, certes. La personne se revela moins brillante.
독일어, 영어: 독일어와 영어로 번역할 때는 역접관계가 명시화 됨(A. 모루아(A. Maurois), 메이슨, 2001: 66에서 발췌).

(4) 증인(스페인어로): No, de ninguna manera.
통역사(영어로): No, in no way *did I ever have any conversation with him*(베르크-셀릭손, 1987: 1009).[10)]

즉 의무적 명시화와 선택적 명시화의 구분은 언어적 체계와 관련 있는 것이다. 그러나 무엇이 선택적이고 무엇이 의무적인지의 경계는 유동적이며, 의무적 명시화가 종종 실현되지 않기도 한다. 예를 들어 비네와 다블네(1958/1977: 117)에서 발췌한 예문을 보면, 번역사가 여학생들만 다니는 학교인지 몰랐거나, 알았다 하더라도 이를 적합하게 번역하지 못해 학생들(*the students*)을 남성형 학생(*les etudiants*)으로 번역할 수도 있는 것이다. 5.4는 이를 잘 보여준다. 시간 관계를 제대로 이해했다 하더라도 번역사가 "의무적" 선택(이 경우 시제 선택)을 빠뜨릴 수 있는 것이다. 따라서 어떤 선택이 "의무적"이라 하더라도 이는 처방적 관점에서 이해해야 한다.

'화용론적' 명시화는 문화 및 세상에 대한 지식의 차이로 인해 ST 독자가 이해할 것으로 기대되는 텍스트(의 부분)를 TL 독자가 이해하기 어려울 것이라고 예상되는 의사소통 상황으로 인해 발생한다. 문화적 개념, 지명 등은 번역사가 TT 독자의 이해를 촉진하기 위해 명확화할 수 있는 것이다(클라우디, 1998: 83). 이러한 명시화도 명시화의 많은 부분을 차지한다. 전문번역사는 이러한 니즈를 알고 사용 가능한 전략을 구사하는 데 반해 의사소통 중심의 번역을 경험해보지 못한 학생들은 그렇지 않을 수 있다. 이러한 명시화의 예는 다음과 같다.

(5) 영어: Daniel Defoe, in 1725, was so impressed by this that he devotes far more space to it in his Tour Through the Whole Island of Great Britain than he does to the University.
독일어: Daniel Defoe war hiervon so beeindruckt, dass er dieser Messe 1725 in seinem *Fahrer* 'Tour Through the Whole Island of Great Britain' weit mehr Platz widmete als der Universitat(슈미트와 쉐플러, 1997: 25에서 인용).

(6) 영어: Though the abbeys themselves were destroyed by armies from south of the Border, they remain beautiful and poignant in their ruin.
독일어: Obgleich die Abteien selbst durch Armeen von 'südlich der Grenze' *(d.h. aus England)* zerstört wurden, besitzen ihre Ruinen dennoch eine überwältigende Schönheit(슈미트와 쉐플러, 1997: 26

에서 인용).

(7) 헝가리어 대화의 영어 번역: Kata's father: Kata, Jancsi, come! Go there to the soldiers and say kleba, this means that you want some bread. Fine? Kleba, kleba.
영어 자막의 이탈리아어 번역: Go to the soldiers and say chleba. This is the way to say “bread” *in Russian*. Chleba, chleba(뻬레고, 2003: 76에서 인용).

(8) 노르웨이어: Hun er ennå ikke blitt mor til polfareren(literally: the polar explorer).
영어: His young wife was also on board; she had not yet given birth to *Roald*, the polar explorer(오브라, 1998: 580에서 인용).

마지막으로, 번역본연적 명시화는 번역과정 자체가 “모든 번역 활동의 가장 보편적이고 언어 의존적인 특징, 즉 SL로 개념화한 것을 TL로 구성해야 한다는 것(클라우디, 1998: 83)”이기 때문에 발생한다. 이는 “중재 활동의 피할 수 없는 결과(서틀워스와 코위, 1997: 55)”이다. 이러한 종류의 명시화는 번역사 및 번역사의 이해 과정과 연관된다.

2.4.1.2 논의

클라우디(1998)의 이론은 명시화의 다양한 측면을 단일 프레임으로 설명한다는 점에서 흥미롭다. 그러나 이 이론은 부분적으로 다른 기준(가정적 원인 vs. 언어적 실현)에 근거했기 때문에 그 적용이 어렵다(벤아스-레토, 2001a 참조). 명시화의 범주를 살펴보면 의무적 명시화와 선택적 명시화가 상위 범주이고, 화용론적 명시화가 선택적 명시화의 하위 범주라 할 수 있다. 번역본연적 명시화의 범주는 분명치 않다(벤아스-레토, 2001b 참조). 그 특성을 보면 과정의 관점이 아니라 언어적 관점에서 의무적 명시화라 할 수 있다. 2.4.4.3을 참조하라. 또한 이러한 범주 어디에도 해당하지 않는 예도 있다.

(9) 영어: It lived in yet another shadow, being equidistant from the Mendip Mast and Glastonbury Tor.
노르웨이어: Den levde *sitt liv* under nok en skygge, midtveis mellom Mendip-masten og Glastonbury-varden(Literally: It lived its life, 오브라, 1998: 577-578에서 인용).

(10) 영어: Only I'm going to have a yappy Pekinese, and chase kids off my lawn.
노르웨이어: Bare at jeg skal ha en gneldrende pekingeser, og jage ungene fra plenen *med stokken min*(literally: *with my cane*, 오브라, 1998: 578에서 인용).

(9)-(10)번 예문은 의미적 역할, 동족 목적어, 조격 목적어의 명시화를 보여준다(오브라, 1998: 578).

다른 연구에서 클라우디는 헝가리어와 영어, 독일어, 프랑스어, 러시아어 간 양방향 번역의 경험적 데이터를 기반으로 명시화의 측면을 분석했다(클라우디, 1996, 2000, 2001, 2003 참조). 여기서 클라우디는 명시화가 원인, 목적, 언어적 수준 등 그 출발점에 따라 범주화될 수 있다고 주장했다(클라우디, 2000). 전환 방식에 따라 의미 구체화, 어휘 추가, 문법 추가 등 명시화가 일어난다는 것이다. 클라우디는 명시화가 단일한 종류로 나타나는 것이 아니라 폭넓은 개념이라고 결론 내렸다(클라우디, 2000, 2001).

투리는 명시화 등 번역 변이가 일어날 때는 상보적인 성질의 변이가 쌍으로 일어나며, 이 한 쌍의 변이 중 하나가 발생할 확률이 더 높다고 주장했다(투리, 2004: 23-24). 일부 연구에서도 명시화의 절차 또는 기술에 대해 논의하면서, TT에서 명시적인 정보를 제거해도 맥락상 이해가 가능하다고 밝혔다. 논리적으로는 같은 종류의 함축화가 같은 이유로 발생할 것 같지만, 함축화는 명시화만큼 자주 발생하지 않는다(오브라, 1998).[11] 클라우디(1996)는 역번역 시 함축화가 일어나야 할 부분에서 명시화가 발생하는 경우가 많다고 밝혔다.

비네와 다블네(1958) 및 니다(1964) 등 초기 번역학 연구에서도 명시화를 번역의 절차로 권고하고 있으며,[12] 최근 번역학 교과서에서도 비슷한 권고가 이루어지고 있다. 따라서 많은 TT에서 명시화가 일어나는 것이 놀라운 일은 아니다. 이론서에서도 번역은 ST보다 더 명시적이며, 이는 번역의 보편소라고 주장하고 있다.

> … *번역 행위의 보편소*이다. 번역사의 정체성, 언어, 장르, 기간 등과 상관없이 원문의 함축적 정보를 번역에서 명시화하려는 경향은 거의 일반적으로 나타난다(투리, 1980: 60, 원문의 강조).

> 오랫동안 인정된 번역의 법칙 중 하나는 명시화의 법칙이다. 번역사는 원문보다 더 명시적인 텍스트를 생산하는 경향이 있다[...] (체스터만, 1997: 71)

> 번역 보편소란 특정 언어 쌍의 영향과는 상관 없이 원문에 비해 번역된 텍스트에서 전형적으로 나타나는 언어적 특징을 말한다[...] ST와 TT의 대조분석을 통해 모든 종류의 번역 텍스트에서 나타나는 공통적인 특징을 다수 발견했다. 이러한 특징에는 단순화, ST에 등장하는 반복의 기피, 명시화 등이 있다[...] (라비오사-브레이스웨이트, 1998: 288)

물론 모든 연구자가 보편소라는 용어를 사용하는 것은 아니다. 일례로 투리는 나중에 이 용어보다 법칙이라는 용어를 선호했다(투리, 2004: 29 참조). 그러나 번역학에서 일반적으로 TT가 더 명시적이라는 생각은 보편적으로 받아들여지고 있다. TT에서 (어느 정도) 명시화가 용인 가능하다는 합의도 이루어졌다. 명시화에 대한 기술적 연구는 번안이나 패러프레이즈 등 재생산된 텍스트가 아니라 번역된 텍스트를 분석 대상으로 하며, 규범적 연구는 명시화 또는 명시화의 예가 필요하고 바람직한 것으로 본다. 명시화를 부정적으로 평가하는 연구자들(레비, 1965; 구트(Gutt), 1996)은 TT가 형편없거나 그저 그런 번역이라고 해서 번역이 아니라고 볼 수는 없다고 주장한다. 또한, 번역학에서는 명시화가 항상 의무적인 것은 아니라고 동의했다. 즉, 명시화가 번역의 보편소라 하더라도 명시화 가능성이 번역의 보편소이지 명시화가 언제나 실현되어야 한다는 뜻은 아니다. 그러나 이러한 발언은 당위적인 것에 불과하다(투리, 2004: 20 참조). 명시화를 가르치거나 권고한다고 해서 이를 번역 보편소로 간주할 수 있을지도 명확하지 않다.

번역학에서 다양하게 사용되는 명시화라는 용어는 잠정적으로 두 가지로 범주화 할 수 있다. 하나는 번역교육 맥락에서 사용되는 것이고 다른 하나는 번역연구 맥락에서 사용되는 것이다. 전자는 번역사가 어떻게 해야 하는지와 관련된 규범적인 주장과 연관이 있고, 후자는 기술적 관점에서 사용된다. 본 연구에서 인용한 용어사전은 이 둘을 구분하지 않지만, 두 가지 관점이 모두 반영되어 있다. 현재 번역학에서는 특정 측면이 공통적으로 발생하는 명시화 현상을 "명시화"라는 용어로 통칭하고, 번역에서 허용되는 ST와 TT의 차이를 특정 현상으로 명명하는 것으로 보인다.

이제까지 명시화의 정의 및 범주는 크고 작은 명시화 코퍼스를 기반으로 이루어졌으나, 명시화와 비슷한 측면을 가지고 있으나 명시화로는 간주되지 않는 다른 번역 해결책과는 대조가 이루어지지 않았다(반 루벤즈바트[1989; 1990] 및 오브라[1998] 제외). 또한, 번역사가 명시화를 하지 않기로 선택한 경우와도 대조가 이루어지지 않았다. 따라서 중요한 질문에 대한 답이 아직 이루어지지 않은 것이다. 근본적인 질문은 번역사가 무엇을 명시화할지 어떻게 아느냐이다. 어떤 텍스트도 모든 것을 다 드러낼 수는 없으며, 텍스트는 특정 의사소통 목적과 관련해서만 명시화가 가능하다. 어떤 텍스트도 모든 면에서 명시적일 수는 없으므로 명시적 텍스트는 "사용 맥락에서 중요한 점"을 명시화할 뿐이다(나이스트랜드와 위멀트(Nystrand & Wiemelt), 1991: 31). 대부분 텍스트의 의미는 독자가 읽기 과정을 통해 구성하며 독자의 배경지식 및 경험에 따라 달라진다. 독자마다 텍스트에서 의미를 다르게 구성하며, 이는 번역사가 독자로서 텍스트를 읽을 때도 마찬가지다. 모든 번역사가 주어진 텍스트에서 같은 정도로 "함축성"을 이해하고 이를 명시화할까? 모든 번역사가 같은 수단을 사용해 같은 정도로 명시화할까? 번역사는 어떻게 텍스트를 해석하고 어떻게 번역하겠다는 것을 어떻게 결정할까? 작가가 "명시적으로 표현하는 것이 문제가 아니라 무엇을 명시적으로 표현할지 아는 것이 문제"이다(나이스트랜드와 위멀트, 1991: 34). 당연히 이는 번역사에게도 해당한다.

2.4.2 응집성의 명시성

명시화는 번역의 핵심 질문 다수와 관련되어 있다. 따라서 명시화를 번역 결과물과 번역과정의 관점에서 모두 분석해보는 것이 적절하다. 본 연구는 이러한 질문을 ST의 함축적 논리 관계가 TT에서 명시적으로 표현된 특정 명시화 현상의 맥락에서 살펴보도록 하겠다. 이러한 명시화의 예문은 다음과 같다.

(11) 영어: The definitive face that begins to emerge with adolescence was long, slender, and tenderly responsive [...]
노르웨이어: Det endelige ansitet som formet seg i de første ungdomsårene var langt og smalt og følsomt [...] (literally: long and slender; 오브라, 1998: 575에서 발췌 인용)

(12) 프랑스어: Je lui ai demandé si on pouvait éteindre une des lampes. L'éclat de la lumière sur les murs blancs me fatiguait.
영어: The glare from the white walls was making my eyes smart, and I asked him if he couldn't turn off one of the lamps. (까뮈(Camus), 메이슨, 2001: 72에서 인용)

(13) 프랑스어: J'ai montré mon che d'ouvre [sic!] aux grandes personnes et je leut ai demandé si mon dessin leur faisait peur. Elles m'ont repondu "Pourquoi un chapeau ferait-il-peur?" (생텍쥐페리(Saint Exupery), 어린왕자, p. 11)
영어: I showed my masterpiece to the grown-ups and asked them whether the drawings frightened them. But they answered, "Frightened? Why should anyone be frightened by a hat?" (English version 1962, by K. Woods; 블룸-쿨카, 1986: 21에서 발췌 인용)

(14) 러시아어: Po staromu obyčaju rodovogo adata, kotorogo togda ešče priděrživalis' vaile, nel'zja otpuskat' v storonu vdovu s synov'jami, i naši odnoplemenniki ženila na nej moego otca. (Ajtmatov)
스웨덴어: Efter den gamla släktlagens bud - som man den gången fortfarande häll fast vid i byn - fick en änka med söner inte ställas åt sidan, och därför såg våra stamfränder till aU gifta henne med min far. (블롬퀴스트(Blomqvist) 번역)
[(영어 번역). According to the old custom of the ancestral law, to which they were then still adhering in the village, it was prohibited to put a widow with sons aside, and our relatives therefore married her to my father.] (엥겔룬드 디미트로바, 1993: 290에서 발췌 인용)

첫 두 예문은 순접사를 사용한 명시화를 보여주며, 세 번째 예문은 대조(역접)관계의 명시화, 네 번째 예문은 인과관계의 명시화를 보여준다.

번역에서 (문장 또는 절 사이의) 함축적 논리 관계의 명시화는 블룸-쿨카(1986), 당세트(1997), 고리스(1993), 클라우디(2003), 레비(1965), 메이슨(2001), 샤디로폴루(1995) 등 다양한 연구에서 언급된 바 있다. 반 루벤즈바트는 "기능어의 추가, 삭제 또는 대체는 명시성 정도를 변이시켜 응집성이 강화되기도 한다"고 밝혔다(반 루벤즈바트, 1990: 81). 체스터만은 통사적 전략 중 응집성 변화를 "텍스트내적 지시, 생략, 대체, 대명사화, 반복, 다양한 연결어 사용 등에 영향을 미치는 것"이라고 밝혔다(1997: 98). 명시성 변화는 화용론적 전략에도 속하며, 명시화와 함축화를 포함한다(체스터만, 1997: 108).

레비는 실험을 통해 "번역사가 생각이 단절되거나 관점이 변화되는 것을 설명하기 위해 원문에 표현되어있지 않은 논리 관계를 설명하려는 경향이 있다"며(레비, 1965: 79), 이는 번역사가 독자들로 하여금 외국 텍스트를 이해하기 쉽도록 하기 위해 노력하기 때문이라고 밝혔다. 오브라(1998)는 영어-노르웨이어 및 노르웨이어-영어 소설 번역에서 응집성 명시화 정도(문법 및 어휘 관계)가 높아진다고 주장했다. 이 연구에서는 함축화보다 명시화 빈도가 훨씬 많이 나타나는 등 확실한 명시화 경향이 관찰되었다(오브라, 1998: 583). 또한 영어에서 노르웨이어로 번역하는 경우가 반대방향일 때보다 명시화와 함축화가 더 많이 일어났다. 샤디로폴루(1995: 85)는 영어-그리스어 신문기사 번역에서 함축적 인과관계가 명시화되는 경향이 있음을 알아냈다.

이와 같은 경향에는 두 가지 원인이 있을 수 있다.

1. 응집성 관련 명시성이 높아지는 것은 번역 규범의 기능 또는 발현으로 볼 수 있다. 웨이스브로드(1992)는 영어-히브리어 소설 번역에서 명시화의 빈도와 정도가 다양하게 나타나는 것은 번역 대상 장르 및 번역이 이루어진 시기와 관련이 있다고 주장했다. 명시화는 "규범 지배

적 절차"라는 것이다(웨이스브로드, 1992: 168). 오브라(1998) 역시 연구 결과를 번역 규범의 측면에서 논의하면서 응집성 관련 명시성이 높아지는 것은 번역이 각 언어 코드의 하부코드라는 "세 번째 코드"의 특징 중 하나라고 밝혔다(프라울리(Frawley), 1984: 168). 이는 장르와 시기에 따라 번역이 달라질 수 있음을 뜻하며, 웨이스브로드(1992)의 연구결과와도 일치하는 것이다. 이러한 설명의 배경에는 번역이 TL의 텍스트적 패턴을 따르거나 나름의 텍스트타입(세 번째 코드)을 구성해야 하며, 이에 따라 TT가 생산된다는 주장이 있다.

2. 응집성 관련 명시성이 높아지는 것은 번역과정에서 어쩔 수 없이 나타나는 결과이다(클라우디, 1998 및 서틀워스와 코위, 1997의 인용구 참조; 클라우디, 2003: 372, 375 참조). 따라서 블룸-쿨카(1986)는 번역과정에서 ST에 비해 TT의 응집 관계가 변하는 등 텍스트 및 담화 관계가 변이된다고 주장했다. 그녀는 이러한 이유를 언어 간 문법의 차이, 언어 간 문체 선호도의 차이, 번역과정의 제약 등 세 가지로 제시했다(블룸-쿨카, 1986: 18-19). 마지막 원인은 명시화 가설로, "두 언어의 언어적, 텍스트적 체계의 차이와는 상관없이 SL에서 TL 텍스트로 번역할 때 응집성 명시성이 증가한다"는 것이다(블룸-쿨카, 1986: 19).

본 연구의 목적 중 하나는 명시화가 번역 경험량 또는 TT의 품질 수준과 연관성을 가지는지 밝히는 것이다. 그러나 이러한 주장에 대해서는 의견이 분분하다. 일부 연구자는 명시화가 번역 경험이 거의 없는 번역사에게 나타나는 특징이라고 주장한다. 블룸-쿨카는 명시화 경향은 비전문번역사의 특징이 아니라 전문번역사에게서도 발생하며, 언어 중재과정에 내재된 보편적 전략일 수 있다고 밝혔다(블룸-쿨카, 1986: 20-21). 라비오사-브레이스웨이트(1996: 153)는 명시화가 번역의 보편적 특징 중 하나이며, 이는 전문번역사보다 번역학습자의 번역에 더 자주 등장한다고 주장했다. 레비는 명시화 경향이 평균 또는 중간 수준의 번역에서 나타나는 특징이라고 언급했다(레비, 1965: 80). 다른 연구자들은 명시화가 번역 규범이며 명시화 연구가 번역 출판물 코퍼스를 기반으로 하므로 전문번역사의 특징이라고 주장하기도 했다(오브라, 1998; 웨이스브로드, 1992; 블룸-쿨카, 1986). 덴버(2002)는 번역사의 일반 및 언어적 지식이 높을수록(이 연구에서는 번역전공학생 중 2학년생) 함축적 논리 관계를 명시화하는 경향이 있다고 밝혔다. 2.4.3 및 2.4.4에서 이러한 가설에 대해 더 구체적으로 설명하도록 하겠다.

2.4.3 번역 규범

2.4.3.1 번역학의 규범

번역 규범을 처음으로 깊이 있게 다룬 연구자는 투리(1980; 1995)이다. 규범은 (해당 시기와 문화의 번역사 공동체 등) 공동체가 공유하는 일반적 가치나 생각으로, 특정 상황에서 번역을 수행하기 위한 "번역 지침"이 되는 것이다. 이러한 규범은 사회화 과정에서 습득된다. 규범은 제재를 동반하며, (행위 또는 번역의 경우 TT에 대한) 평가의 기준이 된다(투리, 1995: 54-55). 규범 및 기저 가치는 활용 가능한 데이터를 기반으로 연구자가 추론을 통해 구성한다는 사실을 강조할 필요가 있다(허먼즈, 1999: 86, 90 참조).

투리의 모델에는 예비 규범, 실행 규범, 기본 규범 등 세 종류의 번역 규범이 있다. 예비 규범은 번역 정책 등에 영향을 주어 어떤 텍스트를 번역할지, ST의 언어를 직접 번역할지 중역을 할지 등을 결정하게 한다. 기본 규범은 TT가 주로 ST 및 SL의 규범에 기반을 두는 것을 의미하는데, 투리는 이러한 경우를 '적합한 번역'이라 칭했다. 반면 TT가 주로 TL의 규범에 기반을 둘 경우는 용인가능한 번역이라고 칭했다(투리, 1995: 56-57). 실행 규범은 번역행위 도중에 이루어지는 결정과 관련된 규범이다. 실행 규범의 범주 중 하나는 분량 규범으로, ST 전체를 번역할지 일부 또는 분절만 번역할지 등 번역의 분량과 관련된 규범이다. 또 다른 범주에는 텍스트언어학적 규범이 있는데, 이는 SL의 자료를 TL의 어떤 자료로 대체할지 그 선택에 관한 규범이다(투리, 1995: 58-59). 명시화가 규범 지배적 현상이라고 가정할 경우 기본 규범에 중점을 두고, 이것이 텍스트언어학적 규범 속에서 어떻게 실현되는지에 주목해야 한다. 기본 규범 및 실행 규범 모두 ST와 TT의 다양한 관계 및 데이터의 종류에 따라 달라질 수 있다. 명시화는 ST의 텍스트적 패턴에서 멀어져 TL 규범에 따를 때 발생하는 경향이 있으므로 적합성이라는 기본 규범과 일치하는 특징은 아니다.

체스터만(1993; 1997)은 결과물 규범과 과정 규범 등 두 종류의 번역 규범이 존재한다고 주장했는데, 이는 기대 규범 및 직업 규범으로 불리기도 한다. 결과물 규범인 기대 규범은 "(이러한 종류의) 번역이 어떠해야 한다는 독자들의 번역에 대한 기대로 결정(체스터만, 1997: 64)"되는 것이다. 이러한 기대를 결정하는 요인에는 해당 문화의 번역 전통 및 TL의 병렬 텍스트 등이 있다. 반면 과정 규범은 번역과정 자체에 대한 것이다. 기초적인 과정 규범에는 책무 규범, 의사소통 규범, 관계 규범 등이 있다. 책무 규범은 윤리적 규범으로, ST 작가, TT 의뢰인, 번역사 모두에 충실해야 함을 뜻한다(체스터만, 1997: 68). 의사소통 규범은 사회적 규범으로, 번역사가 의사소통 전문가로서 관계자들간의 의사소통을 최적화하는 역할을 해야 함을 뜻한다(체스터만, 1997: 69). 마지막으로 관계 규범은 언어적 규범으로, 다음과 같이 정의된다.

> 번역사가 ST와 TT간에 적합한 유사 관계를 생성 및 유지하는 역할을 해야 함을 뜻한다(체스터만, 1997: 69).

과정 규범은 최종 결과물에 의해 결정되므로 번역사 입장에서 볼 때 과정 규범은 기대 규범의 하위 규범이다(체스터만, 1997: 67).

2.4.3.2 번역 종류별 번역 규범

실행 규범에는 일반적인 규범도 있고 특정 텍스트타입이나 번역 모드 등에만 적용되는 특정 규범도 있다. 일부는 단일언어 텍스트 생산과 관련된 규범과 동일하다(투리, 1995: 59). "직업 규범"은 능력을 갖춘 전문가로 인정되는 번역사의 번역행위에서 추출한 규범으로(체스터만, 1997: 68), 이 용어에서 볼 수 있듯이 번역학에서 규범은 전문번역의 맥락에서 연구되었다. 번역학에서는 이중언어 구사자와 학생의 번역 방식에는 거의 관심을 보이지 않았던 것이다. 1장에서 언급한 것처럼 비전문 번역의 텍스트적 패턴에 대한 체계적인 연구는 거의 이루어지지 않았다. 그러나 번역하는 사람과 수용자(독자/청자)가 같은 사람이 아니므로, 규범은 사람 사이에 번역이 발생하는 모든 맥락에 적용된다고 보아야 한다.[13] 따라서 특정 사회문화적 배경에서 자주 발생하는 모든 번역행위는 잠재적으로 규범이 될 수 있다.

이러한 논리에 따르면 외국어 학습, 교수, 시험을 목적으로 이루어지는 번역도 (번역)규범의 대상이 될 수 있다. 그러나 교육번역(didactic translation)이라고 칭하는 이러한 번역의 의사소통 상황에서는 보통 교사가 독자가 되는데, 교사는 전문번역의 독자와는 달리 ST를 이해하기 위해 번역을 필요로 하는 독자가 아니다. 외국어 학습에서 학생에게 L1으로 번역하도록 하는 것은 주로 학생이 ST를 이해했는지 확인하기 위해서다(맘개어, 1998b). L2(외국어)로 번역하는 것은 학생이 외국어로 구조를 만들어낼 수 있는지 확인하기 위한 것이다. 이는 연습, 내재화, 시험을 통해 학습을 완료했는지 확인하기 위한 목적으로 이루어진다. 따라서 이러한 경우는 TL로 기능적 텍스트를 생산하거나 ST의 메시지를 독자(구두 번역의 경우 청자)에게 전달하는 것이 주 목적이 아니다. 번역하는 학생이 외국어에 대해 필요한 지식을 갖추고 있다는 메타언어적 메시지를 전달하는 것이 목적이다(퀼크비스트(Källkvist), 1998). 따라서 번역의 목적은 텍스트의 정보나 내용을 전달하는 것이 아니라 번역사인 학생에 대한 정보를 제공하는 것이 된다. 이를 위해 학생은 교사가 규정한 관계 규범을 숙달해야 한다. 즉 교육번역에서 관계 규범은 매우 중요하며 기대 규범은 TT의 독자가 교사 1명이라는 사실에 기반을 둔다. 교사가 TT를 ST와 비교하고 자신의 번역 규범을 적용해 학생의 번역텍스트가 합격인지 불합격인지 결정하는 것이다.

전문번역과 교육번역의 중요한 차이 중 하나는 교육번역에서는 보통 규범이 독자와 평가자에 따라 달라진다는 것이다. 전문번역에서 번역사는 교육이나 실습을 통해 관련 번역 규범을 사회화하지만(투리, 1984, 1986, 1995; 2.2.2 참조), 스스로 규범을 만들거나 변경할 수도 있다. 그런 점에서 번역사 공동체는 "동등한 지위"를 가지고 있으며, 누구나 규범에 영향을 미칠 수 있다(투리, 1995: 62). 번역을 언어 학습이나 시험 목적으로 활용하는 교육번역 상황에서 번역 규범은 교사가 결정하며, 학생이라는 "번역사" 공동체는 규범을 변경하거나 규범에 영향을 줄 수 있는 여지가 많지 않다. 따라서 언어전공학생은 전문번역사에 비해 ST 분절을 번역하는 다양한 방식이 있을 수 있다는 가능성에 대해 잘 모르고, 번역에 하나의 "정답"이 있으며, 그 정답을 찾는 것이 자신의 업무라고 생각하는 경향이 있다.

교육번역의 규범과 전문번역의 규범이 다르므로 전문번역사와 학생은 같은 ST 분절을 번역해도 다른 TT를 생산할 것으로 예상된다. 그러나 이들의 TT에 유사점도 있을 것이다. 교육번역과 전문번역의 규범이 어느 정도 겹치는 부분이 있으며, 전문번역사가 되려면 교육번역에 비해 전문번역의 규범이 어떻게 다른지, 어떻게 비슷한지, 다를 경우 어떻게 변경해야 할지, 직업 규범, 책임 규범, 의사소통 규범이 관계규범에 어떠한 영향을 미치는지 등을 배우고 내재화해야 한다(체스터만, 1997, 6장 참조). 이런 점에서 번역사 교육 프로그램을 시작한 모든 사람과, 번역사 교육을 받지 않고 전문번역사가 되기 위해 번역을 시작한 사람은 누구나 교육번역의 경험이 있다고 할 수 있다.

2.4.3.3 번역 규범 연구

번역학에서 규범은 TT에서 반복적으로 나타나는 패턴, 번역사 및 번역 분야에서 활동하는 사람들의 발언, 다양한 기관의 규범적 발언 등 다양한 출처에서 비롯되었다. 규범 간 정체성 또는 언어별 규범의 형성 간에 어떤 관계가 있는 것은 아니지만, "구어적 형성은 규범의 존재와 그 중요성에 대한 '인식'을 반영한다(투리, 1995: 55, 원문의 강조)."

번역이 결정 과정(레비, 1967/1989 참조)이며, (번역) 규범이 번역과정에서 결정적인 요인으로 작용한다는 것은 번역에서 대안이 존재할 수 있다는 것을 의미하기도 한다. 주어진 ST를 번역하는 과정에서 개인이 이러한 대안을 선택할 수 있으며, 동시 자기반성법으로 이 과정을 연구해보면 개인이 고려한 대안의 전부 또는 일부가 발화될 것이다. 이러한 발화는 번역사의 결정 과정을 보여준다. 이는 번역 규범이 여기에 어느 정도 반영되며 연구가 가능하다는 것을 의미할까? 체스터만은 규범을 다음과 같이 정의할 수 있다고 제안했다(정의는 바르츄(Bartsch), 1987: 76에서 번안함).

> S=해당 사회, C=해당 조건, X=S에 속하는 개인, A=해당 행위라고 하고, 다음 조건이 모두 충족될 때에만 A와 관련해 규범이 존재한다.
>
> 1. S의 구성원 대부분은 C하에서 대부분 A를 한다.
> 2. X가 A를 하지 않으면 S의 구성원은 X를 비판하고 S의 다른 구성원들은 이 비판이 정당하다고 생각한다.
> 3. S의 구성원은 "X는 C하에서 A를 해야 했다" 또는 "C하에서 S의 사람들이 A를 하는 것이 규칙이다" 또는 "C하에서 해야 할 것은 A이다" 등의 표현을 통해 자신이나 다른 이의 행동 또는 비판을 정당화한다(체스터만, 1997: 54-55).

이러한 조건은 행동을 규제하는 규범 및 그 힘의 여러 측면을 보여준다. 조건 1은 규범이 지배하는 실제 행동의 결과가 연구자 등이 관찰할 수 있어야 함을 뜻한다. 조건 2는 관찰 가능한 행동이 해당 사회의 다른 구성원들에게 바람직하고 타당한 것으로 받아들여져야 함을 뜻한다. 조건3은 규범이 상호주관적 의식이어서 해당 사회의 구성원이 이를 알고 이에 대해 이야기할 수 있음을 뜻한다. 조건 2와 조건 3은 기저 가치를 다양한 방식으로 외재화하는 것을 의미한다. 따라서 해당 번역사의 번역행위가 규범의 지배를 받을 경우 TAP의 발화는 어떤 방식으로든 기저 번역 규범을 반영한다고 예상할 수 있다. 그러나 이제까지 TAP를 번역 규범 연구를 위해 활용할 수 있는지 구체적으로 다룬 연구는 없었다.

규범은 (기저) 가치의 표현이며 행위를 평가하는 기준이 된다(투리, 1995: 55). TA 연구 중 참가자의 평가 발화를 연구한 경우는 있었으나, 번역 규범 문제를 제기하지는 않았다. 티르코넨-콩디와 라우까넨(1996)은 TAP에서 표현된 평가와 번역 관련 결정의 시간 배분을 연계해 평가적 발언이 주관적 번역 이론을 반영한다고 주장했다. 그 예로 기저 규범을 반영한 발화나 어떤 규범을 따라야 할지 주저하는 경우를 들었다(여기서는 영어 번역만 발췌 인용함).

(15) 번역교사/TAP: 음 젠장 (9.0) 하지만 *완벽할 필요는 없지* (.) *자연스러운 영어 형식*으로 이건 (.) 사람들이 이게 (4.0) 번역 (.) 번역이라는 걸 알고 (7.0) 샘플 텍스트의 코퍼스가 될 거니까(티르코넨-콩디와 라우까넨, 1996: 50; 원문의 강조).

(16) 전문번역사/TAP: SULKAVA HOLIDAY CENTRE (1.0) 이건 좀 문제가 있네 하지만 이걸 핀란드어로 옮길지 영어로 옮길지는 *고용주의 마음에 달린 건데 왜냐하면 두 가지 모두 가능하니까*(티르코넨-콩디와 라우까넨, 1996: 49; 원문의 강조).

티르코넨-콩디(1997)는 번역 실력[14]이 TAP의 평가에 반영되며, 더 구체적으로는 TT 평가의 분량과 구체성이 실력에 비례하여 늘어난다고 주장했다. 이 연구의 예문을 보면 전문번역사들은 미래 독자의 니즈에 기반을 두고 구체적으로 평가하는 반면 학생과 초보자는 일반적인 기준에 따라 평가하는 것으로 드러났다. 이러한 결과는 번역 규범 내재화가 전문번역사가 지녀야 할 능력의 일부라는 관점과도 일치한다(2.4.3.2 참조).

야스클라이넨의 연구에서 전문번역사들은 비전문번역사에 비해 '번역 원칙(번역과정을 이끄는 기저 전략을 반영하는 전반적 번역 전략을 포함)'을 더 자주 발화했다(야스클라이넨, 1999: 202). 비전문번역사가 번역 원칙을 발화하는 경우 확신이 없어 보인 반면, 전문번역사는 명시적인 원칙이나 윤리 규정을 발화했다(야스클라이넨, 1999: 178). 비전문번역사는 번역을 어떻게 해야 하는지 또는 무엇이 허용되는지 잘 모르겠다고 발화했다 (야스클라이넨, 1999: 182). 또한, 어떤 규범을 따라야 할지 잘 모르겠다고도 발화했다(야스클라이넨, 1999: 182). 비전문번역사 중 1명은 다음과 같이 연구자에게 질문 하기도 했다.

(17) 초보/TAP: 이것까지 생각해야 하나, 핀란드어로 유창하게 표현해야 하는지 아니면 그냥 아이디어만 번역하면 되는지(야스클라이넨, 1999: 182)

비전문번역사를 대상으로 한 다른 TA 연구에서도 평가 발화가 발생했다. 크링스(1986a)는 번역 전략 중 번역 격률(Ubersetzungsmaximen)이라는 하위 범주를 구분했는데, 여기서 번역 격률은 평가가 원칙에 기반을 두고 이루어지는 것을 뜻한다. 일례로 똑같이 적절한 대안 중 더 직역인 쪽을 선택하는 직역 격률(Wortlichkeitmaxime)이 있다(크링스, 1986a: 429). L1에서 L2로 번역하는 참가자 4명 중 3명이 ST의 규정을 위반하는 것으로 판단되는 요소를 발견하는 교정 격률을 발화했다. 이 중 2명은 TT에서 규정 위반 요소를 제거해야겠다고 생각했지만, 나머지 1명은 이러한 요소를 그대로 보존했다(크링스, 1986a: 433). 이는 티르코넨-콩디와 라우까넨(1996)의 데이터에서도 발견되는데, 여기서는 이러한 현상을 번역의 주관적 이론이라 칭했다.

크링스(1986a: 434)는 번역 격률을 부분적으로 개성적인 것으로 보았다. 아마도 티르코넨-콩디와 라우까넨(1996: 57)은 이와 비슷한 관점에서 주관적 번역 이론이라는 용어를 썼을 것이다. 일부 이론은 참가자들 간에 비슷하게 나타나기도 했지만, 개별성 또는 개성의 측면이 나타났기 때문이다. 이러한 발화를 개성적 또는 주관적이라고 보는 것은 데이터의 특징과 크기 때문일 수 있다. 크링스(1986a)의 연구는 참가자가 8명이었고 티르코넨-콩디와 라우까넨(1996)의 연구는 참가자가 4명이었다. 단일 연구 맥락에서는 개성적으로 보이는 일부 격률이 다른 데이터까지 고려할 경우 다르게 보일 수도 있다. TAP 연구는 대개 참가자 수나 ST 길이 면에서 상대적으로 규모가 작다. 이제까지 분석은 사회문화적 문제보다는 심리언어적이고 정서적인 측면 위주로 이루어졌다. 게다가 참가자 수가 제한적이어서 연구자들이 더 넓은 관점에서 체계성을 발견하지 못하고 매우 비슷한 발화도 다르게 범주화했던 것으로 보인다.

따라서 TAP는 실제 번역과정에서 번역 규범이 어떤 역할을 하는지 새로운 시각을 보여줄 수 있다. 발화를 통해 번역하는 사람이 규범의 존재나 내용에 대해 인식하고 있거나 인식하지 못하고 있다는 것을 관찰할 수 있다. 그러나 주의해야 할 점이 있다. 규범적 또는 평가적 발언이 있었다고 해서 반드시 그에 상응하는 번역을 선택하는 것은 아니다. 또한, TAP는 개인별 번역과정에 대한 데이터이므로 참가자 수가 제한적이고 (ST 및 TT) 텍스트 수가 적어서 TAP 연구결과를 규범과 관련해 일반화하기는 어렵다. 규범은 그 정의상 대규모 그룹/공동체의 기저 가치로부터 발생한 것이기 때문이다. 특정 발언이나 가치판단을 규범(의 표현)이라 부르기 위해 얼마만큼의 상호주관적 합의가 이루어져야 하는지는 명확하지 않다. 이는 해당 연구에서 참가자가 얼마나 대표성을 갖는지와도 관련이 있다.

2.4.4 텍스트 처리

2.4.4.1 과정의 직역

개별 번역사의 번역과정에서 명시화의 대안에는 명시화하지 않고 형태적으로 ST 구조에 가깝게 번역하는 직역이 있다. 번역학에서 이 용어는 다음의 두 가지 의미로 사용된다.

a) (작은) 텍스트 분절에 적용되는 번역 절차 또는 전략
b) 절차/전략이 전반적으로 자주 나타나는 번역 텍스트(들릴 외, 1999: 155; 로빈슨(Robinson), 1998: 125 참조)

첫 번째 의미와 관련해서는 다양한 정의가 있다. 들릴 외(1999: 154)는 직역을 ST의 형태적 특징은 보존하면서 TL의 문법에 따르는 번역 전략으로 정의했다. 빌스는 직역을 ST 분절과 이에 상응하는 TT 분절이 "통합적이고 통사적 수준에서 구조적으로 동일하거나 거의 동일한 것"으로 정의했다(빌스, 1996a: 128). 다른 정의에도 평가적 요소가 포함되어 있다.

> 직역은 "TL 규범을 준수하면서도 내용을 바꾸지 않고 전달하는 것보다 *더 낮은 수준에서 이루어지는*" 번역을 칭하는 언어적 용어이다(바크우다로브(Barkhudarov), 1969: 10, 셔틀워스와 코위, 1997: 95에서 재인용; 필자의 강조).

따라서 공통된 특징 두 가지는 (a) ST의 의미 및 구조에 격률적으로 가까우며, (b) TL 문법을 따르는 것이라 할 수 있다. 그러나 로빈슨(1998)은 직역을 더 엄격하게 정의했다.

> 직역[...]은 SL 텍스트 분절을 개별 단어 및 TL로 번역하는 것이다. [...] 소위 직역

> 은 개별 SL 단어를 개별 TL 단어로 최대한 대체하고 SL의 단어 순서를 TL로 최대한 가깝게 옮기는 것을 이상적인 것으로 여긴다(로빈슨, 1998: 125).

이는 다른 연구에서 말하는 단어 대 단어 번역을 의미한다(다음 예문은 셔틀워스와 코위(1997: 198)에서 발췌). 독일어 책 제목을 단어 대 단어 번역하면 *Ich habe gelesen das Buch*인 반면 직역은 *Ich habe das Buch gelesen*로 독일어의 단어 순서까지 지켜진다. 번역사가 최대한 직역하려고 노력한 TT는 시대와 문화에 따라 다르게 평가되었다. 번역이론가들이 제안한 이분법은 직역이 자주 선택되었는지에 따라 나누어졌다. 예를 들어 니다의 '형태적 등가' vs. '역동적 등가'(니다, 1964)와 투리의 '적합성' vs. '용인성(2.4.3.1 참조)'이 있다.

절차로서의 직역은 ST 구조가 과장되고 원치 않는 방식으로 TT에 반영되어 품질 나쁜 TT를 만들어낸다는 (함축적) 가정 때문에 종종 기피된다. 이처럼 ST로부터 원치 않는 (구조적 통사적) 간섭을 받는 것을 '부정적 전환(투리, 1986; 1995: 275)' 또는 '번역투(겔러스텀(Gellerstam), 1986)' 등의 간섭으로 불린다. 그러나 직역은 종종 용인되며(비네와 다블네, 1958/1977: 48) 권고되기도 한다.

> 나는 원문의 지시적·화용론적 등가를 지키는 한 직역이 옳으며, 직역을 피해서는 안 된다고 생각한다(뉴마크(Newmark), 1988: 68-69).

직역은 개인적인 번역 문체일 수도 있고, 요나손(1997: 102)이 밝힌 것처럼 안전하게 번역을 하기 위해 사용되거나, 번역과정의 중간 단계로 활용되기도 한다(코미사로프(Komissarov), 1990: 206-207). 다음 발언도 참조하라.

> 번역사는 형태적 대응으로 번역 등가를 찾기 시작하며, 의미가 동일한 형태적

대응이 없거나 등가인지 확실치 않을 때만 별로 동일하지 않은 의미의 형태적 대응을 선택하거나 형태적 대응이 깨지는 구조적·의미적 변이를 선택한다(이바르(Ivir), 1981: 58, 투리, 1986: 93에서 재인용).

본 연구의 목적을 위해 직역은 "TL의 문법적 제약을 존중하면서 ST 분절의 구조 및 의미를 따르는 TT 분절"의 의미로 사용하겠다. 이러한 개념은 교정의 종류를 분석할 때(4.5.3)와 명시화를 다룬 5장에서 활용될 것이다.

2.4.4.2 처리 자동화와 깊이

직역과 다양한 비직역 번역 절차는 번역의 전문지식을 연구할 때 중심이 되는 문제다. 조금 과장을 보태자면 (2.2.1에서 논의한 것처럼) 읽고 쓸 줄 알며 번역 역량이 있는 모든 사람과 이중언어 사전은 직역 절차를 적용해 일종의 번역된 "텍스트"를 생산할 수 있다. 그러나 번역의 전문 능력과 전문지식을 위해서는 어떤 텍스트 분절이 직역 가능하고 어떤 분절이 직역 불가능한지를 알아야 한다. 이를 위해서는 핌(1992: 281)이 제안한 것처럼 같은 ST 분절에 대해 다양한 번역 변화소를 생산할 수 있어야 하는데, 이는 번역사 능력의 핵심적인 기술 중 하나다(2.2.2 참조). 전문번역사가 다양한 번역 해결책을 생산할 수 있는 역량이 있다는 것은 번역과정 연구에서도 밝혀졌다(크링스, 1988; 티르코넨-콩디, 2000). 또한 당세트(1997: 103)는 번역과정학생의 경우 번역 변화소 수가 더 많을수록 처리가 더 효율적이라고 주장했다.

일반적으로 직역은 비직역보다 인지적 부담을 덜 주는 것으로 알려졌다(빌스, 1996a: 128). 2.3.4.1에서 언급한 것처럼 번역과정에서는 자동화와 전략적 문제 해결 처리 중 하나가 선택된다. 그렇다면 직역은 자동화 및 전략적 처리와 어떤 관계 또는 연관성이 있을까? 직역과 연관된 심리언어학적 개념은 크링스(1986a)가 소개한 일차적 등가 연상

(primary equivalent associations)으로, 다음의 기준에 부합하는 개인별 심리언어학적 범주이다. (1) 상호언어성: 연상은 두 언어로부터 나오며, 서로 직접 연상되며, 두 언어의 다른 요소로부터 오는 것이 아니다. (2) 직접성: 한 요소의 활성화로 인해 다른 요소가 활성화된다. (3) 불변성: 시간이 지나도 불변하는 것처럼 보인다. (4) 등가성: 번역 주체에게 이것은 등가를 이룬다(크링스, 1986a: 304-305). 이러한 연상은 단어 수준 또는 그 이상에서 일어나지만, 맥락적인 한계를 고려한다(크링스, 1986a: 315). 올로한(2000)은 '직접적 매핑'이라는 용어를 비슷한 의미로 사용했다. 크링스는 데이터에 기반해 번역 주체가 다음과 같이 세 가지 수준으로 처리할 수 있다고 주장했다.

1. 일차적 등가 연상과 즉각적 번역의 언어 간 수준[15)]
2. L1 재발화(패러프레이즈 등)의 언어 내/언어 간 수준과 일차적 등가 연상 및 즉각적 번역의 결합
3. 직접적 개념화의 깊이 있는 의미적 수준(크링스, 1986a: 507)

번역 주체는 높은 수준의 등가나 인지적으로 덜 부담이 되는 해결책을 찾지 못하는 경우에만 더 깊이 있는 수준으로 나아가기 때문에, 심리언어학적 미니맥스 전략(레비, 1989: 48)을 활용해 인지적 부담을 최소화한다(크링스, 1986a: 508; 뢰셔, 1991: 276 참조). 일차적 수준의 처리는 자동화 검색을 의미하는데, 한 언어의 한 요소를 활성화하면 다른 언어의 다른 요소도 활성화되는 경우이다. 일차적 등가 연상은 실제 데이터에서 추출된 심리언어학적 범주이므로, 번역 주체마다 어느 정도 달라질 수 있다. 즉 일부는 직역이고 일부는 직역이 아니라는 것이다. 물론 직역은 비자동적으로 일부러 노력해서 이루어질 수도 있다. 일례로 번역사가 일시적이든 등가어를 몰라서이든 TL로 직역을 하지 못할 수도 있다. 또한, 직역은 다른 절차가 성공적이지 못한 경우 문제 해결 전략

으로 활용되기도 하는데(퀸즐리, 2003 참조), 이때도 자동화된 검색의 결과가 아니다.

또 다른 문제는 직역이 일차적 등가 연상으로 저장되어 자동으로 처리되는 지이다. 개인의 번역 경험량이 늘어날수록 자동으로 번역되는 덩어리의 양도 늘어난다(2.3.4.1 참조). 이는 더 많은 구간이 만들어지고(올로한, 2000) 자동적으로 직역의 구간이 더 길어지는 것을 의미한다. 또는 자동 번역된 분절에 직역이 아닌 번역이 포함되어 있다고 볼 수도 있다. 경험이 많아질수록 번역사는 자동적으로 언어 간 접근법을 더 큰 언어적 단위에 적용할 수 있게 된다.

> 더 넓은 범위와 의미적 "복잡성(비교적 초보자에게는)"을 가진 언어 간 구조 매칭도 있을 수 있다. 이는 통사 구조의 치환, 문화적 관점의 변조, 등가 거시기호의 선택(속담 등의 번역) 등 복잡한 작업도 자동화될 수 있음을 뜻한다(슈리브와 다이아몬드, 1997: 250).

자동화 가능성이 있는 복잡한 작업 중에는 명시화도 있다.

이제 2.2.1에서 잠시 언급했듯이 어떻게 이중언어 구사자들이 언어를 저장하고 처리하는지의 문제로 넘어가 보자. 여기서 중요한 것은 언어 사이가 어떻게 연결되는지, 어떻게 처리 과정이 활성화되는지, 형태와 의미 모두 동시에 처리될 수 있는지 등이다. 셀레스코비치(Seleskovitch, 1968)는 통역에서의 처리와 번역에서의 처리(셀레스코비치와 르데레르(Seleskovitch & Lederer), 1984; 들릴, 1988)를 설명하기 위해 "비발화 가정"을 제안했는데, 통역사/번역사는 처리 과정에서 SL의 형태에서 의미를 분리해 ST 분절의 의미에만 기반해 새로운 TL 분절을 생산해낸다는 것이다. 뢰셔(1991)는 이와 비슷하게 기호/형태 중심적 번역과 의미 중심적 번역을 구분했다.

> 기호 또는 형태 중심적 번역에서 번역 주체는 SL 텍스트 분절을 형태(기호의 연속)에 중점을 두고 전환하고 이를 TL의 형태로 대체한다. 이러한 형태/기호의 전환은 '두 텍스트 분절의 의미와는 상관없이' 이루어진다. 의미 중심적 번역은 SL의 형태/기호를 의미와 분리한 후 TL의 형태/기호와 결합하는 정신적 과정에 의존하고 이에 의해 통제된다. 그러나 이러한 분리와 결합 과정은 자동화 연상 과정보다 훨씬 많은 시간이 걸린다(뢰셔, 1991: 272; 필자의 강조).

필자가 보기에 이러한 입장은 지나치게 극단적이다. 뢰셔(1991: 276)는 "번역 주체는 기호 중심적 절차가 실패하거나 만족스럽지 않을 때야 비로소 의미 중심적 번역을 한다"고 주장했다. 그러나 번역주체가 의미를 처리하지 않고 기호 중심적 절차가 실패했다고 판단할 수는 없다. 또한 형태와 의미를 처리하는 것이 정말 "훨씬 더 많은 시간이 드는지", 만약 그렇다면 시간이 얼마나 드는지도 입증되지 않았다. 이러한 이유 외에도 뢰셔의 연구 데이터는 언어전공학생만을 대상으로 하므로 다음의 가정은 매우 가정적이라고 할 수 있다.

> 그러나 전반적으로 비전문번역사는 주로 기호 중심적 번역을 하고, 전문번역사는 주로 의미 중심적 번역을 한다(뢰셔, 1991: 276).

반면 크링스(1986a: 511)는 자신이 제안한 세 가지 수준의 처리(세 번째 수준인 직접 개념화는 의미 중심적 번역에 상응하는 것으로 보임)가 전문번역사의 처리에도 적용되며, 심리언어학적 미니맥스 전략에 따라 작용한다고 주장했다. 이는 전문번역사의 데이터를 대상으로 검증되지는 않았으나, 위의 인용구 일부를 간접적으로 입증한다고 볼 수 있다.

함축적 논리 관계의 명시화라는 번역 현상은 특히 이러한 문제를 연구하기에 적합하다. 명시화 가능성이 있는 텍스트 분절을 대상으로 연구하면 어떻게 번역 시 텍스트가 처리되는지를 볼 수 있을 것이다. 번역과정에서 이러한 명시화가 흥미로운 이유는 한 가지 더 있다. 명시화된 번역 변화소는 사전이나 문법책에서 찾아볼 수 있는 것이 아니라는 점이다. 이는 개별 번역사가 TT와 관련해 해석 및 의사결정을 하는 과정의 결과로 나타난 것이다.

2.4.4.3 함축적 논리 관계의 처리

함축적 논리 관계의 명시화는 가장 얕은 수준에서의 처리가 충분치 않을 때 나타나는 현상의 예이다(당세트, 1997: 102). 처리를 하려면 텍스트 표면상에 나타나지 않는 것도 이해해야 한다. 그러려면 함축적 관계를 추론할 수 있어야 한다. 단일언어의 담화 처리에 관한 다수의 연구는 읽기 과정에서 인과 관계 등에 대한 지식 기반 추론이 이루어진다고 밝혔다(그리써, 스웨머, 배거트, 셀(Graesser, Swarner, Bagget & Sell), 1996; 롱, 씰리, 어피, 콜딩(Long, Seely, Oppy & Golding), 1996; 트라바소, 세코, 판덴브룩(Trabasso, Secco & Van den Broek), 1984). 이를 위해서는 독자/이해자가 다음 문장을 읽고 이해하는 동안 문장 등 이전 텍스트 분절의 의미를 기억하고 있어야 한다(그리써 외, 1996: 14; 트라바소와 서(Trabasso & Suh), 1993: 28). 추론 처리는 숙련된 L1 읽기와는 기능적으로 분리된 요소이다. 즉 역량이 부족한 L1 독자도 문장을 읽고 이해하는 데 필요한 과정을 거칠 수는 있지만, 텍스트의 주제 또는 화제와 일관된 표상을 구성하는데 필요한 추론은 하지 못할 수 있는 것이다(롱 외, 1996: 209). L1으로 번역하려면 외국어를 읽어야 하는데, 이는 이해과정에 더 많은 자원을 필요로 한다. 이로 인해 추론이 더 어려워지거나 인지 자원이 추론에 쓰이지 못할 수 있으며, 이러한 현상은 학생들에게서 눈에 띄게 나타난다. (5.3에서 분석한 분절과 같이) 문장 내의 함축적 관계는 이런 점에서 문제가 될 수 있는데, 이러한 관계에 대해 추론을 하려면 문장 내의 더 작은 분절을 활성화하기만 하면 되므로 이전 텍스트나 문장의 의미를 활성화할 필요가 없기 때문이다.

지식 기반 추론은 명시적인 텍스트 외에도 다양한 자원의 결합에서 발생한다. 독자의 지식 구조가 당연히 결정적인 역할을 하게 된다. 독자의 목표 및 메시지의 화용론적 맥락도 중요하다(그리써 외, 1996: 14). 번역에서 업무 목표는 쓰기 전 단계 또는 계획 단계에서 수립되는데(2.3.3 참조), 이 목표는 추론에도 어느 정도 영향을 미치게 된다. 일례로 번역사가 ST를 처음 읽을 때 향후 독자의 관점에서 텍스트를 보고 추론을 통해 얻을 수 있는 정보를 추가해야겠다고 계획할 수 있는 것이다.

번역하는 사람이 이해 과정에서 함축적 논리 관계를 추론했을 경우, 어떻게 처리가 일어났고 이 과정에서 추론된 관계가 어떻게 될지에 대해 여러 가지 가정이 있을 수 있다. 그중 하나는 번역이 언어와 무관하게 ST 분절의 의미를 정신적으로 표상함으로써 이루어진다는 것이다. 이러한 가정에 찬성하는 사람들은 담화 처리에서 텍스트의 축어적 기억이 대개 형편없다는 사실을 근거로 제시한다. 음운적 또는 필적학적 표상 등 단어의 표면적 끈은 STM에서 빠른 속도로 사라지며, 의미론적 표상인 의미만이 남는다는 것이다(드 보그랑드(de Beaugrande), 1984: 169; 바우어와 씨릴로, 1985: 81). 단일언어 처리에서는 언론 기사에서의 직접 인용 등 축어적 인용이 처방적 규범인 경우, 녹취한 내용과 출판된 축어적 인용간에 상당한 차이가 관찰되었다(리흐러(Lehrer), 1989). 본 연구의 관점에서 볼 때 흥미로운 것은 이러한 차이의 대부분이 접속에서 나타났다는 것이다(리흐러, 1989: 113).[16)]

비발화 가정에 따라(2.4.4.2 참조) 번역이 언어와 무관한 의미 표상을 통해 이루어진다고 할 때, 이 의미는 함축적 논리 관계와 관련된 추론을 포함한다고 볼 수 있다. 그 결과 TL 분절이 의미적 비발화 표상에서 생산될 때 이러한 관계는 명시화되는 것이다. 이것이 명시화 관련 가정과(블룸-쿨카, 1986; 2.4.2 참조), 명시화가 개별 번역사의 해석 과정의 결과라는 주장에 대한 하나의 설명이 될 수 있다. 그러나 명시화 관련 가정은 학생 등 번역 학습자의 번역에서 명시화가 더 자주 나타날 수 있다고 주장한다. 이것이 비발화 가정과 충돌하는 학생의 번역 방법(작은 분절 및 기호 중심적 번역)과 어떻게 호환 가능할지는 분명치 않다. 또한 명시화가 비발화 가정에 따라 STM의 한계와 호환 가능한지도 분명치 않다. 특히 STM의 한계는 학생이 상당히 긴 두 문장을 연결해 번역할 경우 두드러지게 나타날 수 있다. 이러한 점은 비발화 가정에 대한 강력한 반박 근거로 사용될 수 있다.

반면 비발화 가정에 따라 번역에서 처리가 일어나지 않거나 늘 일어나는 것이 아니라면, 번역사가 ST의 형태만 처리하거나(뢰셔의 기호 중심적 번역 참조) 형태 및 의미 모두를 처리하는 것일 수 있다. 전자의 경우 비명시화와 호환 가능하다. 후자의 경우 함축적 관계와 관련된 추론이 이루어질 수 있다. 그렇다면 추론된 함축적 논리 관계의 명시화 또는 비명시화는 개인적 선호에 따른 것이므로 개인의 개성 또는 규범 지배적 행위로 볼 수 있다. 명시화가 규범 지배적인 경우 모든 TT 또는 일부 TT에 작용하는 하나의 또는 여러 규범의 결과일 수 있다.

명시화가 규범의 지배를 받을 경우 투리의 용어를 빌리면 적합성보다는 용인성이라는 기본 규범과 호환 가능할 것이다. 명시화라는 것은 그 정의상 ST의 규범에서 떨어지는 것을 의미하기 때문이다. 명시화가 일반적으로 더 용인성을 갖기 위해 발생하는 것이라면, 특정 SL을 TL로 번역할 때 용인성을 위한 전형적인 현상들이 동시에 관찰될 것이다. 즉, 명시화는 용인성의 다양한 지표 중 하나인 것이다. 체스터만(1997)의 용어를 빌리자면 명시화는 (번역사가) 의사소통을 최적화하기 위해 의사소통 규범을 실행할 때 나타나는 현상이다. 이러한 관점은 번역사마다 다를 수 있으므로 번역사별로 개인차가 있을 수 있다. 그러나 같은 번역사가 같은 텍스트타입을 번역한 TT에는 패턴이 일관성 있게 나타날 것이다. 명시화가 규범의 지배를 받는다면 규칙적인 특징이 나타나야 한다. 또한 특정 그룹의 번역사 모두 또는 대부분의 TT에서 관찰되어야 한다.

2.4.4.4 번역 규범과 번역과정의 결정

텍스트 수준에서 직역을 번역 절차로 활용하는 것과 일차적 등가 연상을 번역과정에서 활용하는 것도 규범의 지배를 받는데, 규범은 언제 이를 적용할 수 있고, 적용해야 하며, 적용해서는 안 되는지 등 허용 가능한 범위를 정한(투리, 1986: 91) 규범은 이중적 기능을 가진다. 특정 선택을 의무화하거나 강요하기도 하지만, 의사결정을 이끌거나 촉진하기도 하는 것이다(허먼즈, 1999: 80 참조). 개별 규범의 발생적 측면에서 볼 때 규범은 어떤 ST 분절이 문제없으며 자동화 처리 및 번역을 할지에 영향을 준다고 볼 수 있다. 전문번역사는 특정 언어조합에서 반복적으로 나타나는 텍스트 현상에 대해 특정 (종류의) 해결책을 마련하거나 명시적으로 학습했을 수 있다. 번역과정에서 이렇게 준비된 해결책은 어느 정도 자동화될 수 있다. 자동화 처리는 선택의 여지가 없거나 여러 대안 중 하나를 선택하는 쪽으로 내재화 및 자동화되었기 때문에 나타날 수 있으며, 두 경우 모두 규범의 지배를 받는다. 이때 규범은 허용된 변화소의 틀을 제공해 자동화 처리를 촉진한다. 또한, 번역과정에서 어떤 문제가 발생해서 번역 해결책을 평가할 때 규범은 번역 해결책의 생산, 평가, 의사결정의 기준을 제공한다. 기준 제공을 통해 문제 해결을 촉진하는 것이다. 따라서 규범은 자동화 처리 및 전략적 처리 모두에 영향을 미친다.

TT를 자동적으로 생산할 때 TAP를 분석하면 발화가 발생하지 않거나 대략 TT와 동일한 발화가 발생할 것이다. 그러나 발화는 구두로 이루어지므로 휴지, 강세 패턴, 준언어적 특징 등 분석 가능한 추가 정보 자원이 제공될 수 있다(5.3 휴지 길이 분석 참조). 반면 텍스트 분절 번역 시 여러 대안과 번역 규범 중 하나를 선택해야 하는 등 더 광범위한 처리가 필요할 경우, TAP에는 번역에 대한 평가 발언 및 원칙에 대한 발언 등장한다. 이러한 발화는 기저 규범을 반영하는 것이라 할 수 있다. 여기서 '할 수 있다'고 표현한 것은 1명을 대상으로 하는 데이터만으로는 규범을 입증할 수 없기 때문이다. 결론을 내리기 위해서는 더 많은 증거를 수집해야 할 것이다.

2.5 연구 설계

본 장에서는 어떻게 번역 업무를 수행하고(2.3) 어떻게 ST와 TT가 처리되는지(2.4)를 논의했다. 이러한 논의는 개별 번역사의 번역 경험량에 따라 결과가 다르게 나타날 것이라는 관점에 의해 이루어졌다. 이러한 관점에 대해서는 2.2에서 소개했다.

본 연구의 주요 연구문제는 번역 경험량의 차이가 다음과 연관성이 있는지를 밝히는 것이다.

a. 업무 수행의 주요 인지적 과정
b. ST의 함축적 논리 관계 처리 및 TT의 번역 해결책

번역과정에 대한 연구는 대부분 한 범주의 참가자 또는 대조되는 두 범주의 참가자를 대상으로 이루어졌다. 본 연구의 제목에는 "전문지식"이라는 단어가 포함되어 있으며, 2.2.3에서 논의한 것처럼 전문지식 패러다임에서 이론적 틀을 가져왔다. 따라서 번역의 전문지식을 지시하는 측면에 주의를 기울일 것이다(4장, 5장, 6.2 참조). 그러나 연구 설계는 단면적(cross-sectional) 연구방법을 적용했고, 전문가 vs. 비전문가(초보자)의 이분법이 아니라 번역 경험량이 다양한 두 범주의 참가자를 대상으로 했다.

번역 경험량별 범주는 번역 역량, 번역사 능력, 번역의 전문지식을 기반으로 조작적으로 정의되었다. 번역 역량을 갖춘 사람의 전형은 어떤 언어 조합이든 최소한의 번역 경험량을 보유한 이중언어 구사자이다. 그러나 스웨덴처럼 3학년 때부터 학교에서 외국어를 하나 이상 배우는

국가에서는 이러한 대상을 찾기가 어렵다. 번역이 교수 및 학습 목적으로 다양하게 활용되기 때문이다. 2.2.1에서 논의한 것처럼 번역 역량은 언어전공학생에게서도 발견될 수 있으므로 학부 학생을 참가자로 선택했다. 학부에서 SL(러시아어)을 배우는 학생과 번역사 교육 프로그램을 이수 중인 학생 등 두 범주를 선택했다. 이처럼 서로 다른 범주의 학생을 선택한 것은 전문번역사가 되고자 하는 번역전공학생이 언어전공학생과 어떤 측면에서 얼마나 차이를 보이는지 알아보기 위해서이다. 번역사 능력과 번역의 전문지식은 전문번역사의 번역 경험량에 따라 다르게 나타날 것으로 예상된다(3.4.1 참조).

일반적인 연구 질문은 다음과 같이 구체화하였다. 번역 업무를 수행할 때 계획하기, 텍스트 생산, 교정 등 단일언어 쓰기의 인지적 과정과 비슷한 점이 있을 것으로 예상했다. 또한 이러한 과정이 업무가 어떤 단계로 나누어지는지, 텍스트의 작은 단위를 어떻게 처리하는지 등 업무 전반에 걸쳐 나타나지만, 특정 업무에 이러한 과정을 어떻게 배분하고 적용할지는 개인별로 다르게 나타날 것으로 예상했다. 번역 경험량은 개인이 이러한 업무 수행에 대해 어떤 접근법을 취하는지와도 연관성을 보일 것으로 예상했다.

TT의 특징 역시 번역 경험량의 양과 질에 따라 달라질 것으로 예상했다. ST와 관련한 TT의 특정 측면, 즉 ST의 함축적 논리 관계가 TT에서 어떻게 명시화되었는지에 중점을 둘 것이다. 이는 텍스트적 관점 및 해당 부분의 번역과정 분석을 통해 알아볼 것이다.

이런 식으로 러시아어-스웨덴어 번역에서 함축적 논리 관계의 명시화가 일어나는지, 이것이 규범의 지배를 받는지 아니면 번역과정의 인지적 제약 등 다른 이유로 발생하는지를 알아보겠다.

더 구체적인 연구 질문은 4장과 5장의 분석 도입부에서 제시하겠다.

미주

1. 실어증 환자의 모순적 번역(파라디스, 골드블룸, 아비디(Paradis, Goldblum & Abidi), 1982) 및 즉각적 번역(펄크만(Perecman), 1984)에 대한 보고서를 참조하라.

2. 올로한(2000: 606)은 중급생과 달리 상급생에게서도 같은 경향이 발견된다고 주장한다.

3. 앤더슨(1990: 220)은 선언적 지식은 사실과 사물에 대한 지식이며, 절차적 지식은 어떻게 인지적 활동을 수행할지에 대한 지식이라고 정의했다.

4. 모델의 초기 버전에서 텍스트 생산은 언어 간 번역이 아닌 생각을 언어로 번역하는 것을 의미하는 '번역하기'로 표현되었다.

5. 이 모델은 지식 말하기 및 지식 변형하기 모델보다 번역과 같이 텍스트의 제약을 심하게 받는 텍스트 생산 업무에 더 쉽게 적용될 수 있다(스카다말리아와 베라이터, 1987). 이러한 모델은 "어떻게 지식이 쓰기 과정에 반영되며 [...] 이 과정에서 지식이 어떻게 되는지"(1987: 143)를 포착하고자 하며, 쓰기란 작가들이 새로운 아이디어를 개발하는 수단이자 "존재론적 혜택(스카다말리아와 베라이터, 1991: 179)"을 가지고 있는 발견 과정이라고 간주한다. 이 쓰기 과정 모델은 일반화를 지향하지만, 번역 및 번역 과제의 쓰기 활동에는 적합하지 않다(옌센(Jensen), 2000 제외). 번역사가 새로운 내용을 생산하고 텍스트를 재구성할 수 있는 가능성은 대부분 낮으므로, 이를 핵심 요소로 삼는 모델을 사용하는 것은 적합하지 않다.

6. 티르코넨-콩디(2000, 2002)은 TAP의 내용을 언어학적으로 분석한 것에 기초해 번역사 프로필을 논한다.

7. 저명한 문학번역 번역사(핀란드어-스웨덴어, 영어-스웨덴어)인 토마스 워버튼(Thomas Warburton)과의 인터뷰도 이를 잘 보여준다. 그는 보통 텍스트 전체를 읽지 않고 "일단 시작하기 위해" 텍스트 중간부터 번역하기 시작한다고 한다(스벤스카 다그블라더트(Svenska Dagbladet), March 2, 2003).

8. 베이커(1998)에 따르면 "명시화"라는 검색어가 "등가"라는 검색어보다 약간 더 많다고 한다. 또한 "번역의 보편소"라는 검색어의 세부항목도 명시화로 되어있다.

9. 자주 인용되는 문구는 다음과 같다: "각 언어는 전달할 수 있는 것이 아니라 전달해야만 하는 것에서 차이가 난다."(야콥슨(Jakobson), 1959: 236)

10. 베르크-셀릭손(1987)은 이를 명시화가 아니라 "길어짐"이라고 부른다. 이러한 길어짐이 발생하는 원인 중 하나는 통역사가 발화에서 중요하거나 이해할 필요가 있다고 생각한 언어자료를 삽입하기 때문이라고 한다.

11. 함축화는 종종 응축화(condensation) 또는 압축화(compression)라고 불린다. 코스타(Kosta, 1988)를 참조하라.

12. 니다는 명시화라는 용어 대신 특정한 종류의 추가라는 용어를 사용하라고 권한다(니다, 1964: 227-231). 다른 연구자들이 명시화라고 분류한 이러한 추가에는 "생략된 표현 채워 넣기", "의무적 구체화", "문법적 재구성을 위한 추가", "함축적인 것을 명시적인 상태로 부연하기", "연결어", "분류사" 등이 있다. 또 다른 조정 기술에는 번역사가 하위어나 상위어 등 ST보다 낮거나 높은 등급의 단어/등가어를 선택해야 하는 경우인 변경(alteration)이 있다(니다, 1964: 236).

13. 따라서 여기서는 언어 학습자가 누가 시켜서 하는 것이 아니라 학습을 촉진하기 위해 머릿속으로, 구두로, 글로 써서 스스로 번역하는 경우는 제외하도록 한다.

14. "전문번역사에게 전형적으로 요구되는 역량, 기술, 노하우"로 정의된다(티르코넨-콩디, 1997: 70).

15. 즉각적 번역은 문제 지표를 포함하지 않는 긴 ST 문단을 초벌 번역하는 것이다(크링스, 1986a: 316).

16. 특히 변경되기 쉬운 다른 범주에는 헷지(hedge)와 강의어(intensifier), 지시표현과 한정사, 반복되는 언어자료(의 생략)가 있다(리흐러, 1989). 이러한 범주는 번역뿐 아니라 통역에서도 쉽게 변경되는 경향이 있다.

3장

연구방법 및 데이터

3.1 방법론적 고려사항

본 연구의 목표는 폭넓고 탐색적이다. 본 연구는 번역과정의 다양한 측면을 살펴봄으로써 전문번역사 및 번역 전문가의 특징으로 추정되는 요소를 찾아내려 한다(2.2 참조).

전문지식 연구와 관련해 에릭슨과 스미스(1991)는 다음과 같이 3단계 접근법을 주장했다.

1. 관련 분야에서 전문가적 행동을 포착할 수 있는 업무를 발견 또는 정의한다(에릭슨과 스미스, 1991: 13ff). 이는 해당 분야의 구체적인 제약 하에서 전문가가 어떻게 규칙적으로 뛰어난 수준의 업무를 수행하는지 전문가의 성과에 대한 중요한 측면을 파악하는 것을 의미한다.
2. 가능한 실험 조건 하에서 대표적인 업무를 설계한다(에릭슨과 스미스, 1991: 18). 연구 관점에서 볼 때 이는 전문가의 뛰어난 성과가 재현 및 연구될 수 있는 가장 단순한 상황을 정의하는 것을 의미한다(에릭슨과 샤니스, 1997: 8).

3. 어떻게 메커니즘을 발견했는지 전문가의 뛰어난 성과를 이론 및 경험적으로 설명한다(에릭슨과 스미스, 1991: 25, 32).

연구의 접근법은 위의 1, 2단계를 따른다. 전문번역사로서 번역 경험량이 많은 번역사를 연구하고 이를 번역 경험량이 적은 번역사 및 학생과 비교하면 성과의 중요한 측면을 발견할 수 있고 후속 연구를 통해 이를 경험적으로 입증할 수 있을 것으로 보인다. 엄밀히 말해 전문지식의 정의에는 경험량뿐 아니라 체계적인 피드백을 받았는지 등 품질도 포함된다(2.2.3 참조). 그러나 본 연구에서는 번역 경험량이 번역의 전문지식과 잠재적으로 비례한다고 가정한다.

번역 업무를 어떻게 수행했는지가 연구의 중점이므로 환경적 유효성(ecological validity)이 중요하다. 이는 업무의 성격 및 업무 수행을 둘러싼 환경이 실제 업무와 최대한 비슷해야 함을 의미한다. 본 연구의 연구 방법이(3.2-3.3 참조) 번역사가 일상적으로 하는 업무 수행의 일부라고 볼 수는 없다. 3.2.2에서 본 연구의 데이터가 가지고 있는 잠재적인 효과에 대해 논의하도록 하겠다.

환경적 유효성을 위해서는 주어진 ST가 목표문화에서 의사소통 목적으로 쓰일 것이라는 번역 브리프(ST의 번역 목적)를 실험 참가자들에게 제공해야 한다. 그러나 모든 선행연구에서 번역 브리프의 중요성을 고려한 것은 아니다(베르나디니(Bernadini), 2001), 야스클라이넨(1999), 퀸즐리(2003)에 비슷한 비판이 있음).

번역과정 및 일반적인 쓰기의 연구방법은 그 과정에서 언제 어떻게 데이터를 수집했는지에 따라 분류된다(그림 3.1 참조). 데이터는 과정 도중(온라인)이나 과정 이후(오프라인)에 수집할 수 있다. 인터뷰나 회상 등을 통해 과정 이후에 특정 데이터를 수집하는 것은 과정 자체에 영향을 주지 않는다는 장점이 있다. 회상법은 특정 업무 도중 참가자의 STM에 있는 정보의 일부가 LTM에 저장되어 과정이 끝난 이후에도 회복될 수 있다고 가정한다(에릭슨과 사이먼, 1984/1993: 149). 회상법의 단점은 일반적으로 정보 전체보다는 일부만이 회상된다는 점이다. 게다가 이 정보는 추상화, 일반화, 정교화 등의 과정을 거쳤기 때문에 STM에 저장될 때와 같은 형태가 아닐 수도 있다. 단서 회상(cued recall)은 이러한 부정적인 효과를 어느 정도 감소시킬 수 있다. 번역 업무 회상의 단서에는 ST, TT의 최종 버전, 실시간으로 재생되는 쓰기 과정의 로그 파일, 참가자가 참고자료를 어떻게 활용했고 표정은 어땠는지 등 업무 수행을 녹화한 동영상 등이 있다.

<table>
<tr><td>구분</td><td colspan="2">자기성찰적</td><td colspan="2">비자기성찰적</td></tr>
<tr><td>온라인</td><td>TAP</td><td colspan="2">대화번역</td><td>컴퓨터 로깅</td></tr>
<tr><td>오프라인</td><td colspan="2">인터뷰</td><td colspan="2">ST와 TT의 비교</td></tr>
</table>

그림 3.1 번역과정 연구방법(노르베리, 2003: 40)

회상법은 업무를 얼마나 최근에 수행했는지, 업무시간이 얼마나 짧았는지와도 관련이 있다. 최근에 수행한 업무의 경우 오래전에 한 업무에 비해 회상 가능한 정보가 훨씬 많다. 업무시간을 볼 때 0.5~10초 안에 완료할 수 있는 업무는 실제 순서를 정확하고 완성도 있게 회상할 수 있지만(에릭슨과 사이먼, 1984/1993: xvi), 업무시간이 7~10분인 경우 "망각으로 인해 회상보고서의 정보 정확도가 줄어들 수 있다(에릭슨과 사이먼, 1984/1993: xxi)." 이런 점에서 번역 업무에 대한 회상에서 데이터가 불완전하거나 왜곡될 수 있는 위험성이 상당히 클 것으로 예상된다. 보통 이러한 업무는 시간이 훨씬 오래 걸리고, 텍스트를 여러 번 훑어보며 단계별로 수정하는 등 같은 자료(ST와 점점 길어지는 TT)를 반복해서 봐야 하는 특징이 있다. 게다가 ST가 아주 짧은 경우를 제외하면 ST를 2번에 나누어 번역해야 하는 등 업무시간이 상당히 길어지는 경우, 업무를 최근에 수행했다고 볼 수 없다. 또한 길이가 긴 업무를 완료한 후에 피로감을 느낄 가능성이 높아 참가자들이 회상을 길게 하는 것이 어려울 수 있다. 결론적으로 본 연구에서와 같이 길이가 긴 업무의 경우 회상법보다는 TAP를 활용하는 것이 훨씬 적절하다(에릭슨과 사이먼, 1984/1993: xxii). 이는 레비, 마레크, 리(Levy, Marek and Lea, 1996)에서도 입증되었는데, 이 연구에서는 같은 참가자가 쓰기 업무를 수행하는 동안 자기성찰법 및 회상법을 통해 얻은 데이터 간의 연관성이 상당히 낮은 것으로 밝혀졌다. 연관성이 가장 높은 경우 업무를 수행하면서 동시에 이루어진 자기성찰과 회상이 75% 일치했으나, 가장 낮은 경우에는 10.5%밖에 되지 않았다(레비 외, 1996: 553). 따라서 본 연구에서는 동시발화 또는 TAP를 연구방법으로 채택했다. 연구방법에 대해서는 3.2에서 소개 및 논의하도록 하겠다.

모든 데이터 및 연구방법에는 내재적인 한계가 있지만, TAP 등 하나의 연구방법을 다른 절차로 유도해낸 데이터와 결합하는 등 소위 삼각법(triangulation)을 통해 그 유효성을 제고하는 방법이 있다(에릭슨과 사이먼, 1984/1993: xx; 그로샨(Grotjahn), 1987: 72; 롱과 부르그(Long & Bourg), 1996; 휘트니와 버드(Whitney & Budd), 1996; 알브, 2003). 따라서 본 연구에서는 쓰기 과정의 컴퓨터 로깅도 연구방법으로 채택했다. 이 연구방법에 대해서는 3.3에서 소개 및 논의하도록 하겠다.

이러한 연구방법은 많은 양의 데이터를 생산해내는데, 현재로써는 이러한 데이터를 기계가 아닌 수작업으로 분석하는 수밖에 없다. 따라서 본 연구에서는 실험 참가자 수 및 ST 수를 제한할 수밖에 없었다. 이는 명시화 등의 텍스트적 현상을 어떻게 연구할 것인가와도 밀접하게 관련된다. 이제까지 번역학에서 명시화는 텍스트 수준에서 정의 및 연구되었고(2.4.1 및 2.4.2 참조), 대부분 ST와 비교해 TT에서 나타나는 현상으로 이해되었다. 따라서 명시화 연구는 다양한 텍스트타입, ST 저자, 번역사 등으로 이루어진 크고 작은 텍스트 코퍼스에 기반해 이루어졌다. 본 연구는 전문번역사와 학생의 번역과정 및 잠재적 차이에 중점을 두었다. 연구의 목표 중 하나가 번역 규범과 관련된 인지적 과정을 연구하는 것이기 때문에 데이터를 소수의 참가자와 텍스트로 제한할 필요가 있었다. 이제까지 명시화 연구는 비자기성찰적 성질을 가진 오프라인 데이터에 기반을 두고 이루어졌다. 그러나 왜 특정 해결책을 선택했는지 알아내려면 번역사가 직접 제시한 번역 결과물 외에 다른 증거를 들여다볼 필요가 있다. 그런 점에서 다양한 종류의 자기성찰적 연구방법이 특히 효과적일 것으로 예상된다.

텍스트적 특징에 대한 분석과 함께 인지적 과정을 설명하기 위해 다른 데이터도 분석한 연구가 상대적으로 많지 않기 때문에, 본 연구는 기본적으로 탐색적인 성격을 띤다고 볼 수 있다(당세트, 1995; 요나손, 1997, 1998a, b; 쿠스마울, 1995; 퀸즐리, 2003; 노르베리, 2003 참조).

3.2 동시발화 또는 TAP

3.2.1 이론 및 연구방법

다양한 자기성찰적 연구방법의 장단점에 대한 개괄 및 세부 논의로 이루어진 대표적인 연구는 에릭슨과 사이먼(1984-1993)의 모노그래프 연구이다. 3.2.1은 주로 이 연구에 기반을 두었다. 이 연구에 대한 개괄은 에릭슨과 사이먼(1987)을 참조하라. 당세트(1995: 64-69), 야스클라이넨(1999: 57-62), 크링스(1986a: 63-70; 2001: 214-233), 퀸즐리(2003: 21-28), 뢰셔(1991: 48-55) 등 이러한 연구방법을 활용한 대규모 번역 연구에서도 연구방법 및 이론을 개괄하고 소개했다. 번역연구와 관련한 TAP의 성과 및 방법론적 문제점에 대한 개괄은 베르나디니(2001), 야스클라이넨(2002), 크링스(2001, 1982- 1992), 세귀노(1996)를 참조하라.

에릭슨과 사이먼(1984-1993; 1987)은 인간의 인지를 정보 처리로 보았다. 인지적 과정을 일련의 내적 상태로 본 것이다. 각 상태 또는 정보 상태는 최종 생산물인 인지적 과정의 산출물을 포함하고 있고, 이는 다음 처리에 투입된다. 이것이 발화에 투입되기도 한다. 이러한 인지적 과정은 LTM에서 정보를 검색하고, 정보를 인지하고 지각하거나, 참조를 통해 정보를 생산하는 등의 작업이 될 수 있다. 관련 이론에 따르면 최종 정보 상태만이 보고되고 과정 자체는 보고되지 않는다고 한다(에릭슨과 사이먼, 1984/1993: xiii). 게다가 최근에 주목한 정보만이 STM(작업기억이라고도 불림)에 저장된다는 것이다. 따라서 발화 등 추가 처리 과정에서 활용할 수 있는 정보는 그런 정보뿐이다. 즉 인간은 현재 주목하고 있어 인지적으로 통제가 가능한 정보만을 보고할 수 있다는 것이다. 게다가 STM의 한계로 인해 가장 최근에 처리한 정보에만 직접 접근할 수 있다(에릭슨과 사이먼, 1984/1993: 11). 발화는 현재 주의를 기울이고 있어 직접 암호화가 가능한 정보 구조만을 반영하는 것이다(에릭슨과 사이먼, 1984/1993: 222). 발화는 정보 상태만을 나타내므로, 기저 인지 과정은 연구자가 추론해내야 하며(에릭슨과 사이먼, 1984/1993: 204), 이러한 분석도 이 연구방법의 필수적인 부분이다.

자주 사용되는 과정은 STM의 중간 처리 과정 없이 자동으로 이루어진다. 과정의 최종 결과만이 STM에서 처리되고 보고된다. 주로 이를 통해 과정이 촉진된다. 또한, 중간 결과물을 STM에서 활용할 수 있어 동시발화 역시 가능하다(에릭슨과 사이먼, 1984/1993: 15). 업무 경험량이 늘어날수록 같은 과정이 인지적 통제에서 자동처리 상태로 바뀐다(에릭슨과 사이먼, 1984/1993: 90).

동시발화에는 세 가지 종류가 있다. 1단계 발화에서는 정보가 이미 구어 형태를 띠고 있거나 단순히 발성이 되는 등 참가자가 받아들인 형태 그대로 정보가 발화된다. 번역에서의 예는 참가자가 TT의 분절을 그대로 발화하는 것이다. 2단계 발화는 발화부호로 재부호화가 일어나는 것이다. 번역 해결책에 대한 평가를 발화하는 것 등이 여기 포함될 수 있다. 3단계 발화는 연구자가 참가자에게 특정 정보만을 보고

하라고 하거나 보통 주의를 기울이지 않는 상황에 대해 물을 때 일어난다(에릭슨과 사이먼, 1984/1993: 17-18). 번역 업무에서는 참가자에게 TT의 화용론적 번안 등 업무의 특정 부분에 대한 생각을 보고하라고 하는 것이 이에 해당한다. 1단계 및 2단계 발화에서만 주의를 기울인 정보의 순서가 발화로 인해 변하지 않고 그대로 유지된다(에릭슨과 사이먼, 1984/1993: 18). 2단계 발화에서는 정보를 발화부호로 재부호화할 때 우선순위가 되는 다른 업무과정에 주의가 분산된다. 따라서 참가자는 인지 부하가 클 때 발화를 멈추는 경향이 있다(에릭슨과 사이먼, 1984/1993: 91). 1단계 발화는 TA(Talking Aloud)라고도 불리며, 2단계 발화는 사고 구술(Thinking Aloud)이라고 불린다. 본 연구에서는 야스클라이넨(1999: 64)에서와 같이 이 둘을 구분하지 않고 TA라는 용어를 쓰겠다. 이 연구방법을 적용하려면 데이터를 수집하고 분석하기 전에 업무 분석을 선행하는 것이 필수적이다.

이러한 분석은 업무에 대한 답을 생산하는 데 필요한 절차, 방법, 가용지식 등으로 이루어져 있다. 하나의 "정답"이 있는 분야의 업무의 경우 분석이 더 쉽게 이루어진다. 업무로서의 번역은 TA 연구방법을 활용한 기존의 연구와는 다른 점이 있다. 번역은 하나의 "정답"이 없는 업무이고 인지적인 단계도 업무 분석을 통해 예측할 수 없다. 번역은 정의하기 어려운 업무로, 다양한 선택지 중 하나를 선택하는 데 있어 사회적·문화적 요소의 영향을 크게 받는다. 번역은 번역사가 자신만의 목표를 세우고 같은 문제에 대해 여러 개의 만족스러운 해결책을 제시할 수 있는 업무이다. 이에 대해서는 야스클라이넨(1999: 84)을 참조하라. 이런 점에서 번역은 쓰기와 비슷하다(얀선, 반 배쉬, 반 덴 버그(Janssen, van Waes & van den Bergh), 1996: 236; 스트레트만과 햄프라이언스(Stratman & Hamp-Lyons), 1994: 92 참조). 에릭슨과 사이먼(1987: 28)은 번역을 하나의 업무로 간주하기는 하지만, 그 이면을 살펴보면 1960년대와 1970년대 초반 번역학의 영향을 받아 번역의 언어적인 측면만을 고려했다는 것을 알 수 있다.

3.2.2 연구방법의 유효성

동시 자기성찰법의 유효성에 대한 우려의 목소리도 있다. 이 부분의 개괄 및 논의는 이러한 우려를 심도 있게 다룬 에릭슨과 사이먼(1984/1993: 63-107), 쓰기연구의 맥락에서 이를 다룬 연구, 번역과정에 대한 연구 중 자기성찰적 데이터의 유효성을 명시적으로 다룬 연구(야스클라이넨, 1999: 68-71; 크링스, 1986a: 89-101, 1987: 163-167, 2001: 219-232; 퀸즐리, 2003: 22-25; 뢰셔, 1991: 51-55 참조)에 기반을 두었다.

'불완전성'. TA 연구방법에 회의를 갖는 연구자들은 TAP가 불완전하며 기저 인지 과정과 일치하지 않거나 이를 전부 반영하지 않는다고 주장한다. 이러한 주장이 틀린 것은 아니다. 그러나 TA 관련 이론이 모든 것이 발화된다고 주장한 적은 없다. 오히려 3.2.1의 설명과 같이 STM에 저장되는 등 주의를 기울인 정보 상태만이 발화된다고 명확히 밝히고 있다. 즉 발화는 참가자가 중점을 두고 있는 정보만을 반영하는 것이다. 인간은 업무의 한 부분을 자동적으로 수행하면서 동시에 업무의 다른 부분에 중점을 둘 수 있다. 따라서 발화의 완전성에 있어 개인별로 나타나는 차이는 처리 자동화의 차이를 보여주는 지표가 될 수도 있다. 따라서 (관련 업무 분석의 맥락에서) 완전성/불완전성은 이 연구방법의 유효성 여부를 보여준다기 보다는 체계성이라는 가정 하에 데이터의 내재적이고 분석 가능한 특징을 보여준다고 할 수 있다.

운동 기능을 포함한 특정 업무는 빠른 속도로 수행해야 하는데, 이때 일부 과정이 발화속도보다 훨씬 빨리 진행될 수도 있다. 발화 하기 위해 STM의 항목, 즉 과정 자체에 주의를 오래 기울일 경우 과정 자체에 방해가 되는 경우도 있다(에릭슨과 사이먼, 1984/1993: 248-249). 그러나 번역에서는 이를 우려하지 않아도 된다. 불완전한 발화의 또 다른 요인은 STM의 정보가 쉽게 지워지기 때문에 주의가 전환되면 STM의 이전 내용을 발화할 수 없게 되는 경우이다. 따라서 다른 과정을 바로 수행하게한 중간 과정이 발화되지 않을 수 있다(에릭슨과 사이먼, 1984/1993: 159-160).

발화는 기저 과정의 체계성을 보여주는 지표가 될 수 있을까, 아니면 내재적으로 개별성을 띌까? 이 질문은 기존 연구에서 실험 참가자의 수가 주로 소수였기 때문에 제기되었다. 그러나 이러한 연구에서 축적된 데이터와 지식은 발화의 내용과 생산 면에서 체계성이 있다고 밝혔으며, 번역학뿐만 아니라 다른 분야의 연구에서도 이것이 입증되었다. 업무 수행의 특정 부분에서 발화가 이루어지지 않는다는 점과 발화의 실제 내용을 보았을 때 내용과 관련된 결론도 도출할 수 있었다. ST 및 TT의 언어적 측면 등 업무와 관련된 면에서 발화가 이루어지지 않는 것이 체계성을 띄는 것이 그 예가 될 수 있다.

크링스(1986a, 1986b)와 뢰셔(1991)는 대부분의 문제가 발화된다고 주장했다. 본 연구의 연구대상이 되는 텍스트적 특징인 명시화로 이르는 번역사의 결정은 문제가 될 것으로 볼 수 없으며, 따라서 이와 관련된 결정 과정이 늘 TAP에 반영되는 것은 아니다. 일반적으로 분석을 시작하는 출발점은 과정의 특징에 대한 발화보다는 텍스트적 특징이 하나 또는 여러 개 발화되는 시점이다. TAP가 결론 도출 가능한 증거를 늘 제공하거나 직간접적인 증거를 제공하는 것은 아니다. 따라서 과정을 반영하는 보완적 방법을 활용하는 것이 중요하며, 본 연구에서는 쓰기 과정의 온라인 로깅을 활용했다.

TAP는 특정 필요조건을 만족시켜야 유효성이 있는 것으로 간주된다. 하나는 참가자가 말을 하지 않을 때 연구자가 "계속 말씀하세요"라고 말하는 등 참가자가 계속 말을 하도록 상기시키는 것이다. 이때 허용되는 침묵의 길이는 15초에서 1분이다(에릭슨과 사이먼, 1984/1993: 83). 그러나 참가자가 말을 하지 않는 것은 과정의 자동화로 인해 자기성찰이 불가능해서일 수도 있다. 자동화 과정은 그렇게 오랜 시간이 걸릴 수 없다는 가정 하에 연구자가 발화를 상기시킨다는 규칙은 직관에 어긋난다고 판단된다. 따라서 발화해야 한다는 강박감이 "번역과정의 자동화 과정과 비자동화 과정의 구분을 흐려놓을 수 있다."(크링스, 1987: 165)는 이유로 본 연구에서는 크링스(1986a: 92)와 야스클라이넨(1999: 100)처럼 연구자가 발화를 상기시키지 않도록 하였다.

'연구자-참가자간 상호작용의 효과'. 연구자와 참가자간 상호작용이 발화 내용에 영향을 주어 데이터를 왜곡시킬 수 있다(베르나디니, 2001; 스네가린스키(Smagorinsky), 1994; 스트레트만과 햄프라이언스, 1994). 이는 번역과 같은 업무에서 위험요소로 작용하는데, 번역에서는 무엇이 좋은 번역인지와 의사소통 과정에서 어떤 점을 고려해야 하는지가 사회·문화적으로 제약을 받고, 업무에서 무엇이 "정답" 또는 "유일한" 해결책인지에 대해 합의가 명확하게 도출되지 않았기 때문이다. 참가자가 연구자의 기대 또는 번역사 스스로의 개념과 어긋난다고 생각하는 것을 발화하지 않으려 할 수도 있는 것이다. 이러한 위험요소는 연구자가 참가자에게 연구의 정확한 목적에 대해 구체적인 정보를 전혀 주지 않고 데이터 수집 시 최대한 개입하지 않음으로써 어느 정도 줄일 수 있다.

TA 연구방법에 대한 또 다른 반대 의견은 발화에 대한 강박감이 발화가 반영해야 하는 인지적 과정에 영향을 주거나 이를 변경시킬 수 있다는 것으로, 이를 간섭(interference) 또는 반응성(reactivity)이라 부른다. TA 자체가 다음과 같은 면에서 업무수행에 영향을 줄 수 있다는 것이다.

1. 주어진 업무를 완성하는 데 필요한 시간
2. 인지적 과정의 순서
3. 처리(발화로 인해 업무 관련 처리에 대한 주의가 분산되어 어떤 요소에 중점을 둘지 등이 달라질 수 있음)(스트레트만과 햄프라이언스, 1994: 95)
4. 업무 결과

에릭슨과 사이먼(1984/1993: xxii, 1987: 33)은 이 중 발화로 인해 업무 수행 시간이 증가하는 경향이 발화가 미치는 유일한 영향이라고 밝혔다. 따라서 동시 자기성찰법을 활용해 수집한 데이터의 시간을 같은 조건 하에서 발화하지 않고 업무를 수행한 데이터와 비교할 필요가 있다. TAP에서 번역 업무 수행 시간이 늘어난다는 사실은 야콥센(2003b)에서도 확인되었다. 크링스(2001: 525)도 TA조건 하에서 기계번역 텍스트를 후편집할 때 시간이 길어진다고 밝혔다. 그러나 흥미롭게도 이러한 영향은 업무량을 늘릴수록(텍스트 3개) 줄어들었다(크링스, 2001: 279).

2번 과정의 순서와 관련해서는 TA 연구방법이 영향을 주지 않는 것으로 드러났다(에릭슨과 사이먼, 1984/1993: xxii, 1987: 32). 3번(순서를 제외한 과정의 다른 부분에 영향을 준다는 주장)과 관련해서는 일부 연구에서 다루었다. 에릭슨과 사이먼(1984/1993)에서 이러한 연구를 일부 다루었으나, 이들 연구는 정의하기 쉬운 업무를 대상으로 했음이 드러났다. 그런 점에서 쓰기와 번역 등 정의하기 쉽지 않은 업무에 대한 연구가 본 연구에 더 유용할 것으로 보인다. 얀선 외(1996)는 동시발화가 쓰기 과정의 휴지 길이에 어떤 영향을 주는지 컴퓨터 로깅을 통해 살펴보았다. 예상대로 TA 조건 하에서 휴지 길이가 더 길었고, 이는 발화에 필요한 시간 때문으로 추정되었다. 이러한 효과는 주장하는 텍스트를 쓰는 업무와 단순히 설명하는 텍스트를 쓰는 업무에서도 발견되었는데, 주장하는 텍스트의 경우 효과가 더 강하게 나타났다. 연구자는 TA 조건으로 인한 효과가 개인과 업무에 따라 큰 차이를 보인다고 지적하며 쓰기 업무의 종류에 따라 반응성이 매우 다르게 나타날 수 있다고 결론 내렸다(얀선 외, 1996: 249). 류와 모건쇼트(Leow and Morgan-Short)(2004)는 영어회화를 배우는 스페인 사람을 대상으로 독해 업무를 연구했는데, 학습자의 이해, 흡수, 쓰기 과정에 TA 조건이 전혀 영향을 미치지 않았다고 밝혔다.

크링스(2001)는 후편집에 관한 연구에서 TA 조건이 업무 수행 속도를 느리게 했을 뿐 아니라 다음의 두 가지 면에서 과정에 영향을 주었다고 주장했다. 첫째, TA 조건 하에서 수정 횟수가 훨씬 높았다는 것이다. 그는 개인별 과정의 차이가 당연히 결과에 영향을 주었을 수도 있지만, TA 조건으로 인해 참가자가 인지적인 노력을 더 하게 되어 전반적인 과정의 조율이 어려워졌을 것으로 추정했다(크링스, 2001: 526). 둘째, TA 조건 하에서 쓰기 과정이 더 작은 분절로 나뉘었다는 것이다(크링스, 2001: 494). 야콥센(2003b) 역시 번역 업무에서 분절 패턴이 달라진다고 주장했는데, 평균적으로 TA 조건 하에서는 발화를 하지 않을 때보다 TT 분절을 더 많이 만들어 내는 것으로 밝혀졌다. 이는 번역사가 쓰기 과정을 더 많은 덩어리로 "쪼갠다"는 것을 의미하며, 이로 인해 발화하지 않고 번역할 때보다 발화하면서 번역할 때 더 작은 덩어리가 만들어지는 것을 뜻한다. 이러한 차이는 통계적으로도 분명히 입증되었다. 그러나 상당한 개인차가 있었으며, 모든 참가자가 이러한 영향을 받은 것은 아니었다.

과정에 대한 영향은 결과물에 대한 영향으로 이어질 수 있다. 스트레트만과 햄프라이언스(1994)는 예비연구를 통해 TAP가 수정 과정 및 수정의 결과에 영향을 준다고 밝혔다. TA로 인해 텍스트에서 특정 종류의 오류를 감지하는 능력이 감소하였고, TA 조건 하에서는 의미 변경 등의 수정이 더 적게 이루어졌다는 것이다. 그러나 수집된 데이터의 양이 너무 적어 통계적으로 유의미하지는 않았다. 레비 외(1996: 543)는 랜스덜(Ransdell, 1994)의 연구결과를 인용해 작가들이 발화하지 않을 때보다 TA 조건 하에서 분당 작성하는 단어 및 절의 수가 더 적다고 밝혔다. 그러나 총 단어 수나 절의 수는 차이가 나지 않았고 통사 복잡성 역시 차이가 없었다.

TA 조건의 영향에 대한 야스클라이넨(1999)의 연구에 따르면 결과물에 대한 영향 역시 매번 다랐다. 야스클라이넨은 공식 서신의 ST와 TT를 통사적·어휘적 수준에서 비교했는데, 투리(1995)의 의견대로 TA

조건이 분절에 영향을 주어 TT의 분절이 더 많아지는지를 알아보기 위해서였다. 연구 결과는 명확한 결론에 이르지 못했다. 통사적으로는 영향을 받지 않았으나 어휘적으로는 영향을 받았기 때문이다. 또한, 동시발화를 하면서 번역을 한 참가자는 전문번역사 4명과 비전문가 4명이었는데 반해, 동시발화를 하지 않고 같은 텍스트를 번역한 참가자는 전문번역사 2명과 번역전공 학생 6명으로, 실험에 참여한 두 그룹을 번역 능력 면에서 비교하는 것이 불가능하므로 연구 결과를 해석하기가 쉽지 않다.

번역 경험량의 차이가 이러한 차이를 일으킨 것일 수도 있다. 야스클라이넨(1999: 158)은 TA가 영향을 미치지 않는다고 결론 내리기는 어려우며, 이 문제를 구체적으로 다루는 후속 연구가 필요하다고 밝혔다. 크링스(2001: 299)는 TA 조건이 기계번역 텍스트의 후편집에 전혀 영향을 미치지 않았다고 주장했다. 야콥센(2003b)은 상술한 바와 같이 TA 조건이 쓰기 과정의 분절에 영향을 미친다고 밝혔으나, 결과물의 특징까지 고려한 것은 아니었다. 결론적으로 TAP가 쓰기나 번역 등의 업무 수행에 어떤 영향을 미치는지 연구된 것이 지나치게 부족하다. 선행연구의 결과들이 명확하지는 않지만, 최소한 TA 조건이 업무 수행을 심각하게 변형시키거나 이에 영향을 준다는 확실한 증거는 아직 발견되지 않았다.

3.3 쓰기 과정의 컴퓨터 로깅

쓰기 과정을 컴퓨터로 로깅하면 번역사가 온라인으로 TT를 작성하는 과정을 연구자가 파악할 수 있다. 휴지, 분절, 수정 패턴 등 일시적으로 일어나는 패턴들을 살펴보면 기저 인지 과정과 관련해 더 많은 것을 알아낼 수 있다. 이를 통해 번역과정에서 명시화 등에 대해 결정을 내릴 때 문제가 있었는지 여부를 발견할 수 있다.

번역과정 전체에서 실제로 TT를 쓰는 시간은 그리 큰 부분을 차지하지 않는 사실은 널리 알려져 있다. 번역 업무에 필요한 시간 중 대부분은 읽기, 다양한 보조도구 활용 등 다른 활동에 쓰인다. 따라서 번역 연구에서 로깅 데이터를 활용할 때 이를 주의해야 한다. 또한, 로깅된 것이 번역과정 자체가 아니라 번역 업무의 쓰기 과정이라는 사실을 명심해야 한다(로렌조, 1999: 24 참조).

물론 오늘날 번역은 주로 컴퓨터로 이루어지므로 업무 수행을 "일상적인" 조건에서 연구한다는 점에서 쓰기 과정의 로깅이 상당히 높은 환경적 유효성을 갖는다고 할 수 있다. 또한 로깅 자체가 과정이나 결과물에 영향을 주지 않는다는 점에서도 유효성이 높다. 환경적 유효성은 로깅에 어떤 소프트웨어를 쓰느냐에 따라 어느 정도 달라진다. 비간섭적 로깅 소프트웨어의 경우 작가/번역사가 자신이 기존에 사용하던 워드 프로세서 소프트웨어를 사용해도 되기 때문에 환경적 유효성이 높다. 쓰기나 번역 연구에 쓰이는 로깅 소프트웨어는 대부분 연구용으로 설계되었는데, 초기 버전은 간단한 워드 프로세서 기능 정도는 가지고 있지만 복잡한 포맷이나 검색 기능은 없다. 또한, 번역사가 어떻게 워드 프로세서의 문법 및 맞춤법 검토 기능을 활용하는지 등도 파악할 수 없다.

쓰기 과정 연구에 컴퓨터 로깅이 활용된 것은 오래전부터이며, 다양한 종류의 소프트웨어가 개발 및 활용되었다(세버린손 에클론드, 1995; 세버린손 에클론드와 코올베크(Severinson-Eklundh & Kollberg), 1996; 스트럼퀴스트, 1996; 벵걸린(Wengelin), 2002; 설리번과 린드그렌(Sullivan and Lindgren) forthc.). 번역 연구에 컴퓨터 로깅을 활용한 초기 연구에는 톰몰라(Tommola, 1986)가 있다. 최근에는 야콥센(야콥센, 1999; 2000 참조)이 번역과정 분석을 위해 트랜스로그(Translog)라는 소프트웨어를 개발한 이후, 컴퓨터 로깅을 활용한 연구가 많아졌다. 알브(2003)와 한센

(Hansen, 1999; 2002)의 연구가 그 예다.

3.4 연구 데이터

3.4.1 참가자

본 연구의 참가자 수는 9명으로(표 3.1 참조), 다양한 경험을 가진 전문번역사, 번역전공학생, 러시아어 전공 학부생으로 이루어져 있다. 참가자들의 모국어는 스웨덴어로, 어릴 때나 대학에서 러시아어를 외국어로 학습한 사람들이다. 일부 참가자는 학습이나 업무를 목적으로 러시아에 거주한 경험이 있다. 본 연구에서는 전문번역사를 "번역료가 수입의 반 이상을 차지하는 기간이 3년 이상인 사람"으로 조작적으로 정의하겠다.

실험에 참여한 전문번역사와 번역전공학생은 필자가 개인적으로 아는 사람들로,[1] 참가를 부탁받고 참가하겠다고 동의해준 사람들이다. 언어전공학생들은 필자가 대학 강의실에 본 연구에 대한 정보를 게시한 것을 보고 지원한 사람들이다. 모든 참가자에게는 참가비를 제공했다. 참가자들에게는 언제든 참가를 그만둘 수 있다고 공지했다. 익명성을 보장하기 위해 본 연구에서는 참가자의 이름을 가명으로 했으며, 최소한의 정보만 공개했다.

본 연구에서는 참가자의 소속을 밝히기 위해 각 이름 뒤에 약자를 사용하겠다. PR은 전문번역사, TS는 번역전공학생, LS는 언어전공학생이다. 일부 분석에서는 전문번역사를 두 그룹으로 나누어 경력이 많은 전문번역사(10-15년 이상)와 경력이 적은 전문번역사(10년 미만)로 구분했다. 이 경우 구분을 쉽게 하기 위해 첫 번째 그룹(베리트와 크리스티안)은 시니어 전문번역사, 두 번째 그룹(애나와 다니엘)은 주니어 전문번

역사로 부르도록 하겠다.[2)]

표 3.1 참가자

이름	나이	성별	지위	추가 정보
애나(Anna)	30-35	여	전문번역사	주로 비소설 번역, 러시아어 및 다른 언어
베리트(Berit)	50-55	여	전문번역사	소설/비소설 번역, 러시아어만
크리스티안(Christian)	50-55	남	전문번역사	소설/비소설 번역, 주로 러시아어
다니엘(Daniel)	30-35	남	전문번역사	주로 비소설 번역, 러시아어 및 다른 언어
엘리노어(Ellinor)	25-29	여	번역전공학생	
프레드릭(Fredrik)	25-29	남	번역전공학생	
가브리엘라(Gabriella)	20-25	여	언어전공학생	대학에서 러시아어 2학기째 학습
하랄트(Harald)	35-39	남	언어전공학생	대학에서 러시아어 3학기째 학습
이삭(Isak)	20-25	남	언어전공학생	대학에서 러시아어 2학기째 학습

모든 전문번역사는 러시아어를 대학에서 배웠으며, 단기 번역사 교육을 받았다. 본 연구 참가 시 전문번역사 4명은 모두 장기간 번역 업무를 하고 있었다. 번역전공학생은 3학기로 이루어진 주간 번역사 교육 프로그램에 참여하고 있었다. 이 과정에 입학하기 위해서는 대학에서 4학기 동안 러시아어를 배우거나 혹은 이에 상응하는 실력을 갖추고 있어야 한다. 이 과정에 입학하려면 러시아어 능력, 러시아어를 스웨덴어로 번역하는 능력, 스웨덴어 작문 능력 등으로 이루어진 입학시험에 합격해야 한다. 본 연구 참가 시 엘리노어(TS)와 프레드릭(TS)은 3학기로 이루어진 과정 중 2학기를 수강 중이었다.[3)] 언어전공학생은 대학에서 러시아어를 전공하고 있었다. 가브리엘라(LS)와 이삭(LS)은 2학기,

하랄트(LS)는 3학기 학생이었다.[4)]

3.4.2 ST 및 번역 브리프

본 연구의 ST[5)]는 우크라이나의 19세기 시인이자 예술가인 타라스 셰우첸코(Taras Shevchenko)의 그래픽과 그림을 우크라이나 키예프에서 출판한 앨범에서 발췌했다. 이 앨범은 셰우첸코의 생애와 작품을 소개하는 우크라이나어 텍스트와 이보다는 조금 짧은 러시아어 텍스트로 되어있다. 러시아어 텍스트는 앨범 전집에서 영어 및 프랑스어로 다시 번역되었다. 명시되어있지는 않지만, 편집자인 딤미트릭 블라소빅 스테포빅(Dimitrij Vlasovic Stepovik)이 우크라이나어 텍스트 및 러시아어 텍스트를 집필한 것으로 보인다. 영어 텍스트의 편집자는 O. B. 샌더코바(O. B. Sandakova)로 되어 있다. 우크라이나어 및 러시아어 텍스트는 대부분 우크라이나의 백과사전에 기반을 둔 것으로 보이며, 특히 예술가의 생애와 관련된 부분이 그렇다. 따라서 사실관계 및 매우 유사한 형태의 문장을 우크라인스카 라드얀스카 엔시클로페디야(Ukrains'ka radjans'ka enciklopedija, 1985)와 인사이클로피디아 오브 우크라이나(Encyclopaedia of Ukraine, Vol. 5, 1993) 등의 백과사전에서 발견할 수 있다.

본 연구에서는 러시아어 텍스트의 맨 앞 여섯 개 문단을 발췌해 ST로 삼았다. 이 부분은 셰우첸코의 생애를 그리고, 그가 사후에 세인트 피츠버그에 묻혔으며, 유해가 나중에 우크라이나로 옮겨졌다는 내용으로 되어있다. ST의 여섯 개 문단은 A부터 F로 표기되었으며, 전체 30개 문장을 순서대로 1부터 30까지 번호 매기고 각 문장번호 앞에 문단 표시를 붙였다. 따라서 B6는 전체 ST에서는 6번째 문장이며 두 번째 문단에 속하는 문장임을 뜻한다. 전체 단어 수는 438개이다(MS 워드의 단어 수 세기 기능을 사용함).

텍스트를 선정한 이유는 여러 가지다. 첫 번째 이유는 적절한 번역 브리프를 줄 수 있어야 하기 때문이었다(3.1 참조). 실제 번역 브리프는 본 연구에 참여해 연구자에게 데이터를 제공하기 위한 것이었지만, 참가자들에게 제공한 번역 브리프는 다음과 같았다. “스톡홀름의 한 미술관(어떤 것인지는 구체적으로 밝히지 않음)에서 19세기 동유럽 및 중앙유럽 예술 전시회를 기획하고 있으며, 이 중 세우첸코의 전시도 포함될 것임. 미술관에서 모든 예술가에 대한 짧은 소개 글이 필요함. 따로 카탈로그 등에 실릴 소개는 아니고, 벽에 걸린 작품이나 그림 옆 표지판에 쓰이거나 복사물의 형태로 방문객에게 나누어 줄 예정임.”

이 텍스트를 선정한 두 번째 이유는 난이도 때문이었다. 모든 참가자가 너무 어렵다는 이유로 포기하지 않고 번역 할 수 있어야 했기 때문에 텍스트가 언어전공학생이 이해하고 번역하기에 너무 어려워서는 안 되었다. 언어전공학생들이 수업 때 러시아의 문화적 정체성과 관련해 비슷한 텍스트를 읽어봤을 것으로 생각했기 때문에 이 텍스트가 적절하다고 판단되었다. 프레드릭(TS)이 TAP에서 전에 이러한 텍스트 종류를 본 적이 있고 모 대학에서 공부할 때 이러한 텍스트를 늘 읽었다고 발언한 것으로 미루어보아 이와 같은 판단이 옳았던 것으로 보인다. 또한, 텍스트가 실제로 쓰인 것이고, 경험 많은 전문번역사에게도 특정 어려움을 조금은 겪게 해야 한다는 것도 중요했다.

이 텍스트를 선정한 세 번째 이유는 TL의 텍스트타입이 모든 참가자에게 익숙한 것이어야 했기 때문이다. 또한 이 텍스트가 명시화 현상을 연구하기에 매우 적절할 것으로 판단했기 때문에 이 텍스트를 선정했다.

5장에서 ST에 대해 더 자세히 설명하고 본 연구에서 중점을 둔 텍스트의 구체적인 특징에 대한 분석을 하도록 하겠다.

3.4.3 절차 및 데이터 수집

3.4.3.1 데이터 수집

참가자는 업무를 원래 하던 곳인 본인의 집에서 업무를 수행할지, 대학 연구실에 나와서 업무를 수행할지를 선택할 수 있었다. 업무 수행 시간에 제한은 없었으며, 번역을 언제 그만두고 싶은지, 번역을 몇 번에 나누어서 할지를 선택할 수 있었다(표 3.2 참조). ST는 책을 복사해서 확대한 형태로 참가자에게 제공되었다. 그러나 참가자에게 책도 함께 제공해, 발췌된 텍스트가 그 책의 첫 부분이라는 사실을 알려주었다.

표 3.2 데이터 수집 세션: 횟수 및 장소

참가자	횟수	장소
애나(PR)	2	참가자의 집
베리트(PR)	1	참가자의 집
크리스티안(PR)	1	참가자의 집
다니엘(PR)	1	참가자의 집
엘리노어(TS)	2	참가자의 집
프레드릭(TS)	2	연구실
가브리엘라(LS)	2	연구실
하랄트(LS)	1	연구실
이삭(LS)	2	연구실

참가자들에게는 업무를 하면서 생각을 발화해야 한다고 구두로 설명했다. TT를 컴퓨터로 작성하고 스크립트로그(ScriptLog)라는 소프트웨어를 사용해야 하지만, 필요한 다른 보조도구를 얼마든지 활용해도 좋다고 설명했다. 집에서 업무를 수행하는 참가자는 원래 사용하던 사전이나 보조도구를 사용하도록 했다. 연구실에서 업무를 수행하기로 한 참가자는 필요한 보조도구를 가져올 수 있도록 했다. 다양한 사전(러시아어, 스웨덴어)과 번역사전도 활용할 수 있도록 했다. 또한, 업무를

수행하는 장소 외에 도서관을 가는 등 다른 보조도구를 사용할 수 있도록 했고, 참가자 중 몇몇은 실제로 이렇게 했으나 이 사실이 기록되지는 않았다. 참가자 중 아무도 검색을 위해 인터넷을 이용하겠다고 하지 않았으며, 이는 지난 1년간 업무 환경이 얼마나 많이 바뀌었는지를 보여준다(기록은 1993년 12월에서 1995년 2월 사이에 이루어졌다).

업무를 완료한 후 참가자의 ST와 메모 등을 모두 수집했다. 일부 참가자는 TT를 바로 출력해서 그 위에 메모한 경우도 있었으며, 따로 종이에 메모한 경우도 있었다.

3.4.3.2 TAP 및 전사기호

참가자의 발화는 옷에 꽂은 작은 마이크를 통해 녹음되었다. 이 테이프는 표준 전사기호로 전사되었다. 전사기호는 표 3.3을 참조하라.

표 3.2는 TAP 데이터의 크기를 보여준다. 전사 파일의 문자 수는 MS 워드의 단어 수 세기 기능을 사용해 셌다. 여기에는 모든 발화의 전사, 휴지 길이, 전사기호에 따른 괄호 안 정보까지 포함된다.

표 3.3 전사기호

/	2초 미만의 휴지
(5s)	휴지 길이
[...]	발화가 생략된 부분
( )	괄호 안의 정보는 세 가지다: (a) 준언어적 기호 (b) 사전 찾아보기 (c) 테이프에서 알아들을 수 없는 부분
?	확실하지 않은 전사
기울임꼴	속삭이듯 발화한 부분
굵게	발화할 때 강조한 부분
밑줄	발화와 동시에 컴퓨터를 쓰고 있는 부분(키보드 소리로 판단)

표 3.4 전사 데이터 크기(공백제외 문자 수, 공백포함 문자 수, 단어 수)

참가자	공백제외 문자 수	공백포함 문자 수	단어 수
애나(PR)	71,431	90,453	19,021
베리트(PR)	33,023	42,233	9,209
크리스티안(PR)	31,311	39,060	7,750
다니엘(PR)	42,450	53,898	11,448
엘리노어(TS)	85,901	109,632	23,732
프레드릭(TS)	107,968	138,551	30,583
가브리엘라(LS)	72,676	92,274	19,598
하랄트(LS)	57,075	70,963	13,889
이삭(LS)	74,392	94,269	19,878

TAP에서 발췌한 것은 스웨덴어로 되어있으며 대괄호[ ] 안에 영어 번역을 표기했다. 발화 중 스웨덴어로 된 부분만 번역했으며, 발화에 나타난 러시아어 단어나 구는 그대로 러시아어로 표기했다.

3.4.3.3 스크립트로그

본 연구에 사용한 로깅 프로그램은 1993년판 스크립트로그 2.1 버전으로, 매킨토시 컴퓨터에서 실행했다. 이 소프트웨어는 스벤 스트럼퀴스트(Sven Strömqvist)와 스벤 모엔(Sven Moen)이 스웨덴의 예테보리 대학(Goteborg University) 언어연구원에서 개발했다(프로그램에 대한 설명은 스트럼퀴스트, 1996와 벵걸린, 2002 참조).[6] 이 프로그램은 입력(알파벳, 숫자, 스페이스바), 마우스와 커서의 움직임, 잘라내기, 복사하기, 삭제하기 등 키보드의 모든 움직임을 기록한다. 또한, 이 정보가 시간별로 코딩되어 로그 파일로 저장된다. 이 파일로 다양한 파일을 생성할 수 있다. 본 연구에는 편집된 텍스트 파일과 선형 텍스트 파일 등 두 가지를 사용했다. 편집된 텍스트 파일은 텍스트의 최종 버전을 의미하며,[7] 선형 텍스트 파일은 키보드가 움직이지 않는 현상인 휴지, 휴지 길이, 키보드 입력 등 쓰기 과정을 모두 보여주는 파일이다.

표 3.5는 로그에서 생성된 텍스트 파일의 발췌에 사용된 기호를 보여준다.

표 3.5 스크립트로그 발췌 기호

<3.2>	3.2초간 쓰기를 멈춤
<cr>	복귀
@	삭제 버튼을 한 번 이상 누름
<move>	키보드나 마우스로 커서를 옮김
<sel 2-3>	삭제, 잘라내기(및 붙여넣기), 덮어쓰기 등을 위해 일련의 문자(이 경우는 2개)를 선택함

3.4.3.4 기타 데이터

모든 참가자의 업무 수행은 비디오로 촬영되었다. 참가자의 얼굴과 상체, 앉아있는 책상이 모두 보이도록 카메라를 설치했다. 이는 참가자가 어떤 행동을 하는지, 사전 등 다른 보조도구를 활용하는지를 관찰하기 위해서다. 비디오 촬영은 업무 수행 시간을 측정하는 데 활용되었으며, 이 외에도 여기서 얻은 정보를 분석 과정에서 두루 활용했다.

본 연구에서는 녹화 후 참가자의 TT를 예비분석하고 나서 참가자와 인터뷰를 할 계획이었다. 인터뷰의 목적은 두 가지로, 참가자의 배경에 대한 정보를 알아내고 본 연구에서 중점을 두는 단락에 대해 참가자가 어떻게 회상하는지를 기록하고자 했다. 인터뷰를 통해 TAP 데이터의 유효성을 높이고 데이터를 보완하고자 한 것이다. 그러나 예상치 못한 상황으로 인해 참가자 2명(크리스티안(PR), 가브리엘라(LS))과는 적절한 시간 내에 인터뷰 하지 못했으며, 따라서 인터뷰 데이터는 분석하지 않기로 했다. 각 참가자의 배경에 대한 데이터는 비공식적으로 수집되었다.

3.5 코딩, 데이터 분석, 결과 보고

TAP는 분석 전에 코딩이 필요하다. 어떤 면에서 불완전하기는 하지만(3.2.2 참조) 구술이라는 특징으로 인해 TAP의 데이터는 매우 풍부하며 대부분의 데이터가 의미를 가질 수 있다. 많은 연구자가 기존 연구의 코딩을 적용하기보다는 자신만의 코딩 및 분석 시스템을 고안하는 이유가 바로 여기에 있다. 이러한 이유로 인해 널리 수용되는 코딩 및 분석 모델은 존재하지 않는다. 분석의 목적에 따라 분석 단위가 달라지고 전사 방법이 달라지기 때문에 주로 사용되는 분석 단위나 전사 방법도 딱히 없다.

TAP 분석에 활용할 코딩 시스템은 당연히 연구 설계의 이론적 가정에 기반을 두고(베르나디니, 2001: 257; 스네가린스키, 1994: 7) 업무 분석을 반영해야 한다(3.2.1 참조). 그러나 코딩은 분석적이고 재귀적인 과정이다. 따라서 이는 연구 과정의 일부이며, 코딩 시스템 개발은 데이터와의 상호작용을 통해 이루어져야 한다(스네가린스키, 1994: 10). 코딩 및 분석에서는 명확성과 일관성이 매우 중요하다. 절차 및 코딩 카테고리가 다른 참자가를 대상으로 한 이전 연구의 TAP, 분석, 모델에 기반을 둘 경우 분석에 힘이 실리고 확실한 타당성을 확보할 수 있다(에릭슨과 사이먼, 1984/1993: 284). 본 연구에서는 기존에 활용된 코딩 시스템(헤이즈 외, 1987; 크링스, 1986a)을 활용 및 적용하였다(세부사항은 4.3.1, 4.5.4.1, 5.1 참조).

다양한 연구방법론으로 인해 데이터 분석도 다양한 절차로 이루어질 수 있다. 따라서 본 연구는 정량적·정성적 방법을 모두 사용했다. 다양한 데이터를 분석하는 데 활용된 방법은 4장과 5장에서 소개하도록 하겠다. 단, 본 연구에서 정량적 분석은 일종의 경향을 보여주기 위해 사용되었으며, 추후 더 큰 규모의 연구를 통해 검증될 수 있을 것이다. 다시 말해 통계적 유의성 검증은 이루어지지 않았다.

연구 결과 보고와 관련해서는 정해진 보고 프로토콜이 없는데(스네가린스키, 1994: 12), 맥락 없이 읽고 해석하기에는 너무 양이 많고 어려울 수 있다. TAP 데이터를 활용한 연구 결과를 어떻게 보여주느냐와 그 유효성을 검증하는 것은 매우 중요하다. TAP 데이터는 보통 연구자가 해석적으로 분석해야 하는데, 연구 결과에 이 과정이 자세히 다루어지지 않는 경우도 있다(베르나디니, 2001: 251). 이로 인해 서로 다른 연구 결과를 비교하거나 반복 검증하기가 어렵다. 또한 자기성찰법을 처음 활용하는 연구자는 기존 연구를 참조할 때 연구 설계, 데이터 수집 절차 등이 얼마나 중요한지를 깨닫지 못할 수도 있다. 번역학에서 이루어진 소규모의 TAP 연구들도 이러한 경향을 보였다. 본 연구에서는 분석 카테고리 제시 및 다수의 데이터 예시를 통해 분석 과정을 최대한 투명하게 보여주고자 했다.

미주

1. 필자는 번역전공학생들에게 번역이론만 가르쳤고, 번역실습은 다른 교수가 가르쳤다.

2. "시니어"와 "주니어"라는 형용사는 해당 직업을 유지했던 "기간"만을 반영한다.

3. 러시아어-스웨덴어 번역 프로그램은 일회성으로 운영되었기 때문에 모든 전문번역사가 이 프로그램을 수강한 것은 아니다. 본 연구의 참가자 중 번역전공학생 2명은 슈밋(Schmidt)(forthc.)의 종단연구에도 참여했다.

4. 고등학교에서 3년간 러시아어를 배운 학생만 입학할 수 있다.

5. 소프트웨어를 제공해주신 스벤 스트럼퀴스트 교수님께 감사 드린다.

6. 프레드릭(TS), 하랄트(LS), 이삭(LS)의 경우 소프트웨어의 편집 텍스트 파일 생성 과정에서 오류가 생겨 TT의 최종 버전 중 일부를 로그와 TAP 데이터를 통해 복원했다.

John Benjamins Series

14

Expertise and
explicitation in the translation process

4장

번역 업무 수행

4.1 연구문제

본 장에서는 번역 경험량에 따라 번역 업무의 계획, TT 작성, 교정이 어떻게 달라지는지 알아보겠다. 첫 번째 분석 대상은 업무 완료까지 소요된 시간과 단계별로 배정된 시간이다(4.2 참조). 두 번째 분석 대상은 참가자가 처음에 업무를 어떻게 계획하느냐다. 이는 4.3에서 제시하겠다. 세 번째 분석대상은 TT가 맨 처음 작성되는 단계로, 이는 4.4에서 제시하겠다. 구체적으로 설명하자면 참가자가 TT를 작성할 때 덩어리로 쪼개는 방법 등 로깅 데이터에 기반을 두고 쓰기 과정의 분절 패턴을 분석한 것이다. 네 번째 분석 대상은 교정 패턴으로, 참가자가 TT를 처음에 작성하면서, 그리고 모두 작성한 후에 어떻게 교정하는가를 보았는데, 이는 4.5에서 제시하겠다. 4.6에서는 분석결과를 요약 및 논의하겠다.

일부 분석은 다음의 세 가지 정량적 데이터로 제시하겠다.

a. 참가자의 개인별 데이터
b. 전문번역사와 학생의 두 그룹으로 나눈 그룹별 데이터
c. 시니어 전문번역사,[1] 주니어 전문번역사, 번역전공학생, 언어전공학생의 하위 그룹별 데이터

3.5에서 언급한 정량적 데이터도 참조하라.

4.2 업무 수행: 시간적 특징

4.2.1 연구문제, 데이터, 연구방법

연구문제는 번역 경험량이 a. 업무에 소요된 시간, b. 업무의 각 단계에 배정한 시간과 연관성을 갖느냐이다.

업무는 TT를 쓰는 것이었고, 이 쓰기 자체가 시작되면 각 단계가 시작되는 것으로 간주했다. 모든 참가자에게서 공통적으로 발견되는 행동도 있었다. 모든 참가자가 텍스트를 작성할 때 한 단계 이상으로 나누어 업무를 수행한 것이다. 확보한 데이터에서 자연스럽게 발생하는 이러한 행동의 일관성을 기반으로 본 연구에서 자체적으로 각 단계를 규정했다. 다음 각 단계의 명칭은 실제 확보한 데이터에서 가장 적절하다고 판단해 선택한 것이다.

- 쓰기 전 단계: 참가자가 ST를 받고 번역 브리프를 구두로 들은 후부터 TT를 완결성 있는 텍스트로 쓰기 시작하기 전까지의 단계. ST를 처음 읽으면서 단어 뜻 등을 적기도 하는데, 이는 쓰기 단계가 시작된 것으로 간주하지 않았다.
- 쓰기 단계: 참가자가 TT를 쓰기 시작한 후부터 완결성 있는 TT를 완성할 때까지의 단계.

- 쓰기 후 단계: 쓰기 단계 직후부터 참가자가 스스로 업무가 완료되었다고 말할 때까지의 단계. 업무 수행에 있어 다수의 참가자는 이 단계를 여러 하위단계로 나누어 ST 또는 TT 읽기 단계에서부터 교정을 하기도 했다.

시간을 확인할 수 있는 데이터의 종류는 두 가지다. 하나는 녹음 및 촬영 등의 기록이고 다른 하나는 쓰기 과정의 '스크립트로그 로깅'이다. 시간을 가장 정확하게 파악할 수 있는 데이터는 컴퓨터 로그이다. 하지만 언제 로깅을 시작할지는 참가자가 직접 결정할 수 있으므로 로그는 전체 업무 수행에 소요된 시간을 반영하지 않는다. 녹음 테이프도 45분이 지나면 새 테이프로 교체해야 했기 때문에 도중에 일부 데이터가 손실되었다. 따라서 240분짜리 테이프로 녹화한 비디오 테이프로 단계별 시간을 측정했다.

4.2.2 결과

최종 결과물로 간주되는 번역을 생산하기까지 업무를 몇 번에 나누어 수행했는지는 참가자마다 달랐다(3.4.3.1의 표 3.2 참조). 전문번역사 4명 중 베리트(PR), 크리스티안(PR), 다니엘(PR)은 1번에 업무를 완료했고, 애나(PR)는 2번에 나누어 완료했다. 학생 5명 중 하랄트(LS)만 업무를 1번에 완료했고, 나머지 4명(번역전공학생 2명, 언어전공학생 2명)은 2번에 나누어 완료했다.

표 4.1은 각 단계 및 하위단계에 소요된 시간 등 참가자의 업무 수행과 관련된 시간 데이터를 보여준다. 애나(PR), 엘리노어(TS), 가브리엘라(LS), 이삭(LS)은 쓰기 후 하위단계1을 마지막으로 한 번에 업무를 완료했고, 프레드릭(TS)은 쓰기 후 하위단계2를 마지막으로 업무를 완료했다. 업무 완료에 소요된 시간과 단계별 시간 배정은 모두 참가자별로 현저한 개인차를 보였다. 업무 완료에 소요된 시간이 가장 짧은 참가

자는 전문번역사 4명이었으나, 하위그룹 간에 뚜렷한 차이를 보였다. 시니어 전문번역사인 베리트(PR)와 크리스티안(PR)은 업무 완료에 1시간 30분이 걸린 반면, 주니어 전문번역사인 애나(PR)와 다니엘(PR)은 그 2배의 시간이 걸린 것이다. 학생의 경우 전문번역사보다 시간이 오래 걸렸으나, 번역전공학생과 언어전공학생 간의 차이는 없었다. 엘리노어(TS)와 하랄트(LS)는 3시간 30분, 가브리엘라(LS)와 이삭(LS)은 5시간, 프레드릭(TS)은 6시간 가까이로, 이는 시간이 가장 적게 걸린 전문번역사 2명에 비해 4배에 가까운 시간이었다.

표 4.2는 그룹별 평균 시간을, 표 4.3은 하위그룹별 평균 시간을 보여준다. 평균적으로 학생은 전문번역사에 비해 업무 완료까지 소요된 시간이 2배에 가까웠다. 하위그룹별로는 전문번역사의 하위그룹 간 차이가 학생의 하위그룹 간 차이에 비해 현저하게 나타났다. 전문번역사의 하위그룹 간에 차이가 발생한 것은 시니어 전문번역사가 쓰기 단계 및 쓰기 후 단계에서 시간을 더 적게 사용했기 때문이었다.

표 4.1 업무 완료와 각 단계 및 하위단계에 소요된 개인별 시간(분)

구분	애나(PR)	베리트(PR)	크리스티안(PR)	다니엘(PR)	엘리노어(TS)	프레드릭(TS)	가브리엘라(LS)	하랄트(LS)	이삭(LS)
쓰기 전 단계	12	9	8	3	6	80	2	7	32
쓰기 단계	78	69	53	121	138	88	180	142	136
쓰기 후 하위 단계1	3	12	28	45	10	59	35	54	61
쓰기 후 하위 단계2	22				12	37	23		24
쓰기 후 하위 단계3	66				35	61	39		38

구분	애나 (PR)	베리트 (PR)	크리스티안 (PR)	다니엘 (PR)	엘리노어 (TS)	프레드릭 (TS)	가브리엘라 (LS)	하랄트 (LS)	이삭 (LS)
쓰기 후 하위 단계4	13				22	19	11		8
쓰기 후 하위 단계5	4						12		
총 시간 (분)	198	90	89	169	223	344	302	203	299

표 4.2 업무 완료와 각 단계에 소요된 그룹별 시간(분)

구분	전문번역사	학생
쓰기 전 단계	8	25
쓰기 단계	80	137
쓰기 후 단계	48	112
총 시간	136	274

표 4.3 업무 완료와 각 단계에 소요된 하위그룹별 시간(분)

구분	시니어 전문번역사	주니어 전문번역사	번역 전공학생	언어 전공학생
쓰기 전 단계	9	8	43	14
쓰기 단계	61	100	113	153
쓰기 후 단계	20	76	128	102
총 시간	90	184	284	269

표 4.4 각 단계에 소요된 개인별 시간의 비율

구분	애나 (PR)	베리트 (PR)	크리스티안 (PR)	다니엘 (PR)	엘리노어 (TS)	프레드릭 (TS)	가브리엘라 (LS)	하랄트 (LS)	이삭 (LS)
쓰기 전 단계	6.1	10.0	9.0	1.8	2.7	23.3	0.7	3.4	10.7
쓰기 단계	39.4	76.7	59.5	71.6	61.9	25.6	59.6	70.0	45.5

구분	애나 (PR)	베리트 (PR)	크리스티안 (PR)	다니엘 (PR)	엘리노어 (TS)	프레드릭 (TS)	가브리엘라 (LS)	하랄트 (LS)	이삭 (LS)
쓰기 후 단계	54.5	13.3	31.5	26.6	35.4	51.2	39.7	26.6	43.8
총 시간 (분)	198	90	89	169	223	344	302	203	299

표 4.4는 참가자별로 전체 시간 중 각 단계에 얼마나 비중을 두었는지를 보여준다. 여기서 눈에 띄는 점은 쓰기 단계가 상대적으로 낮은 비중을 차지한 것으로, 가장 높은 경우는 베리트(PR)로 76.67%, 가장 낮은 경우는 프레드릭(TS)으로 25.58%였다. 쓰기 전 단계는 프레드릭(TS)의 경우를 제외하면 보통 전체 시간의 10% 미만을 차지했는데, 이는 대부분의 참가자가 쓰기 후 단계에 많은 비중을 두었음을 의미한다.

4.3 업무의 초기 계획

4.3.1 연구문제, 데이터, 연구방법

업무의 초기 단계는 2.3.3에서 논의한 것처럼 방향 설정 및 계획의 기능을 한다. 본 연구에서는 참가자의 쓰기 전 단계(4.2.1 참조)의 '업무 정의'(2.3.3 참조)를 통해 이를 알아보도록 하겠다.

여기서 분석한 데이터는 쓰기 전 단계의 TAP와 비디오 녹화로, 다음의 요소를 분석했다.

1. 해당 단계에 소요된 시간-비디오 촬영으로 확인함.
2. 접근법-TAP 데이터 및 일부의 경우 비디오 녹화를 기반으로 확인함.
3. 업무 정의-발화 분석을 통해 확인. 발화 코딩 분류는 아래 4.3.2에서 제시함.

4.3.2 결과

4.3.2.1 시간 및 접근법

위의 표 4.1은 쓰기 전 단계에 소요된 참가자별 시간을 보여준다. 쓰기 전 단계에 소요된 시간은 번역 경험량과는 연관성이 없었다. 쓰기 전 단계에 소요된 시간은 쓰기 전 단계에서 실제로 어떤 작업을 했는지와 참가자별 접근법에 따라 달라진 것으로 보인다. 접근법은 다음의 세 가지로 구분될 수 있다.

a. ST를 다 읽지 않기(3분 미만 소요)
b. ST를 다 읽기(6~9분 소요)
c. ST를 읽으며 부분적으로 소리 내어 번역하기(12~80분 소요)

다니엘(PR)과 가브리엘라(LS)는 사전이나 다른 보조도구를 활용하지 않았고 ST를 다 읽지 않았다. 가브리엘라(LS)가 이 단계에서 쓴 시간은 매우 짧았는데, 비디오 촬영을 보니 ST의 두 페이지를 모두 본 것으로 파악되었다. ST를 읽을 때는 거의 소리를 내지 않아서 실제로 어디까지 읽고 이해했는지는 짐작할 수 없었다. ST를 읽고 난 후 번역을 할 때 이해가 되지 않는지 상당히 고통스러워했고, 이를 통해 ST 읽기가 매우 겉핥기식이었다는 것을 추정할 수 있었다. 다니엘(PR)의 경우 데이터를 통해서 TT를 쓰기 전에 ST를 어디까지 읽었는지는 파악할 수 없었지만, ST의 두 번째 페이지는 보지 않은 것으로 드러났다. 자신도 ST를 다 읽지는 않았다고 발화했다(전사기호는 표 3.3 참조).

(1) 다니엘(PR)/TAP: 그래 내 생각에는 / 이게 어떤 문제인지는 어느 정도 파악한 것 같아 (2s) 전체를 다 읽은 건 아니지만 먼저 (2s) 앞부분부터 시작해야겠다.

베리트(PR), 크리스티안(PR), 엘리노어(TS), 하랄트(LS)는 ST를 다 읽었다. 베리트(PR)은 ST를 읽으면서 사전을 2번 찾아보았다. 나머지 3명은 이 단계에서 보조도구를 활용하지 않았다.

애나(PR), 프레드릭(TS), 이삭(LS)은 ST를 읽으면서 첫 부분을 번역하기 시작했다. 이 번역은 주로 구술로 이루어졌으나 종종 ST에 메모를 하기도 했다. 이들은 이 단계에서 사전으로 몇몇 단어와 표현을 찾아보았고, 이로 인해 시간이 더 오래 걸렸다. 3명이 이 단계에 쓴 시간은 중요한 차이점을 보인다. 잠정적으로 애나(PR)와 이삭(LS)을 한 그룹으로 묶을 수 있다. 이 둘은 빠르고 자유롭게 패러프레이징을 했다. 읽기와 번역하기를 통해 자신이 이해한 바를 발화하는 것 같았다. 이런 식으로 모든 문장을 다 번역한 것은 아니다. 일부 문장의 경우 아예 번역하지 않거나 일부 단어나 표현을 빼놓고 번역하면서 "이건 나중에 찾아봐야지", "이건 나중에 생각해 봐야지" 등 결정을 명시적으로 미루었다.

(2) 애나(PR)/TAP: **아하** / 피츠버그에서 공부했고 / ne-za-urjadnye (3s) 수채화 risunke karandašom

(3) 이삭(LS)/TAP: bol'šim prepjatstviem na puti estestvennogo razvitija ego darovanija / 음 / prepjatstviem / 그리고 / 저 / 이건 모르겠다 (2s) / (안 들림) / 자연스럽게 발전시키는 / 길에 / darovanija / (안 들림) / bylo to čto kak krepostnoj on vsecelo zavi- / zavisel (3s) 그래 / 그는 / 그는 완전히 / 음 (2s) 그는 / 의지했고 (2s) prichotej / 지주가/ En-gel-gardt / Engelgardt / 어 (2s) prichot' / 저 / 그게 무엇이든

프레드릭(TS)은 이 단계에서 이미 스웨덴어로 어떻게 번역할지 체계적으로 접근했으나, 문장을 모두 번역하지는 않았다. 대신 단어 뜻을 파악하는 데 중점을 두었다. 그는 번역 변이 중 자신이 선택한 표현을 ST에 적어놓았다. 이러한 선택의 대부분은 최종 TT에 실제로 등장했

고, 이는 초기 단계에서 번역과 관련해 의사결정을 많이 해두었음을 뜻한다. 그러나 그가 업무 완료에 많은 시간을 들였다는 것은(표 4.1 참조) 그가 이 단계에서 만족할 만큼 모든 문제를 해결한 것이 아니었다는 것을 보여준다. 그는 이 단계에서 일부 문제와 관련해 나중에 확인해야겠다고 명시적으로 발화했다:

(4) 프레드릭(TS)/TAP: zvučnost' / zvučnost' / 찾아봐야겠다 (5s) 음 (2s) 흠 / 그래 그래 / 처음에는 Ožegov에서 보기 위해 / 흠 / 그래 / 이건 나중에 해야겠다

4.3.2.2 업무 정의: 쓰기 전 단계의 발화

쓰기 전 단계의 발화에서 이루어지는 참가자의 업무 정의는 참가자가 업무의 목표를 무엇으로 정했는지를 보여준다. 발화는 다음의 다섯 가지로 분류되며, 범주별 예는 다음과 같다.

1. 러시아어 텍스트의 길이, 난이도, 문법 등 일반적인 내용

(5) 가브리엘라(LS)/TAP: 그래 그런데 / 아주 길진 않네

(6) 애나(PR)/TAP: krepostničestva (3s) samoderažvija (2s) 정치적인 건 아닌 것 같다 (4s) 아 / **이거 아주 쉽진 않네**

(7) 엘리노어(TS)/TAP: 아주 어려운 / 건 아닌 것 같네 / 문장 구조 같은 걸 봐서는

2. ST의 내용이나 주제와 관련해 더 정보를 찾아봐야겠다는 내용

(8) 이삭(LS)/TAP: po-lu-legal'no / **절반만합법적으로** / zanimat'sja tvorčestvom / 창의적인 작업으로 / 그러나 / **절반만합법적으로** / polulegal'no (웃음) / 아이고 (웃음) / 어떻게 / 절반만합법적이라는걸 어떻게 표현하지

(9) 베리트(PR)/TAP: 이 사람에 대해 내가 전혀 모른다는 게 좀 걸리네 [...] 왜

냐하면 / 알면 도움이 될 텐데/ 아마 (2s) 이게 진짜 내 직업이면 / 아마 내가 / 이 사람에 대해 더 알아볼 텐데

3. 고유명사를 스웨덴어 텍스트로 어떻게 옮길지에 대한 내용

(10) 하랄트(LS)/TAP: 어떻게 (2s) 고유명사를 (안 들림) 옮기지 / 그럼? 나중에 그 책?에서 찾아봐야겠다

(11) 애나(PR)/TAP: Ka-rl Brjullov (2s) Brjullov / 이걸 어떻게 옮기지 / 독일어 ü면 아마도 / Brüllov / 아니면 Brjullov일 텐데

(12) 크리스티안(PR)/TAP: 이 문제는 큰 문제는 아닌데 / 부성(父性)문제를 어떻게 하지

4. 러시아어와 스웨덴어의 차이, 번역 목적, TT의 적절성 등과 관련해 ST의 문체적 특징을 어떻게 옮길지 하는 내용. 다니엘(PR)의 예는 위에서 제시했다 ((1)번 참조). 또 다른 예는 다음과 같다

(13) 애나(PR)/TAP: 이 텍스트를 누가 썼고 어디서 출판했지 / 구소련이었나

(14) 크리스티안(PR)/TAP: 레디메이드식 표현 / 구소련 시대의 레디메이드식 표현이다

(15) 엘리노어(TS)/TAP: 이 책은 / 공산주의 시대에 쓰여진 것 같다 / 내 생각에는 / 책이 언제 쓰여졌는지 (4s) 알아봐야겠다 알아보면 도움이 될 듯 (2s) 84년도

5. 특정 단어를 나중에 찾아보겠다거나 읽기를 시작하겠다는 등 참가자의 번역 과정에 대한 내용과 스스로를 학생이나 전문번역사로 인지한다는 것을 드러내는 자기평가와 관련된 내용

(16) 가브리엘라(LS)/TAP: 텍스트 전체를 소리 내지 않고 다 읽을 수 있을까

(17) 프레드릭: izvečnoe / 이거 찾아봐야겠다 (4s) 대강은 알겠는데 확실치가 않네

(18) 이삭(LS)/TAP: 자 / 이건 /번역이 완전히 불가능한 건 아닌데 (2s) 자칫 그렇게 보일 수 있겠네

4.3.2.3 업무 정의와 번역 경험량의 연관성

쓰기 전 단계 발화의 두 범주는 ST의 이해와 주로 연관된다. 나머지 세 범주는 주로 TT 생산과 관련 있으며, 번역 업무를 어떻게 할지를 보여주어 목표 설정 및 계획의 기능을 한다. 텍스트의 내용과 관련된 발화는 각 참가자가 텍스트의 내용에 어떻게 반응하는지 만을 보여주므로 생산이 아닌 이해와 주로 연관된다. 그러나 참가자가 텍스트의 주제에 대해 더 알아봐야겠다고 발화한 부분도 있는데, 이 부분은 ST 이해 및 TT 생산 모두와 연관이 있다((9)번 참조). 표 4.5와 4.6은 다섯 범주의 발화가 그룹별 및 하위그룹별로 평균 몇 회 이루어졌는지를 보여준다(4.1 참조).

ST vs. TT 문체, 과정·자기평가에 대한 발화에 있어 그룹별 비중의 차이가 눈에 띈다. 전문번역사의 TAP에서는 ST vs. TT 문체에 대한 발화가 40%로 가장 큰 비중을 차지했으나 학생의 TAP에서는 과정·자기평가에 대한 발화가 가장 큰 비중을 차지했다. 하위그룹별로 살펴보면 시니어 전문번역사가 ST vs. TT 문체에 대해 발화한 비중이 가장 눈에 띈다. 주니어 전문번역사와 번역전공학생도 ST vs. TT 문체에 대해 발화했으나, 시니어 전문번역사만큼 많은 비중을 차지하지는 않았다. 또 눈에 띄는 점은 언어전공학생의 TAP에는 이러한 발화(ST의 문체적 특징, 번역의 목적, 용어에 대한 발화)가 전혀 없었다는 것이다. 이러한 발화는 생산중심이며 TL 및 TT와 연관된다. 러시아어 ST의 문체적 특징을 TL인 스웨덴어와 대조해 파악하는 것이다. 모든 전문번역사와 번역전공학생이 러시아어 ST의 일부 문체적 특징을 TT에 그대로 옮길 경우 주어진 번역의 목적에 잘 부합하지 않으리라고 파악했다. 참가자 6명 중 5명은 이에 따라 TT의 문체를 조정하겠다고 발화했다.

표 4.5 쓰기 전 단계 발화의 범주: 그룹별 평균 횟수 및 비중

참가자	일반적인 ST의 특징	ST 내용	고유 명사	ST vs. TT: 문체·TT의 목적	과정·자기평가	합계
전문번역사	0.25 (3.7%)	1.0 (14.8%)	0.5 (7.4%)	3.0 (44.4%)	2.0 (29.6%)	6.75 (100%)
학생	1.4 (10.1%)	1.8 (13.0%)	1.4 (10.1%)	2.8 (20.3%)	6.4 (46.4%)	13.8 (100%)

표 4.6 쓰기 전 단계 발화의 범주: 하위그룹별 평균 횟수 및 비중

참가자	일반적인 ST의 특징	ST 내용	고유 명사	ST vs. TT: 문체·TT의 목적	과정·자기평가	합계
시니어 전문번역사	0	1.5 (18.75%)	0.5 (6.25%)	5.0 (62.5%)	1.0 (12.5%)	1.0 (100%)
주니어 전문번역사	0.5 (9.1%)	0.5 (9.1%)	0.5 (9.1%)	1.0 (18.2%)	3.0 (54.5%)	5.5 (100%)
번역전공학생	1.5 (6.8%)	2.0 (9.1%)	3.0 (13.6%)	6.5 (29.5%)	9.0 (40.9%)	22.0 (100%)
언어전공학생	1.3 (15.7%)	1.7 (20.5%)	0.3 (3.6%)	0.3 (3.6%)	4.7 (56.6%)	8.3 (100%)

(19) 베리트(PR)/TAP: 굉장히 피상적인 텍스트고 / 상투적인 표현이 너무 많긴 하지만 / 번역 목적에 따르려면 / 음 (2s) 어떤 종류의 전시냐에 따라 달라질 텐데 / 하지만 / 아마도 / 그렇게까지 그대로 번역할 필요는 없을 것 같으니 / 목적에 부합하려면 / 아마도 / 없애야 할 듯 / 상투적인 표현 / 구소련 마르크스주의의 상투주의는 / 옮겨지지가- / 스웨덴어로 옮겨지지가 않는데 / 어쨌든 어렵지 않은 텍스트를 원하는 거니까 / 그럼 이렇게 해야겠다 / 스웨덴어로 옮길 때에는 좀 순화시켜서 / 이데올로기를 표현하기로

(20) 프레드릭(TS)/TAP: trudovogo naroda Ukrainy / 전시 목적으로만 스웨덴어로 번역하는 거라면 이 부분은 생략해야겠다 / 노동자에 대한 이런 표현은 옮기지 않아도 될 듯 / 이상하게 들릴 거야 [...] 이게 구소련 언어에 대

한 문체 연구 목적은 아니니까 / 내 생각에 / 음 / 망설이지 말고 / 음 / 이런 전형적인 표현은 빼고 / 음 / 구소련 별칭

그러나 엘리노어(TS)의 생각은 달랐다. ST의 문체적 특징 및 일부 내용에 만족하는 것은 아니었지만 이런 것을 TT에서 수정하는 것이 자신의 업무 범위는 아니라고 생각한 것이다(퀸즐리, 2003의 번역전공학생도 비슷한 의견을 보였음).

(21) 엘리노어(TS)/TAP: 완전히 / 객관적인 것은 아닌데 / 우크라이나어 비슷하네 음 (2s) 뭐랄까 / (웃음) 좀 비슷해 / 하지만 (3s) 개인적으로는 / 미술관을 생각하면 객관적인 텍스트가 더 나을 것 같네 / 그러니까 / 사실만 있는 / 그렇지만 뭐 오케이 / 내가 관여할 바는 아니니까

4.4 쓰기 과정의 분절[2)]

4.4.1 가정, 데이터, 연구방법

2.3.4.3에서 논의한 것처럼 학생이나 초보자가 단어 수준에서 작업하는 데 반해 경험 많은 번역사는 더 큰 분절을 처리하고 번역한다. 이러한 주장은 휴지 없이 한 번에 쓴 TT의 분절 크기를 분석하면 경험적으로 입증할 수 있다. 야콥센(2003b)은 이러한 방법을 활용해 전문번역사가 반전문가(고급과정 학생)에 비해 ST 100문자당 분절 수가 더 적다고 밝혔다. 여기서는 쓰기 과정의 분절과 TT 작성을 분석하겠다.

쓰기 과정의 분절을 분석하려면 최소 휴지 길이를 정해야 한다. 또한, 계획, 문제 해결, 평가, 교정 등 휴지에 반영되는 다양한 과정을 파악해야 한다(로렌조, 1999). 2초 미만의 매우 짧은 휴지 뒤에는 주로 오

타 바로잡기 과정이 일어나며, 이는 번역과정과 직접적으로 관련이 없는 모니터 과정으로 인한 것으로 간주된다. 쓰기 과정의 휴지는 종종 발화 도중의 휴지와 동시에 일어나기도 하는데, 발화 도중 휴지가 있든 없든 대부분의 경우 쓰기 과정의 휴지는 발화와 병행해서 일어난다. 크링스(1986a: 137)는 발화 도중 휴지가 생기면 문제가 발생한 것으로 간주했으며 휴지의 최솟값을 3초로 정했고, 뢰셔(1991: 109)는 2초로 정했다. 야스클라이넨(1999: 166)은 휴지 발생이 처리를 보여주는 것으로 간주했다. 이들 연구자 3명은 모두 다른 현상 없이 휴지만 발생할 경우 무조건적으로 문제 발생을 의미하지는 않는다고 주장했다. 옌센(2000)은 4초, 야콥센(2003b)은 5초로 휴지의 기준을 정했다. 이러한 길이는 어느 정도 조정 가능성이 있으며, 각 연구에서 조작적으로 선택되었다.

게다가 컴퓨터 로깅은 번역과정을 간접적으로만 보여주어 연구자가 분석하려는 단위가 언제 쓰였는지를 보여줄 뿐, 번역사의 마음속에서 실제로 언제 TL로 옮겨 졌는지는 보여주지 않으므로(로렌조, 1999: 24 참조) 실제로는 '번역의 쓰기 단위'를 분석한 셈이다. 본 연구에서는 휴지의 최소 길이를 5초로 정했다(야콥센, 2003b 참조). 로그에서 *분절* 하나는 "5초 이상의 휴지 이후 다시 5초 이상의 휴지가 발생하기 전까지의 키보드나 마우스의 움직임"으로 정의한다. 이는 조작적 정의로, 분절이 시작되기 전의 휴지가 모두 무엇을 쓸지 계획하기 위해 발생한 것으로 간주해서는 안 된다. 이미 쓴 내용을 모니터하고 평가하기 위해 휴지가 발생했을 수도 있기 때문이다.

업무 전체와 관련된 분절의 기준도 일부 제공하겠지만, 참가자가 TT를 쓰기 시작할 때 시작되고 완결성 있는 TT를 다 쓰면 끝나는 쓰기 단계의 로그에서 대부분의 기준을 추출했다. 쓰기 단계와 업무 전체의 각 로그에서 분절 수를 분석했다. 쓰기 단계에 소요된 시간과 분절 수 사이에 직접적인 관계는 없었다. 휴지를 "키보드와 마우스가 움직이지 않는 것"으로 정의했기 때문이다. 다시 말해 문자를 입력하지 않은 채

꽤 긴 시간이 흘렀더라도, 참가자가 도중에 마우스를 클릭하거나 커서를 옮겼을 경우 이러한 긴 휴지가 로그에 반영되지 않는 것이다. 분절은 ST의 문자 수 대비 업무를 완료하는 데 필요한 분절 수라는 다른 기준을 통해서도 분석할 수 있다. 모든 참가자가 같은 ST를 같은 TL로 번역하지 않는 한 이러한 기준은 의미가 없는데, 참가자 간의 차이는 분절 수 차이로 이미 나타났기 때문이다. 그러나 언어 간 및 다른 텍스트 간 비교에서는 텍스트나 언어와는 관계없는 기준을 사용해야 한다. *ST* '단위'라는 개념은 야콥센(2003b)이 도입했으며 "ST의 공백포함 문자 수 100개"로 정의되었는데, 이 기준이 본 연구에도 적합하다. 본 연구의 ST의 공백포함 문자 수는 3,330개로, ST 단위는 33.3개가 된다.

쓰기 단계의 분절당 문자 수도 정량적으로 분석하겠다. 참가자가 같은 ST를 번역하기는 했지만, 여러 가지 이유로 번역 결과의 문자 수가 같다고 가정할 수는 없다. 첫째, 같은 언어 쌍이라 하더라도 번역별로 길이가 달라지며 개별 번역사별로 패턴이 달라질 수 있다(엥겔룬드 디미트로바, 1994). 같은 ST를 여러 번역사가 같은 TL로 번역할 경우 TT의 길이가 각기 달라진다는 뜻이다.[3] 게다가 모든 참가자가 쓰기 단계에서 교정도 같이했지만, 교정의 분량은 개인별로 다르다(4.5.3.2 참조). 또한, 개인별로 오타 수도 다르고 이를 교정하는 정도도 다르다. 실수로 ST의 일부를 번역하지 않을 수도 있다(아래 참조).

분석을 위해 분절별 문자 수를 측정 단위로 삼겠다. '단어'를 측정 단위로 삼는 것은 불가능했는데, 이는 교정하기 전 단어와 관련된 로그가 일부만 존재했기 때문이다. 따라서 '문자'가 측정 단위로 더 적절하며, 이는 다른 언어 쌍의 데이터 및 연구 결과와도 비교할 수 있다는 장점이 있다. 평균적으로 경험량이 더 많은 참가자의 분절당 문자 수가 많을 것으로 예상된다. 5초 이상인 휴지의 길이 등 분절 초기 휴지의 길이 역시 제시하겠다. 전문번역사의 과정은 높은 자동화율을 보이고 과정에서 문제가 더 적을 것으로 예상되어, 전문번역사의 휴지 길이가 더 짧을 것으로 예상된다. 번역 업무의 쓰기 단계에서의 촉진 효과 역시 알아보겠다. 특히 업무의 쓰기 단계 초반의 분절당 문자 수와 후반의 분절당 문자 수에 차이가 있는지 등을 살펴보겠다.

다음의 가정이 검증될 것이다:

가정 1. 쓰기 단계 및 업무 전체 로그파일에서 전문번역사의 분절 수가 학생보다 적을 것이다.

가정 2. 쓰기 단계 로그파일에서 전문번역사의 분절당 문자 수(위의 정의를 참조)가 학생보다 많을 것이다.

가정 3. 쓰기 단계 로그파일에서 5초 이상인 휴지 길이는 전문번역사가 학생보다 짧을 것이다.

가정 4. 쓰기 단계의 촉진 효과가 다음의 결과를 도출할 것이다.:

a. 모든 그룹의 로그파일에서 후반의 ST 단위당 분절 수가 전반보다 줄어들 것이다.

b. 모든 그룹의 로그파일에서 후반의 분절당 문자 수는 전반보다 늘어날 것이다.

c. 모든 그룹의 로그파일에서 후반의 분절 초기 휴지 길이는 전반보다 줄어들 것이다.

쓰기 단계의 분절은 로그를 바탕으로 분석했다. 대부분의 참가자가 지시대로 컴퓨터로 TT를 썼으나(3.4.3.1 참조), 예외가 2명 있었다. 하랄트(LS)는 번역을 시작할 때 TT를 종이에 빨리 적었다. 그는 첫 문단을 이렇게 쓰고 나서 이를 컴퓨터로 옮겼고, 나머지는 종이에 적지 않고 컴퓨터를 이용해 바로 번역했다. 그는 실수로 TT에서 한 문장을 빠뜨렸으나 이를 알아채지 못했다. 이삭(LS)은 번역을 시작할 때 종이에 천천히 적고 나서 이를 컴퓨터로 옮겼다. 따라서 그의 로그는 모두 쓰기 후 단계에 속하는 것으로 간주되었다. 모든 참가자를 비디오 촬영했기 때문에(3.4.3.4 참조), 이에 기반해 이삭(LS)이 TT를 종이에 쓴 것을 첫 번째 버전으로 분류했다. 하지만 카메라가 종이를 촬영한 것이 아니어서 쓰기 과정에 걸린 시간을 정확하게 측정할 수는 없었다. 따라서 그의 데이터는 분절 분석 대상에서 제외했다.

소프트웨어를 이용해 참가자의 로그파일에서 생성한 텍스트 파일은 5초 이상의 휴지를 모두 보여준다. 이 텍스트는 문단으로 나뉘었고, 위에서 정의한 분절로 다시 각 문단을 나누었다. 각 분절의 공백포함 문자 수는 마이크로소프트 워드의 문자 수 세기 기능을 사용해 셌다.

분석 결과는 개인별, 그룹별, 하위그룹별로 제시하겠다(4.1 참조). 데이터 크기가 작아서 통계적 유효성은 검증하지 않았다. 본 연구는 탐색적인 성격을 띠며, 예비 연구로 간주될 수 있다. 분절 데이터는 업무 수행과 동시에 발화해야 한다는 조건 하에 수집되었다는 것을 주지하라. 이러한 조건으로 인해 분절 수가 늘어날 수 있으나(크링스, 2001: 493-494; 야콥센, 2003b), 모든 참가자가 같은 조건 하에 업무를 수행했으므로 참가자 간 분절 수를 비교하는 것은 가능했다.

4.4.2 결과

표 4.7- 4.9는 쓰기 단계 및 업무 전체의 분절 수를 보여준다.

표 4.7 쓰기 단계 및 업무 전체의 개인별 분절 수

참가자	분절 수			
	쓰기 단계	쓰기 단계 - ST 단위당	업무 전체	업무 전체 - ST 단위당
애나(PR)	123	3.69	271	8.14
베리트(PR)	115	3.45	122	3.66
크리스티안(PR)	88	2.64	115	3.45
다니엘(PR)	217	6.52	294	8.83
엘리노어(TS)	218	6.55	286	8.59
프레드릭(TS)	150	4.50	290	8.71
가브리엘라(LS)	195	5.86	313	9.40
하랄트(LS)	216	6.49	318	9.55

표 4.8 쓰기 단계 및 업무 전체의 그룹별 분절 수

참가자	분절 수			
	쓰기 단계	쓰기 단계 - ST 단위당	업무 전체	업무 전체 - ST 단위당
전문번역사	135.75	4.08	200.50	6.02
학생	194.75	5.85	301.75	9.06

표 4.9 쓰기 단계 및 업무 전체의 하위그룹별 분절 수

참가자	분절 수			
	쓰기 단계	쓰기 단계 - ST 단위당	업무 전체	업무 전체 - ST 단위당
시니어 전문번역사	101.5	3.05	118.5	3.56
주니어 전문번역사	170	5.10	282.5	8.48
번역전공학생	184	5.53	288	8.65
언어전공학생	205	6.17	315.5	9.47

이 기준은 상당한 개인차를 보인다(표 4.7 참조). 표 4.8과 4.9는(표 4.1과 4.2도 참조) 가정1이 부분적으로만 맞는다는 것을 보여준다. 그룹별로는 상당한 차이가 있었지만 하위그룹별로 보면 시니어 전문번역사의 차이만 눈에 띄고 주니어 전문번역사, 번역전공학생, 언어전공학생의 차이는 눈에 띄지 않았다.

ST 단위당 분절 수를 영어에서 덴마크어로 번역한 참가자를 대상으로 한 야콥센(2003b)의 연구결과와 비교해보면 흥미롭다.[4)] 이 연구에서는 쓰기 단계에서 전문번역사의 ST 단위당 분절 수가 3.68, 전체 업무의 분절 수가 7.24로 본 연구의 결과와 상당히 비슷하다(표 4.7 참조). 이 연구의 반전문가는 본 연구의 번역전공학생에 해당한다고 볼 수 있는데, 분절 수가 3.80-7.49로 본 연구의 번역전공학생 2명의 분절수보다 적었다(위 참조). 두 연구에서 번역전공학생의 데이터가 차이 나는 것은 언어 쌍이 다르고 러시아어와 스웨덴어가 덴마크어와 영어 간보다 유형적 차이가 더 크기 때문일 수 있다.

나머지 분석 결과는 쓰기 단계의 로그에 기반한 것이다. 표 4.10-4.12와 그림 4.3 및 4.4는 쓰기 단계의 분절당 문자 수를 보여준다.

이 기준 역시 전문번역사와 학생 간에 현저한 차이를 보인다. 하위그룹별로 봤을 때 시니어 전문번역사의 수치가 눈에 띄고, 주니어 전문번역사와 번역전공학생의 수치는 매우 비슷하며, 언어전공학생의 문자 수는 예상대로 낮았다. 따라서 가정2는 그룹별로는 검증되었지만 시니어 전문번역사를 제외한 하위그룹 수준에서는 검증되지 않았다.

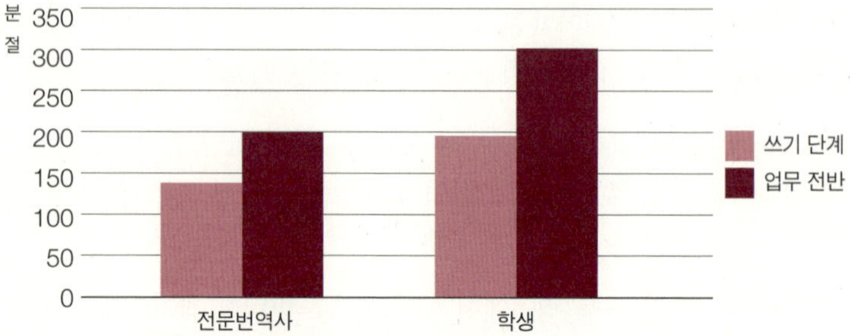

도표 4.1 쓰기 단계 및 업무 전체의 그룹별 분절 수

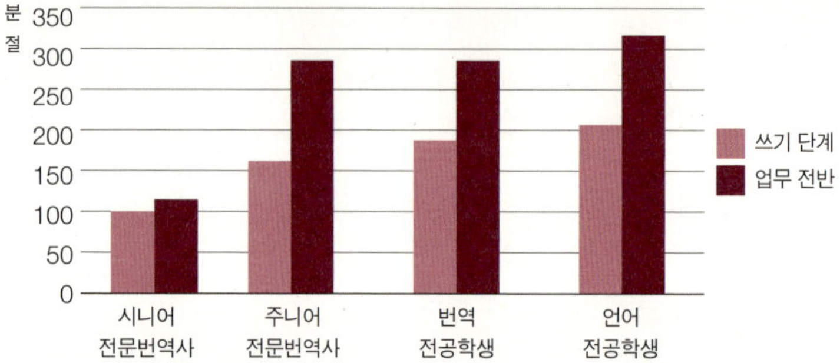

도표 4.2 쓰기 단계 및 업무 전체의 하위그룹별 분절 수

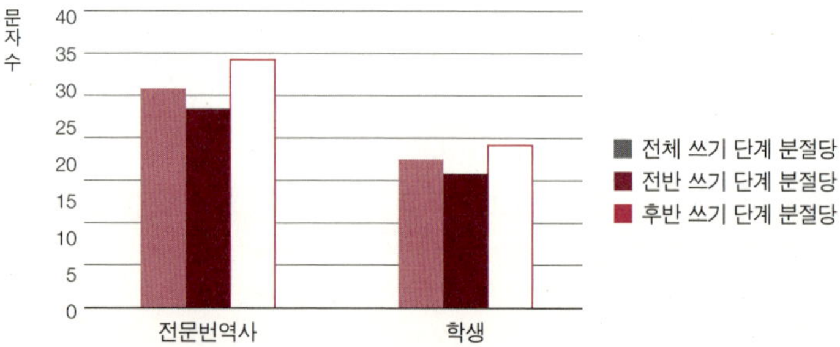

도표 4.3 그룹별 분절당 문자 수 - 전체 쓰기 단계, 전반 쓰기 단계, 후반 쓰기 단계

표 4.10 개인별 분절당 문자 수 - 전체 쓰기 단계, 전반 쓰기 단계, 후반 쓰기 단계

참가자	평균 문자 수		
	전체 쓰기 단계 분절당 문자 수	전반 쓰기 단계 분절당 문자 수	후반 쓰기 단계 분절당 문자 수
애나(PR)	29.28	26.90	31.69
베리트(PR)	29.39	27.77	30.98
크리스티안(PR)	46.05	38.18	53.91
다니엘(PR)	19.52	19.16	19.87
엘리노어(TS)	18.00	15.57	20.43
프레드릭(TS)	29.63	29.60	29.67
가브리엘라(LS)	21.81	19.44	24.19
하랄트(LS)	18.42	17.90	18.94

표 4.11 그룹별 분절당 문자 수 - 전체 쓰기 단계, 전반 쓰기 단계, 후반 쓰기 단계

참가자	평균 문자 수		
	전체 쓰기 단계 분절당 문자 수	전반 쓰기 단계 분절당 문자 수	후반 쓰기 단계 분절당 문자 수
전문번역사	31.06	28.00	34.11
학생	21.96	20.63	23.31

표 4.12 하위그룹별 분절당 문자 수 - 전체 쓰기 단계, 전반 쓰기 단계, 후반 쓰기 단계

참가자	평균 문자 수		
	전체 쓰기 단계 분절당 문자 수	전반 쓰기 단계 분절당 문자 수	후반 쓰기 단계 분절당 문자 수
시니어 전문번역사	37.72	32.98	42.44
주니어 전문번역사	24.40	23.03	25.78
번역전공학생	23.82	22.59	25.05
언어전공학생	20.12	18.67	21.56

쓰기 단계의 분절 초기 휴지 길이는 표 4.13-4.15에서 제시되었다. 이 기준의 경우 표 4.13에서 볼 수 있듯이 언어전공학생 1명을 제외하면

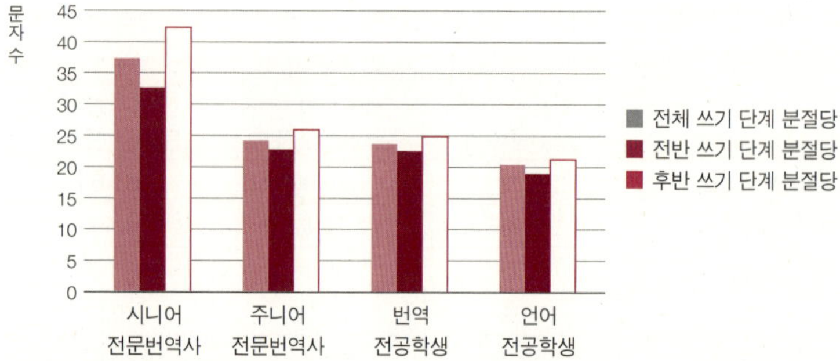

도표 4.4 하위그룹별 분절당 문자 수 - 전체 쓰기 단계, 전반 쓰기 단계, 후반 쓰기 단계

개인차가 매우 적었다.

그룹별 분절 초기 휴지 길이를 살펴보면 예상대로 전문번역사가 짧았으나, 하위그룹별로 봤을 때 전문번역사와 번역전공학생 간의 차이는 적었다. 예상대로 언어전공학생의 평균 휴지 길이가 가장 길었다. 이 기준의 경우 전문번역사의 하위그룹 간의 차이는 전혀 없었다. 따라서 가정3도 부분적으로만 검증되었다.

표 4.13 개인별 분절 초기 휴지 길이 - 전체 쓰기 단계, 전반 쓰기 단계, 후반 쓰기 단계

참가자	분절 초기 휴지 길이(초)		
	전체 쓰기 단계	전반 쓰기 단계	후반 쓰기 단계
애나(PR)	25.74	30.49	20.92
베리트(PR)	26.95	28.58	25.34
크리스티안(PR)	23.96	19.76	28.15
다니엘(PR)	24.31	24.71	23.91
엘리노어(TS)	30.09	29.12	31.05
프레드릭(TS)	24.33	27.51	21.15
가브리엘라(LS)	42.90	40.86	44.95
하랄트(LS)	25.48	25.63	25.33

표 4.14 그룹별 분절 초기 휴지 길이 - 전체 쓰기 단계, 전반 쓰기 단계, 후반 쓰기 단계

참가자	분절 초기 휴지 길이(초)		
	전체 쓰기 단계	전반 쓰기 단계	후반 쓰기 단계
전문번역사	25.24	25.89	24.58
학생	30.70	30.78	30.62

표 4.15 하위그룹별 분절 초기 휴지 길이 - 전체 쓰기 단계, 전반 쓰기 단계, 후반 쓰기 단계

참가자	분절 초기 휴지 길이(초)		
	전체 쓰기 단계	전반 쓰기 단계	후반 쓰기 단계
시니어 전문번역사	25.45	24.71	26.75
주니어 전문번역사	25.02	27.60	22.42
번역전공학생	27.21	28.31	26.10
언어전공학생	34.19	33.25	35.14

다음으로는 쓰기 단계의 촉진 효과에 대한 분석을 제시하겠다. 첫 번째 기준은 TT 전반과 후반에서의 분절 수로, 전반과 후반의 ST 단위당 분절 수를 각각 분석했다. 촉진 효과가 있다면 쓰기 단계 뒤로 갈수록 후반에서 ST 단위당 분절 수가 줄어들 것이다. 표 4.16-4.18에 분석 결과를 제시했다.

표 4.16 개인별 TT 쓰기 단계의 분절 수 - 전반 ST 단위, 후반 ST 단위

참가자	ST 단위당 분절 수	
	전반 ST 단위	후반 ST 단위
애나(PR)	3.78	3.60
베리트(PR)	3.60	3.30
크리스티안(PR)	2.88	2.40
다니엘(PR)	6.67	6.37
엘리노어(TS)	7.87	5.23
프레드릭(TS)	4.56	4.44
가브리엘라(LS)	6.49	5.17
하랄트(LS)	6.37	6.61

표 4.17 그룹별 TT 쓰기 단계의 분절 수 - 전반 ST 단위, 후반 ST 단위

참가자	ST 단위당 분절 수	
	전반 ST 단위	후반 ST 단위
전문번역사	4.23	3.92
학생	6.32	5.36

표 4.18 하위그룹별 TT 쓰기 단계의 분절 수 - 전반 ST 단위, 후반 ST 단위

참가자	ST 단위당 분절 수	
	전반 ST 단위	후반 ST 단위
시니어 전문번역사	3.24	2.85
주니어 전문번역사	5.22	4.99
번역전공학생	6.21	4.84
언어전공학생	6.43	5.89

예상대로 ST 전반보다 후반을 번역할 때 분절 수가 줄어들었다. 이러한 경향은 하랄트(LS)를 제외한 모든 참가자에게서 발견되었으며, 그룹별 및 하위그룹별 분절 수 역시 같은 경향을 보였다. 이러한 경향은 특히 번역전공학생 그룹에서 눈에 띄게 나타났다.

촉진 효과는 쓰기 단계 전반과 후반의 분절당 문자 수를 통해서도 확인할 수 있다. 촉진 효과가 있으면 후반의 분절당 문자 수가 전반보다 늘어날 것이다. 분석 결과는 표 4.10-4.12과 그림 4.3 및 4.4에서 확인할 수 있다. 모든 그룹과 하위그룹에서 쓰기 단계의 후반에 분절당 문자 수가 늘어났다. 그러나 개인별로 보면 일부 참가자의 경우 분절당 문자 수가 후반으로 가도 거의 늘어나지 않았다.

마지막으로 촉진 효과로 인해 쓰기 단계의 끝으로 갈수록 휴지 길이가 줄어들 것이라고 가정했다. 위의 표 4.13-4.15는 쓰기 단계의 전반과 후반의 참가자별 분절 초기 휴지 길이를 보여준다. 분석 결과는 예상과 달랐다. 휴지 길이가 줄어들기는 하지만 모든 하위그룹이 그렇지는 않고, 주니어 전문번역사와 번역전공학생만 휴지 길이가 줄어들었다. 다른 하위그룹의 경우 예상과는 달리 휴지 길이가 약간 늘어났다. 그룹별로는 촉진 효과가 없는 것으로 나타났다.

4.5 교정-TT 평가 및 변경

4.5.1 연구문제

쓰기 단계 및 쓰기 후 단계에서 참가자들은 이미 쓴 TT(의 일부)를 다수 변경했다. 본 연구에서는 이러한 변경을 교정이라 부르겠다. 여기서는 참가자가 TT를 처음 쓰는 동안 교정하는 등 쓰기 단계의 교정과 쓰기 후 단계의 교정에 대해 알아보겠다.

번역의 교정과 관련해 다음의 세 가지를 분석했다:

1. 참가자의 업무 정의(4.5.2 참조)
   a. TT를 쓰면서 교정을 같이 한다
   b. 교정을 별도의 단계에서 한다.
2. 교정의 범주와 수(4.5.3 참조)
3. TT 교정과 관련해 참가자가 발화한 문제 표상(4.5.4 참조)

이러한 분석을 통해 교정과 번역 경험량과의 연관성을 알아보도록 하겠다.

전문번역사 4명 중 3명은 쓰기 후 단계에서 TT를 한 번만 훑어보았다(표 4.1 참조). 애나(PR)는 5개의 하위단계를 거쳤다. 학생 중 언어전공 학생인 하랄트(LS)만 쓰기 후 단계에서 TT를 1번 훑어보았고 다른 학생들은 3~5단계를 거쳤다.

4.5.2 교정의 업무 정의

4.5.2.1 데이터 및 연구방법

업무 정의에 반영된 교정의 목표 및 계획을 분석하기 위해 TAP에서 계획을 명시적으로 발화한 부분 또는 계획을 암시하는 부분을 자세히 살펴보았다. 또한, 이러한 업무 정의를 참가자가 실제로 어떻게 교정했는지와 비교해보았다. 따라서 이 방법은 초기 계획과 쓰기 후 단계의 비교나 마찬가지다(4.3 참조).

교정의 목표와 계획은 계획한 텍스트의 특징 및 교정 과정과 관련 있다.

쓰기 단계 및 쓰기 후 단계의 활동은 업무의 전반적인 목표 하에서 목표 달성을 위해 이루어진다. TT를 교정하는 것은 목표를 달성하기 위한 계획이 틀어졌거나 새로운 계획에 따라 새로운 목표를 세웠기 때문일 수 있다.

4.5.2.2 쓰기 단계의 일부로서 교정의 목표 및 계획

우리는 4.3의 쓰기 전 단계에서 참가자가 ST에 익숙해지고 업무를 계획하면서 구체적인 업무 목표를 설정한다는 것을 살펴보았다. "미술관 전시를 위해 텍스트를 스웨덴어로 번역하는 것"이 요구사항이었고 아무도 이에 이의를 제기하지 않았으므로, 이것이 모든 참가자의 목표라고 볼 수 있다. 그러나 전문번역사 4명과 번역전공학생 1명은 초기 계획을 세우면서 스웨덴어의 문체와 화용론적 규범을 따르는 TT를 생산하겠다는 구체적인 목표를 추가로 세웠다. 한편 엘리노어(TS)는 텍스트의 톤을 바꾸는 것이 자신이 할 일이 아니라고 판단하고, 따라서 텍스트의 기존 톤을 유지하겠다고 명시적으로 발화했다. 언어전공학생 3명은 텍스트의 문체나 화용론적 측면과 관련해 목표를 명시적으로 발화하지 않았다. TAP 분석 결과 전문번역사 및 번역전공학생은 쓰기 단계에서 전반적인 목표를 변경하지 않은 것으로 드러났다. 그러나 언어전공학생 중 1명인 하랄트(LS)는 쓰기 단계에서 "텍스트를 좀 더 스웨덴어답게, 너무 지루하지 않게" 번역하겠다는 새로운 목표를 발화했다.

쓰기 단계의 TAP에서 교정 과정과 관련해 구체적인 계획을 명시적으로 발화한 경우는 극히 소수에 불과했다. 교정 계획과 관련된 발화는 주로 쓰기 후 단계의 계획 도중 이루어졌다.

쓰기 단계의 교정 계획, 즉 번역 도중 TT의 일부를 교정하는 것에 대해 발화한 경우는 크리스티안(PR), 다니엘(PR), 하랄트(LS), 이삭(LS) 등 4명밖에 없었다. 크리스티안(PR), 다니엘(PR), 이삭(LS)은 쓰기 단계에서 문단별로 TT를 평가 및 교정하겠다고 말했다. 크리스티안(PR)은 평소에도 이런 식으로 번역하며, 이는 오류를 찾아내 고치기 위해서라고 밝혔다. 다니엘(PR)은 "ST를 너무 많이 들여다보지 않고" 교정한다고 밝혔다. 즉 TT를 TL로 작성된 텍스트로 간주하고 평가한다는 것이다. 이삭(LS)은 그냥 "텍스트를 훑어보겠다"고만 하고 계획을 구체적으로는 명시하지 않았다. 데이터만 봐서는 참가자들이 계획대로 일관성 있게 각 문단을 교정했는지 확신할 수는 없다. 하랄트(LS)는 TT를 컴퓨터에 입력하기 전에 종이에 쓰겠다고 발화했다. 그는 첫 문단을 종이에 쓴 후 컴퓨터로 옮겼고, 나머지는 직접 컴퓨터로 번역했다. 왜 이렇게 했는지는 TAP에 나오지 않았다.

번역 경험량과는 무관하게 모든 참가자는 자신의 업무가 쓰기 단계에서 끝나지 않을 것이라고 예상했고, 쓰기 후 단계를 계획한 것으로 TAP에서 밝혀졌다. 전문번역사 4명 중 3명(애나, 베리트, 크리스티안)과 프레드릭(TS), 이삭(LS) 역시 쓰기 단계에서 이와 같이 말했다. 나머지 참가자도 다수의 결정을 미루는 등 TT의 첫 번째 버전을 작성하고 나서 나중에 교정하겠다는 계획을 다양한 방식으로 표출했다.

애나(PR), 프레드릭(TS), 이삭(LS)은 쓰기 단계에서 TT의 초안을 작성해서 향후 작업의 기반이 되도록 하겠다는 계획을 세웠다. 애나(PR)

는 쓰기 단계의 목표가 향후 작업의 기반이 될 수 있는 '텍스트'를 생산하는 것이라고 강조했다. 또한, 쓰기 단계에서 자신의 번역에 대해 불만족스러움을 표현한 부분이 많았으며, 추후 이 부분을 다시 살펴보겠다고 발화했다. 애나(PR)의 TT 초안은 번역이라기보다는 "임시 라벨(provisional labels)"로 볼 수 있는 부분이 꽤 있었다. 예를 들면 애나(PR)는 E24 문장에서 ST의 "주요 성과"라는 부분을 존재하지 않는 "단어"인 'lwkfrj'로 표기했다. 다른 경우에도 스웨덴어 단어나 표현으로 번역하기는 했지만 "이렇게 별로인 번역을 하다니 나중에 다시 확인해야지"라고 발화했다. 이는 불확실성을 참고 일단 결정을 내린 후 나중에 다시 고치겠다는 것을 의미하며(티르코넨-콩디, 2000), 최종 결정을 과정의 다음 단계로 미루어 TL로 쓰여진 텍스트를 다시 손보겠다는 전반적인 전략을 의미한다.

이와 비슷하게 프레드릭(TS)은 TT의 초안을 나중에 다듬겠다고 생각했으며, 이는 쓰기 단계의 초반에서 이루어진 다음 발화에서도 드러난다.

(22) 프레드릭(TS)/TAP: 일단은 이 부분을 / 형편없는 / 음 / 거친 / 음 / 스웨덴어로 옮겨야겠다

이삭(LS)은 문법적인 차이 및 오역을 찾기 위해서 자신의 TT를 셰우첸코에 대한 책의 영어 번역과 비교하겠다는 계획을 발화했다. 그는 자신의 TT를 영어 TT와 비교해 통사적 구조를 이해하지 못해 발생한 오류나 어휘적 오류를 찾아내고자 한 것으로 보인다. 이렇게 비교한 후에야 그는 TT를 컴퓨터에 입력했다.

베리트(PR)과 크리스티안(PR)은 번역을 일단 "묵혀두고" 나중에 교정하는 것이 중요하다고 강조했다. 크리스티안(PR)은 가능하면 자신의 번역을 다른 사람에게 검토 받는다고 밝혔다. 그러나 이 둘 모두 쓰기 단

계의 결정을 나중으로 미루지는 않았다.

나머지 참가자의 TAP를 살펴보면 몇몇은 결정을 "나중" 또는 "추후"로 미루었는데, 이는 TT 작성 후 손을 보겠다는 계획을 의미한다. 이러한 경우의 예로는 지역 고유명사의 스펠링이나 특정 단어의 등가어가 있다. 이런 경우 TT의 단어에 사선을 그어 나중에 검토해야 한다고 표기했다. 어떤 경우 참가자들은 먼저 선택한 해결책이 "임시 답안" 또는 "미봉책"이며, "나중에 변경될 수 있다"고 발화하면서 "머리로 기억"하기도 했다. 이는 보편적인 현상으로, 크링스(2001: 468-469)에서도 확인할 수 있다.

참가자 중 몇몇은 쓰기 단계의 목표 중 하나가 초안을 잡아 평가의 기초가 되도록 하는 것으로 인식했다. 일부의 경우는 나중에 이 초안에 적절하거나 정확한 형식 또는 단어를 끼워 넣는 것을 목표로 삼았다.

4.5.2.3 쓰기 후 단계의 목표 및 계획

전문번역사 4명과 프레드릭(TS)은 TT 초안을 쓰고 나서 무엇을 할지 발화했다. 대부분은 TT를 출력해 수정하는 것을 선호했는데, 다니엘(PR)은 이렇게 하는 이유를 다음과 같이 밝혔다.

> (23) 다니엘(PR)/TAP: 나는 보통 훑어볼 때 (안 들림) / 이렇게 하면 모니터 상에서는 전혀 안 보이던 것도 보이는데 / 왜냐하면 / 종이에 출력하면 진짜 텍스트 같으니까

일부는 TT를 한동안 묵혀두었다가 교정하는 것이 중요하다고 강조했다. 베리트(PR)는 이를 다음과 같이 설명했다.

> (24) 베리트(PR)/TAP: 이 단계에서는 / 다 괜찮게 느껴지니까 [...] / 음 / 그래서 좀 기다렸다 봐야 해 / 왜냐하면 / 나중에 더 괜찮은 표현이 생각나니까 /

지금이야 다 마음에 들게 느껴지지만 [...] / 시간을 좀 두면 / 그래서 / 좀 기다렸다 봐야 해

그러나 전문번역사 3명은 평상시 본인이 업무를 수행할 때 따른다고 밝힌 과정대로 하지 않았다. 베리트(PR), 크리스티안(PR), 다니엘(PR)은 쓰기 단계 후 바로 쓰기 후 단계로 넘어가 모니터상으로 텍스트를 검토했다. 즉 본 연구의 업무 수행 방법은 자신들이 발화한 평상시 또는 선호하는 접근법(TT를 좀 묵혀두었다가 출력해서 읽거나 크리스티안(PR)의 경우 다른 사람에게 TT를 검토 받는 것)과는 차이가 있었다. 이러한 차이가 발생한 이유에 대해서는 4.6.1에서 결과를 논의할 때 설명하도록 하겠다.

나머지 4명인 엘리노어(TS), 가브리엘라(LS), 하랄트(LS), 이삭(LS)은 TT 초안을 교정할 때 평상시에 어떤 접근법을 선호하는지 발화하지 않았다.

표 4.1에서 확인할 수 있듯이 애나(PR), 엘리노어(TS), 프레드릭(TS), 가브리엘라(LS), 이삭(LS)은 쓰기 후 단계를 여러 하위단계로 나누었다. 이 중 일부는 하위단계별로 목표를 세웠으며, 이는 TAP 및 교정 내용을 통해 확인할 수 있다. 예를 들어 애나(PR)의 하위단계2는 사실관계 오류 및 ST와 TT 간의 정확성을 확인하기 위한 것이었다. 교정 내용 및 동시발화를 분석한 결과, 하위단계3에서는 교정을 할 때 TT가 더 스웨덴어답고 쉽게 읽히도록 하는 데 중점을 둔 것으로 밝혀졌다. 따라서 이 하위단계는 TL의 용인성 및 및 TT 독자의 니즈에 중점을 둔 것으로 볼 수 있다. 하위단계4를 시작하면서는 "이제 전체적으로 읽어보고 자연스러운지 봐야겠다"고 발화했다. 이 단계에서 애나(PR)는 TT의 일부 표현이 "바보 같다"고 불만을 표시하며 TT가 충분히 "스웨덴어처럼 들리지" 않는다고 발화했다. 또한, 그녀는 나중에 번역 발주자를 위해 텍스트를 수정해야겠다고 발화했다.

(25) 애나(PR)/TAP: 음 / 일단은 이렇게 놔두자 / 나중에 텍스트를 수정해야지 / 나중에 / 이건 초기 번역에 불과해 / 일단 번역을 해두고 / 나중에 내용을 파악할 수 있게 해두는 거지

프레드릭(TS)은 쓰기 단계 후 쉬는 시간을 가졌다. 쉬고 난 후 업무를 다시 시작하면서 그는 쓰기 후 단계의 목표가 구소련 문체에서 멀어지도록 하는 것이라고 발화했다.

(26) 프레드릭(TS)/TAP: 여기서 해야 할 것은 사실 확인 / 이 아니라 / 언어의 뉘앙스 / 또는 단어가 / 정확한지를 보는 것이고 / 음 / 그리고 / 더 멀어져야 해 / 구소련의 / 음 / 쓰기 방식에서 / 응 / 이걸 없애야 해

하위단계 4개에서 프레드릭(TS)이 발화한 내용은 스웨덴어 TT의 품질에 관한 것이었다. 그러나 그는 ST와의 관계 역시 고려하면서 TT가 ST에서 지나치게 멀어졌다고 발화했다(4.5.4.3 참조). 하위단계1 이후 그는 변경할 것이 너무 많아서[5] 차라리 새로 번역하는 것이 낫겠다고 말했지만, 교정만 했을 뿐 새로 번역하지는 않았다. 하위단계2 이후 너무 피곤해서 스웨덴어의 정확성을 판단할 수 없기에 오늘은 여기까지만 하는 것이 좋겠다고 말했다. 하위단계3과 하위단계4는 다음번에 이루어졌다. 이 하위단계와 관련해서는 목표를 명시적으로 발화하지 않았다.

엘리노어(TS)는 쓰기 후 단계의 하위단계별로 중점을 둔 부분이 명확하게 달랐다. 하위단계2에서는 첫 번째 작업 후 도서관에서 찾아본 결과를 TT에 반영했다. TAP를 분석해보면 정확한 형식을 위해 백과사전, 안내서, 러시아 역사 및 문화에 관한 책 등 다양한 보조도구를 활용한 것으로 보인다. 하위단계3에서는 특정 단어나 표현과 관련해 쓰기 단계에서 결정을 미뤄놓은 부분을 교정했다. 하위단계4에 이르러서야 텍스트 전체를 훑어보며 스웨덴어로 "자연스럽게" 읽히는지를 검토

했다. 따라서 엘리노어(TS)는 맞춤법 등 단어 수준 이하에서 발견한 문제를 따로 해결하고 나서 텍스트를 전체적으로 검토한 것이다.

가브리엘라(LS)는 쓰기 후 단계를 5개의 하위단계로 나누었다. 그 목표는 "오류 또는 바보 같은 실수"를 발견하는 것이었다. 교정 내용 및 발화를 분석한 결과 그녀가 찾아낸 오류는 ST와의 관계에서 발생한 것이 아니라 스웨덴어 자체에 관한 것이었다. 이러한 현상의 이유는 텍스트에 "눈이 멀어" 무엇이 스웨덴어고 무엇이 러시아어인지 구분하지 못했다는 다음의 발화에서 드러난다.

(27) 가브리엘라(LS)/TAP: 텍스트에 눈이 멀어 / 너무 오랫동안 들여다보면 / 구분이 안 가는 거지 / 스웨덴어인지 러시아어인지 말이야

하랄트(LS)는 쓰기 후 단계(하위단계는 없었음)를 쓰기 단계 직후에 시작했고, 쓰기 후 단계의 특정 목표를 발화하지는 않았다. 그러나 쓰기 후 단계의 발화를 분석한 결과 그가 "자연스럽게 들리는" 텍스트, 즉 "더 쉽고 가벼우며 가독성이 좋은" 텍스트를 원했다는 것이 드러났다. 그는 TT가 "스웨덴어로 자연스럽게 들리는" 텍스트가 되기를 원했던 것이다. 쓰기 후 단계의 발화 중 몇몇은 스웨덴어 문법 또는 문체에 관한 것이었다. 또한 쓰기 후 단계를 마친 후 그는 "중요한 것은 메시지이라는 것은 배웠다."(예: ST의 구조를 정확하게 따르는 것 등은 중요하지 않음)고 발화했다.

이삭(LS)은 앞서 계획한 대로 쓰기 후 단계에서 손으로 쓴 TT를 셰우첸코에 대한 책의 영어 TT와 비교한 후 컴퓨터에 TT를 입력했다. 하위단계에서 그는 일부 표현에 대한 결정을 "다음"으로 미루었다. 텍스트를 컴퓨터에 입력한 후 그는 업무의 대부분이 끝났으나 나중에 텍스트를 다시 봐야겠다고 발화했다. 나머지 하위단계 3개에서는 목표를 명시적으로 발화하지 않았다.

4.5.3 번역물 관점의 교정

4.5.3.1 데이터 및 연구방법

교정이 이루어진 방식은 다음과 같다:

a. 스크립트로그의 로그파일 및 여기서 생성된 파일의 텍스트를 교정(3.4.3.3 참조)
b. TT를 출력해서 수기로 교정
c. 수기로 번역한 TT에 수기로 교정

다양한 범주의 교정을 분석하기 위해 텍스트에 대한 모든 변경을 아래 분류체계에 따라 분류했다. 이 분류체계는 처음에 쓴 버전과 변경된 두 번째 버전을 비교한 결과이며, 따라서 TL의 제약을 받는다. 분류 카테고리는 스웨덴어 TT에 기반을 두고 있다. 그러나 일반적인 언어 카테고리에 기반을 두고 있으므로 이와 같은 분류는 다른 언어 쌍 간의 번역 교정에도 적용할 수 있다. 기본적으로 분석은 TL에 기반을 두고 있지만, 일부 심층 분석의 경우 ST와 SL도 고려했다.

교정의 범주는 다음과 같이 여섯 가지로 분류된다.

통사 교정: 통사 교정의 하위 범주는 다음과 같다.

a. 단어, 절, 문장 등의 구조적 변경
b. 단어나 구성요소는 유지되나 순서만 바뀐 경우

예: 크리스티안(PR)은 쓰기 단계에서 A2 문장을 처음에는 ST 구조를 따라 “*strävan mot frihet* [자유로의 분투]”라고 번역했지만 나중에 이를 비슷한 뜻을 지닌 스웨덴어 명사인 “*frihetssträvanden*”으로 변경했다. 다니엘(PR)은 쓰기 단계에서 C14 문장을 처음에는 “*Styrkan och sanningen bakom hans ordär slående* [그의 말에 숨겨진 힘과 진실은 놀랍다]"고 번역했지만 나중에 이를 "*Hans ord äger en slående styrka och sanning* [그의 말은 놀라운 힘과 진실함을 가지고 있었다]"고 변경했다. 첫 번째 버전의 전치사구를 두 번째 버전에서는 주어로 바꾸고 첫 번째 버전의 주어인 명사구를 두 번째 버전에서는 목적어로 변경한 것이다.

어휘 교정: 가장 단순한 어휘 교정은 문장 속 단어를 같은 기능을 가진 유의어로 대체하는 것이다. 이러한 교정의 대상에는 구도 포함한다. 그러나 단어를 구로 변경하거나 구를 단어로 변경한 경우는 통사 교정으로 분류된다.

예: 애나(PR)는 쓰기 단계에서 처음에 B6 문장을 "*ritade* [그렸다]"고 번역했으나, 나중에 이를 유의어인 "*tecknade*"로 변경했다.

형태 교정: 형태 교정은 동사, 명사, 형용사(한정사 포함) 등 단어의 형태를 변경하는 것을 의미한다. 동사를 자동태에서 수동태로 바꾸거나 시제를 변경하는 경우, 명사 및 한정사의 성, 수 등을 변경하는 경우가 이에 해당된다.

예: 프레드릭(TS)은 쓰기 단계에서 과거형 동사인 "*lyfte* [길렀다]"로 번역했다가 나중에 쓰기 후 단계에서 이를 현재형인 "*lyfter*"로 변경했다

내용 교정: 내용 교정은 내용을 추가하거나 생략하는 것이다. 물론 통사 교정 및 어휘 교정도 내용 변경을 포함하지만, 본 연구에서는 분석의 목적이 어휘적 분석을 하는 것은 아니므로 내용 교정은 이견이 있을 수 없는 추가 및 생략으로 한정한다. 이러한 분류가 ST와 비교해서 이루어진 것이 아니므로, 여기서 추가는 ST와 비교해 내용이 추가된 것을 의미하는 것이 아니라 참가자가 첫 번째 버전에 없던 내용을 두 번째 버전에 추가한 것을 의미한다. 생략 역시 ST의 내용이 생략된 것을 의미하는 것이 아니라 첫 번째 버전에 있던 내용이 두 번째 버전에

서 생략된 것을 의미한다.

예: 가브리엘라(LS)는 쓰기 단계에서 F30 문장 속 강 이름을 처음에 "*Dnerp* [강이름, 가브리엘라의 TT 철자 그대로 표기함]"라고 썼다가 나중에 "*floden* [강]"을 추가해 "*floden Dnerp* [Dnerp 강]" 이라고 번역했다.

맞춤법 교정: 맞춤법 교정은 참가자가 정확한 철자나 형태를 확인하고 단어의 철자를 변경한 경우이다. 구두점 변경 역시 맞춤법 교정에 해당한다. 참가자가 첫 번째 버전에서 약자로 썼다가 두 번째 버전에서 풀어쓴 경우도 맞춤법 교정에 해당한다. 그러나 오타 수정은 번역과정과 연관성이 거의 없으므로 맞춤법 교정으로 인정하지 않는다. 오타 수정과 맞춤법 교정이 늘 명확하게 구분되지는 않지만 TAP를 참고하면 도움이 된다. 철자나 맞춤법을 교정할 때는 발화를 하지만 오타를 수정할 때는 거의 발화가 이루어지지 않기 때문이다. 구분이 어려운 경우는 맞춤법 교정에 포함하지 않았다.

예: 엘리노어(TS)는 쓰기 단계의 여러 문장에서 "*St Petersburg*"라고 썼으나, 쓰기 후 단계에서 스웨덴어의 정확한 철자를 확인하고 난 후 이를 "*S:t Petersburg*"로 변경했다.

기타 교정: 분류가 어려운 경우 및 참가자가 나중에 고치겠다고 단어에 사선(//) 표시를 하는 등의 경우를 기타 교정으로 분류했다.

예: 엘리노어(TS)는 쓰기 단계의 B9 문장에서 처음에 "*lära känna* [알게 되다]"로 썼다가 이것이 적절한 번역인지 확신할 수 없어서 이 부분에 "/*lära känna* [알게 되다]/"라고 사선을 그어 나중에 확인하겠다는 것을 표시했다.

처음에 수기로 번역하고 이를 컴퓨터에 입력한 경우, 같은 교정이 2번 이루어지기도 했다. 이때 컴퓨터 상의 교정과 수기 번역 상의 교정이 같은 내용일 경우 교정이 한 번만 이루어진 것으로 간주했다. 참가자가 어떤 부분을 교정한 후 나중에 이를 다시 원래대로 교정한 경우 교정이 2번 이루어진 것으로 간주했다. 변경하기 전에 전체가 아닌 일부만 적은 버전(첫 번째 버전 또는 교정)은 전체를 적은 것으로 간주했다. 이 경우 TAP를 참고해 어떤 버전을 쓰고자 한 것인지를 결정했다. 예를 들어 베리트(PR)는 쓰기 단계의 A4 문장에서 "*...som livegen h* [농노로서 h]"라고 썼다가 나중에 "*[som livegen] var helt och hållet beroende av...* [(농노로서) 의지를 완전히 했다]"로 변경했다. 첫 번째 버전에서 *h*라는 '알파벳을 쓴 것으로' 보아 베리트(PR)는 처음에 "*som livegen helt och hållet var beroende av* [농노로서 완전히 의지했다]"을 쓰려고 했으나 나중에 단어 순서를 바꾸어 부사를 동사 뒤에 쓴 것으로 보인다.

한 번에 여러 범주의 교정이 동시에 이루어지는 경우도 있었다. 예를 들어 베리트(PR)는 B8 문장을 처음에 "*blev till lycka för Sjevtjenko* [세우첸코에게 다행스러웠다]"라고 썼다가 나중에 "*blev hans lycka* [그의 행운이 되었다]"로 변경했다. 여기서는 두 범주의 교정이 이루어진 것으로 볼 수 있는데, 하나는 통사 교정으로 "blev till lycka för + NP"를 "blev NPgen lycka"로 바꾸었고, 다른 하나는 어휘 교정(응집성 변경)으로 "Sjevtjenko에게"를 "그의"로 바꾸었다.

분류체계는 평가체계가 아니며, 번역에 대한 평가가 아니다. 따라서 참가자가 명사를 규범적으로 "정확"하게 번역했다가 "정확"하지 않은 명사로 변경하거나 명백한 오류를 범했다 하더라도 단순히 어휘 교정으로 분류된다.

4.5.3.2 쓰기 단계의 교정

표 4.19는 개인별 쓰기 단계의 교정 사례를 보여준다. 이 표에는 각 참가자가 쓰기 단계에서 4.5.3.1의 분류에 따라 어떤 범주의 교정을 몇 차례 했는지도 보여준다.

모든 참가자가 쓰기 단계에서 다양한 범주의 교정을 수차례 했으나, 개인차가 상당하다. 교정의 횟수는 프레드릭(TS)이 가장 많았으며, 베리트(PR)가 가장 적었다. 그러나 전반적으로 번역 경험량과 교정 횟수와의 연관성은 명확하지 않았다.

참가자 개인별로 범주별 교정을 얼마나 했는지 백분율로 표기했다. 전반적으로 어휘 교정이 가장 많았고, 그 다음으로 통사 교정이 많았다. 이 두 범주가 전체의 70% 가까이 차지했고, 형태 교정과 내용 교정이 각각 10%와 12%, 맞춤법 교정과 기타 교정은 소수에 불과했다. 개인별로 살펴보면 어휘 교정이 가장 많은 부분을 차지했으나, 학생 중 1명과 다니엘(PR)은 예외였다. 전문번역사 4명 중 3명과 번역전공학생 엘리노어(TS)의 경우 어휘 교정이 아니라 통사 교정이 더 큰 비율을 차지했다. 시니어 전문번역사의 경우 형태 교정은 전혀 이루어지지 않았다.

표 4.19 개인별 쓰기 단계의 교정(범주, 횟수, 비율)

참가자	통사	형태	어휘	내용	맞춤법	기타	개인별 합계
애나(PR)	9 (37.5%)	7 (29.2%)	3 (12.5%)	4 (16.7%)	0	1 (4.2%)	24 (100%)
베리트(PR)	8 (36.4%)	0	7 (31.8%)	5 (22.7%)	1 (4.5%)	1 (4.5%)	22 (100%)
크리스티안 (PR)	16 (43.2%)	0	15 (40.5%)	4 (10.8%)	2 (5.4%)	0	37 (100%)
다니엘(PR)	15 (26.3%)	10 (17.5%)	26 (45.6%)	4 (7.0%)	2 (3.5%)	0	57 (100%)
엘리노어 (TS)	15 (33.3%)	5 (11.1%)	9 (20%)	6 (13.3%)	4 (8.9%)	6 (13.3%)	45 (100%)

참가자	통사	형태	어휘	내용	맞춤법	기타	개인별 합계
프레드릭(TS)	17 (26.1%)	10 (15.4%)	31 (47.7%)	6 (9.2%)	1 (1.5%)	0	65 (100%)
가브리엘라(LS)	10 (22.2%)	2 (4.4%)	25 (55.6%)	4 (8.9%)	0	4 (8.9%)	45 (100%)
하랄트(LS)	7 (17.9%)	3 (7.7%)	22 (56.4%)	3 (7.7%)	4 (10.3%)	0	39 (100%)
애나(PR)	7 (15.6%)	3 (6.7%)	19 (42.2%)	9 (20%)	5 (11.1%)	2 (4.4%)	45 (100%)
범주별 합계	104 (27.4%)	40 (10.6%)	157 (41.4%)	45 (11.9%)	19 (5.0%)	14 (3.7%)	379 (100%)

통사 교정은 크게 구조 변경과 단어 순서 변경으로 나눌 수 있다(4.5.3.1 참조). 구조 변경은 다시 아래와 같이 세 범주로 나눌 수 있다.

- 구조적 차이 심화: ST 구조와 비슷하게 직역했던 구조를 차이 나게 변경(2.4.4.1 참조)
- 구조적 차이 감소: ST 구조와 비슷하게 변경
- 기타: 구조적 차이가 심화하는 것도 감소하는 것도 아닌 기타 통사 교정

표 4.20은 교정의 범주 및 하위 범주별 비중을 보여준다. 구조 변경의 하위 범주를 살펴보면 하나의 경향이 드러난다. 전문번역사와 프레드릭(TS)의 통사 교정 중 구조적 차이 심화가 50% 이상을 차지했다. 이 경우 참가자들이 처음에는 직역에 가까운 TL 구조를 썼던 것으로 보인다. 이런 점에서 전문번역사 4명과 프레드릭(TS)과 나머지 참가자인 엘리노어(TS) 및 언어전공학생 3명 사이에 큰 차이가 있다. 이삭(LS)을 제외한 나머지 참가자의 경우에도 구조적 차이 심화라는 하위 범주가 발견되기는 하였으나, 그 비중이 크지는 않았다.

표 4.20 쓰기 단계의 개인별 통사 교정(범주, 하위 범주, 횟수, 비중)

참가자	구조 변경			단어 순서 변경	개인별 합계
	구조적 차이 심화	구조적 차이 감소	기타		
애나(PR)	7 (77.8%)	0	1 (11.1%)	1 (11.1%)	9 (100%)
베리트(PR)	4 (50%)	0	2 (25%)	2 (25%)	8 (100%)
크리스티안(PR)	10 (62.5%)	1 (6.2%)	3 (18.8%)	2 (12.5%)	16 (100%)
다니엘(PR)	10 (66.7%)	2 (13.3%)	2 (13.3%)	1 (6.7%)	15 (100%)
엘리노어(TS)	4 (26.7%)	3 (20%)	7 (46.7%)	1 (6.7%)	15 (100%)
프레드릭(TS)	9 (52.9%)	1 (5.9%)	6 (35.3%)	1 (5.9%)	17 (100%)
가브리엘라(LS)	2 (20%)	0	4 (40%)	4 (40%)	10 (100%)
하랄트(LS)	3 (42.9%)	0	3 (42.9%)	1 (14.3%)	7 (100%)
이삭(LS)	0	1 (14.3%)	6 (85.7%)	0	7(100%)
범주별 합계	49 (47.1%)	8 (7.7%)	34 (32.7%)	13 (12.5%)	104 (100%)

전문번역사의 경우 쓰기 단계의 교정 목표가 SL 및 ST에 너무 가까운 구조를 찾아 제거하는 것이었다. 아마도 번역과정의 일부로서 직역을 하고 난 후 이런 부분을 계속 제거해나갔던 것 같다. 그런 점에서 크리스티안(PR)이 A2 문장 번역과 관련해 발화한 아래 내용을 살펴볼 필요가 있다.

(28) 크리스티안(PR)/TAP: svoim plamennym poetičeskim i chudožestvennym (안 들림) / 누구나 직역을 하면 - 이 부분을 직역하면 정말 실력 없는 놈들이 번역한 것처럼 보일 게 분명해 [...] / 하지만 나중에 좀 더 자유롭게 다시쓰기 하면 자연스러운 스웨덴어로 들릴 거고 여기를 그렇게 해야겠다

그러나 크리스티안(PR)의 로그를 보면 직역을 경멸하는 태도와는 다르게 실제로는 직역을 하고 나서 이를 곧바로 구조적 차이를 심화시키는 방향으로 교정했다는 것을 알 수 있다(그림 4.1 참조). 그는 첫 분절에서 "*NP Svoim plammenym poetičeskim i chudožestvennym tvorčestvom*"라고 직역했는데, 원래는 "*i sitt engagerade poetiska och konstnarliga skapande* [그의 헌신적인 시적, 예술적, 창조적 작품에서]"라고 번역하고자 했던 것으로 보인다. 그러나 NP 전체를 스웨덴어로 쓰다 말고 이미 쓴 내용을 지우고 의역을 했다. 다음 문장에서도 러시아어 소유격인 "*Ukrainy*"를 스웨덴어 소유격인 "*Ukrainas*"로 직역하기 위해 "*Ukraiin*"이라고 적다가 단어를 마무리하기 전에 지웠다. 그리고는 이 부분을 형용사인 "*det ukrainska*"로 의역했다. 러시아어 *NP* "*stremlenie k svobode*"도 처음에는 "*strävan till frihet*"이라고 직역했다가 나중에 복합명사로 의역했다.

러시아어 ST	러시아어 ST의 단어 대 단어 번역	크리스티안의 로그 (휴지 길이 및 삭제 기호는 포함되지 않음)	로그의 단어 대 단어 번역
Svoim plamennym i chudožestvennym tvorčestvom otrazil	그의 열정적인 시적이고 예술적 창조 작업 [안에/에] 그는 반영했다	Han åerspeglade i sitt engagerade poet	그는 반영했다 그의 열성적인 시인에
izvečnoe stremlenie trudovogo naroda Ukrainy	우크라이나 노동자의 오랜 노력	i sin engagerade poesi och bildkonst återspeglade han Ukraiin	그의 열성적인 시와 예술에 그는 우크라이나인을 반영했다
k svobode	자유를 위한	det ukrainiska arbetsfolkets urgamla strävan mot frihet	우크라이나 노동자의 자유를 위한 오랜 노력
		ssträvanden	노력들

그림 4.1 크리스티안(PR)의 A2 문장 쓰기

4.5.3.3 쓰기 후 단계의 교정

표 4.21은 참가자별 쓰기 후 단계의 교정을 보여준다. 쓰기 후 단계의 교정 횟수는 개인차가 크게 나타나는데, 교정 횟수가 가장 많은 참가자는 프레드릭(TS), 가장 적은 참가자는 베리트(PR)이였다(쓰기 단계의 교정은 표 4.19 참조). 쓰기 단계에서와 마찬가지로 가장 큰 비중을 차지한 범주는 어휘 교정과 통사 교정이었다. 쓰기 후 단계에서는 어휘 교정이 더 큰 비중을 차지해, 개인별로 보나 전체로 보나 거의 50%에 달했다. 쓰기 후 단계의 교정 패턴은 쓰기 단계의 교정과 달리(표 4.19 참조) 통사 교정과 어휘 교정의 합계가 큰 차이를 보이지 않았다(통사 교정 101개, 어휘 교정 157개). 개인별로는 시니어 전문번역사 베리트(PR)와 크리스티안(PR)의 경우 교정을 거의 하지 않았고, 어휘 교정과 내용 교정이 대부분을 차지했다. 엘리노어(TS)와 이삭(LS)의 경우는 다른 사람에 비해 형태 교정이 큰 비중을 차지했다.

표 4.21 개인별 쓰기 후 단계의 교정(범주, 횟수, 비율)

참가자	통사	형태	어휘	내용	맞춤법	기타	개인별 합계
애나(PR)	18 (18%)	5 (5%)	56 (56%)	14 (14%)	3 (3%)	4 (4%)	100 (100%)
베리트(PR)	0	0	2 (100%)	0	0	0	2 (100%)
크리스티안(PR)	0	0	3 (42.9%)	4 (57.1%)	0	0	7 (100%)
다니엘(PR)	12 (37.5%)	1 (3.1%)	18 (56.2%)	1 (3.1%)	0	0	32 (100%)
엘리노어(TS)	2 (6.4%)	3 (9.7%)	13 (41.9%)	3 (9.7%)	10 (32.3%)	0	31 (100%)
프레드릭(TS)	51 (20.2%)	34 (13.5%)	120 (47.6%)	38 (15.1%)	7 (2.8%)	2 (0.8%)	252 (100%)
가브리엘라(LS)	13 (25%)	7 (13.5%)	24 (46.1%)	7 (13.5%)	1 (1.9%)	0	52 (100%)
하랄트(LS)	10 (18.5%)	6 (11.1%)	33 (61.1%)	4 (7.4%)	1 (1.8%)	0	54 (100%)

참가자	통사	형태	어휘	내용	맞춤법	기타	개인별 합계
이삭(LS)	13 (13.4%)	8 (8.2%)	32 (33.0%)	15 (15.5%)	24 (24.7%)	5 (5.1%)	97 (100%)
범주별 합계	119 (19.0%)	64 (10.2%)	301 (48.0%)	86 (13.7%)	46 (7.3%)	11 (1.7%)	627 (100%)

표 4.22 쓰기 후 단계의 개인별 통사 교정(범주, 하위 범주, 횟수, 비중)

참가자	구조 변경			단어 순서 변경	개인별 합계
	더 차이나게	더 비슷하게	다른 구조 변경		
애나(PR)	9 (50%)	1 (5.6%)	5 (27.8%)	3 (16.7%)	18 (100%)
베리트(PR)	0	0	0	0	0
크리스티안(PR)	0	0	0	0	0
다니엘(PR)	3 (25%)	2 (16.7%)	6 (50%)	1 (8.3%)	12 (100%)
엘리노어(TS)	2 (100%)	0	0	0	2 (100%)
프레드릭(TS)	8 (15.7%)	5 (9.8%)	32 (62.7%)	6 (11.8%)	51 (100%)
가브리엘라(LS)	2 (15.4%)	1 (7.7%)	2 (15.4%)	8 (61.5%)	13 (100%)
하랄트(LS)	3 (30%)	0	7 (70%)	0	10 (100%)
이삭(LS)	6 (46.2%)	2 (15.4%)	3 (23.1%)	2 (15.4%)	13 (100%)
범주별 합계	33 (27.7%)	11 (9.2%)	55 (46.2%)	20 (16.8%)	119 (100%)

쓰기 단계에서는 전문번역사 4명과 프레드릭(TS)의 경우 통사 교정으로 인해 첫 번째 버전보다 TT가 ST 구조에서 더 멀어지게 되는 경향이 있었다. 표 4.22는 쓰기 후 단계의 통사 교정 범주 및 하위 범주를 보여준다. 쓰기 후 단계에서는 교정의 대부분이 직역의 성향을 제거하

는 방향으로 일어났으나, 이 하위 범주가 개인별 및 전체에서 대부분을 차지하지는 않았다. 애나(PR)와 엘리노어(TS)의 경우만 이 하위 범주가 대부분을 차지했다.

4.5.4 교정의 문제 표상

4.5.4.1 데이터 및 연구방법

교정은 번역사가 첫 번째 버전을 평가한 결과 최적이 아니라는 판단을 했기 때문에 이루어진 것으로 볼 수 있다. 참가자가 어떻게 교정하고 왜 그렇게 교정했는지를 알아보려면 교정과 관련한 발화를 분석하는 것이 필수적이다. 따라서 여기서는 참가자의 발화에 반영된 교정과 관련된 "문제 표상"(2.3.5 참조)을 분석하겠다. 번역사가 TT에서 무엇이 잘못되었고 그것을 고치려면 어떻게 해야 하는지(헤이즈 외, 1987 참조)에 대한 인식은 문제 표상에 반영되어 있다. 즉, 교정에 필요한 정보의 종류와 양이 여기서 드러나는 것이다. 분석을 위해 교정과 동시에 또는 교정 후에 이루어진 발화와, 문제를 진단하거나 해결책을 평가하는 발화를 모두 추출했다. 이 발화를 헤이즈 외(1987)의 범주를 수정한 범주에 따라 분류했다(아래 참조).

모든 경우에 교정 하면서 동시에 발화가 이루어진 것은 아니었다. 일부의 경우 교정을 할 때 휴지가 발생했다. 또한 교정과 동시에 발화가 이루어졌다 하더라도 다양한 문제 진단 및 평가가 이루어졌기 때문에 이러한 발화를 본 연구의 범주에 따라 분류하기는 어려웠다. 예를 들어 참가자가 단순히 TT 분절을 읽고 새로운 버전을 쓰면서 발화하는 경우는 본 연구의 범주에 해당하지 않는다. 이 발화에서 얻을 수 있는 정보는 교정이 이루어졌다는 것과 교정이 어떻게 이루어졌는지 인데, 이는 이미 로그에 포함되어 있기 때문이다.[6)]

본 연구에서는 교정이 실제로 일어난 시점부터 분석을 시작했다는 것을 다시 한 번 강조하고자 한다. 모든 텍스트 분절에 대해 번역사가 모니터 및 평가를 지속해서 했다고는 볼 수 없으며, 이러한 과정에 대한 발화 중 일부를 TAP를 통해 확인할 수 있었다.[7] 여기서의 접근법은 이와는 반대로, 결과물의 현상을 보고 교정의 과정을 추측하는 것이었다.

헤이즈 외(1987)는 발화된 문제 표상을 크게 감지와 진단이라는 범주로 분류했다. 감지는 문제 및 해결책에 대해 거의 정보가 포함되어 있지 않은 일반적인 발화지만, 진단은 더 구체적이다. 진단은 다시 의도적 진단, 격률 기반 진단, 규칙 기반 진단으로 나뉘는데, 가장 구체성이 떨어지는 범주(의도적 진단)부터 가장 구체적이고 정의가 잘 되어있는 범주(규칙 기반 진단)로 이루어져 있다(헤이즈 외, 1987: 214-215). 이러한 범주는 다른 업무(번역이 아닌 다른 사람이 쓴 텍스트를 교정하는 업무)의 TAP를 분석한 결과 만들어졌다. 본 연구에서는 번역에서의 교정을 텍스트 생산 업무의 일부로 보아 이러한 범주를 조정하고 구체화했다. ST 기반 평가라는 범주는 ST라는 또 다른 텍스트가 있으므로 만들었다. 문체 평가 및 의미 평가는 단일언어 교정 과정에서도 이루어질 수 있다.

평가 범주는 발화에서 추출된 정보의 종류 및 구체성에 따라 정해졌다. 데이터에서 평가는 이미 쓴 분절이나 교정하고 있는 분절에 대해 이루어졌다.

발화는 다음의 범주로 분류되었다.

추상적 평가: "이렇게 번역될 수 있다", "잘 번역된 것 같다", "괜찮은 것 같다", "마음에 든다" 등 매우 일반적인 발화가 이에 해당한다. 부정이나 긍정 서술문의 형태("아닌 것 같다", "별로인 것 같다") 또는 의문문의 형태("그렇다고?", "뭐라고?")를 띈다. 또한 조동사("그렇게 말할 수 있지"), 부사("아마 그렇게 부를 거야"), 인식양태("그렇게 말할 수 있는 건지 모르겠다") 등 다양한 수식어를 포함한다. "괜찮다/좋다/아름답다/멍청하다/유치하다"(수식어를 포함한 부정문이나 의문문 형태도 해당) 등 긍정적 또는 부정적 평가로 이루어진 매우 일반적인 발

화 역시 이 범주에 포함했다.

문체 평가: 추상적 평가보다 더 상위의 메타언어적 분석(대부분은 문체에 대한 것)이다. "극적이다/시적이다/기사 같다/동화 같다(또는 아니다)" 등의 형태를 띈다. "(더/덜) 스웨덴어답다" 등의 평가도 추상적 평가보다는 더 언어적이고 TL과 관련된 인식을 반영하기에 이 범주에 포함했다. 물론 "잘 번역된 것 같다" 등의 추상적 평가도 TL의 관점에서 이루어진 경우가 많다. 그러나 명시적으로 발화하는 것과 함축적으로 의미하는 것은 큰 차이가 있다고 판단했다.

의미 평가: 여기에 해당하는 발화는 두 가지다. 먼저 번역의 첫 번째 버전과 두 번째 버전의 의미를 비교하되, ST의 해당 부분과는 비교하지 않는 발화가 이에 해당한다. "정확하게 같은 의미는 아니다" 등의 발화가 전형적이다. 두 번째는 "실제로 싸움이 아니라 노력의 의미니까 싸움이라고 번역하면 안 되겠다" 등 언어 외적인 현실과 관련해 번역을 평가하는 발화이다.

ST 기반 평가: 이것은 번역을 ST의 해당 부분과 관련해 평가한 경우이다. "이 부분을 어떻게 번역해야 할지 모르겠다", "이 번역은 ST의 단어 뜻을 반영하지 못한다", "이것은 ST의 뜻과 같다(다르다)" 등의 발화가 여기에 해당한다.

의도 기반 평가: 헤이즈 외(1987)의 용어인 의도적 진단에 해당하는 범주이다. 참가자가 "텍스트의 목적 또는 저자의 의도와 텍스트를 비교해서 [...] 어떻게 이러한 의도를 반영하도록 텍스트(또는 텍스트 계획)를 변경할 것인지 결정"(헤이즈 외, 1987: 214)하는 것이다. 이러한 발화는 문체 평가와 비슷하지만 텍스트 타입 또는 TT의 미래 독자 등 더 구체적인 측면을 고려한다.

격률 기반 평가: 이 범주의 평가는 "명백한 규칙이 아닌 기존의 지침[...]"에 기반을 둔다. 이러한 격률에는 "만연체를 피하는 법" 또는 "평행 구조 활용법"(ibid.)

등 안내서의 격률이 포함되어 있다.

규칙 기반 평가: 이 범주의 평가는 문법, 맞춤법, 구두점 등 TL의 표준 규칙에 기반을 둔다. 발화된 문제 표상은 번역사의 이러한 규칙에 대한 지식에 기반을 둔다.

4.5.4.2 쓰기 단계에서 교정의 문제 표상

표 4.23-4.24는 쓰기 단계에서 그룹별 및 하위그룹별로 이루어진 범주별 발화와 그 비중을 보여준다.

전반적으로 가장 비중이 높은 것은 추상적 평가로, 전체의 50% 이상을 차지했다. 나머지 범주의 비중은 비슷했고, ST 기반 평가의 비중이 약간 높은 편이었다. 그룹별 차이는 추상적 평가에서 두드러졌는데, 학생 그룹의 비중이 더 높았다. 문체 평가, 의미 평가, 의도 기반 평가, 규칙 기반 평가는 전문번역사 그룹에서 평균적으로 비중이 더 높게 나타났는데, 의도 기반 평가와 규칙 기반 평가에서 차이가 더 크게 나타났다. 두 그룹 모두 추상적 평가 범주가 가장 큰 비중을 차지했으나, 전문번역사 그룹의 문제 표상이 학생 그룹보다 더 다양하고 구체적이었다. 그림 4.5를 참조하라.

표 4.23 쓰기 단계에서 그룹별로 교정과 동시에 이루어진 평가(범주, 횟수, 비중)

참가자	추상적	문체	의미	ST 기반	의도 기반	격률 기반	규칙 기반	합계
전문번역사	6.0 (47.1%)	1.25 (9.8%)	0.5 (3.9%)	1.5 (11.8%)	1 (7.8%)	1 (7.8%)	1.5 (11.8%)	12.75 (100%)
학생	8.4 (66.7%)	0.8 (6.3%)	0 (0%)	1.6 (12.7%)	0.2 (1.6%)	1 (7.9%)	0.6 (4.8%)	12.6 (100%)

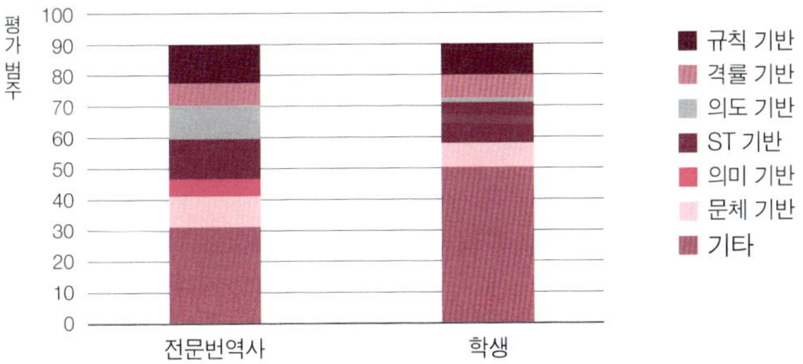

도표 4.5 쓰기 단계에서 교정과 동시에 이루어진 평가 범주: 비중, 그룹별

표 4.24 쓰기 단계에서 하위그룹별로 교정과 동시에 이루어진 평가(범주, 횟수, 비중)

참가자	추상적	문체	통사	ST 기반	의도 기반	격률 기반	규칙 기반	합계
시니어 전문번역사	2.0 (25%)	2.0 (25%)	1.5 (18.7%)	0	1.5 (18.7%)	0	1.0 (12.5%)	8 (100%)
주니어 전문번역사	10.0 (57.1%)	0.5 (2.9%)	1.0 (5.7%)	1.5 (8.6%)	0.5 (2.9%)	2.0 (11.4%)	2.0 (11.4%)	17.5 (100%)
번역전공 학생	13.5 (67.5%)	15 (7.5%)	0	2.5 (12.5%)	0.5 (2.5%)	2.0 (10%)	0	20.0 (100%)
언어전공 학생	5.0 (65.8%)	0.3 (3.9%)	0	1.0 (13.2%)	0	0.3 (3.9%)	1.0 (13.2%)	7.6 (100%)

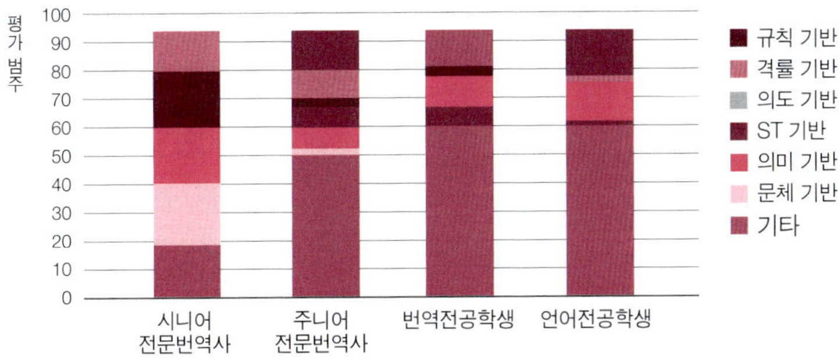

도표 4.6 쓰기 단계에서 교정과 동시에 이루어진 평가 범주: 비중, 하위그룹별

표 4.24 및 그림 4.6은 번역 경험량이 많을수록 발화가 더 다양하고 구체적이라는 것을 보여준다. 번역 경험량이 많을수록 추상적 평가는

줄어드는 반면 다른 범주의 평가는 많아졌다.

발화를 구체적으로 살펴보면 대부분이 TL만을 기반으로 하고 ST 및 SL을 참고하거나 SL과 TL과의 관계 또는 ST와 TT의 관계를 대조하지 않고 있다. 추상적 평가, 문체 평가, 의미 평가의 경우 범주의 정의 자체가 그러하다. ST 기반 평가만이 ST와 TT의 관계를 고려하는 것으로 정의되어 있다. 이 경우 대부분 TT가 ST와 얼마나 비슷하거나 차이가 많이 나는지에 기반해 번역을 평가한다.

(29) 다니엘(PR)/TAP: 그의 빛나는 시적 (2s) 예술적 작품은 (3s) 음 / 여기서는 이렇게 부를 수도 있겠다 / 러시아주의라고 / 그의 빛나는 시적 / 그의 예술적 작품을 그렇게 바꿔야겠다

(30) 엘리노어(TS)/TAP: 문제는 이렇게 쓰는 것이 너무 자유로운 번역 아닌가 하는 건데 / 예술가 / živopisec 화가 / 나는 / 그래 / 대신 화가라고 써야겠다

흥미롭게도 참가자가 어떤 발화에서는 ST와 너무 비슷하게 번역하는 것을 부정적으로 평가하고 어떤 발화에서는 이를 긍정적으로 평가하기도 했다. 이는 평가 방식이 같아도 다양한 번역이 이루어질 수 있다는 것을 의미한다.

(31) 크리스티안(PR)/TAP: 나는 여기서 그가 / 아카데미 회원으로 임명되었다고 했는데 / 간결하고 / 가벼운 번역인 듯 / 하지만 여기서는 / 사실 / 표현 자체가 너무 낯설기 때문에 러시아어와 비슷하게 번역하는 것이 나을 듯

(32) 크리스티안(PR)/TAP: 이런 것을 할 때는 진짜 사소한 것을 트집잡는 사람이 / 있는 그대로 번역하지 않았다고 지적할 거 같은데 / 나는 러시아어로 쓴 것보다 스웨덴어로 더 잘 표현했으니까 어쩔 수 없지

쓰기 단계에서 대부분의 '의도 기반 평가'는 나중에 독자들이 TT를

이해할 수 있을지에 중점을 두고 이루어졌다. 이러한 발화 내부에는 반대되는 요소들이 있었다. 참가자들은 처음에 ST와 비슷하게 번역하고 나서 나중에 독자의 니즈를 위해 ST와 거리를 두는 방향으로 변경했다.

(33) 엘리노어(TS)/TAP: Taras (4s) Grigorevich's (2s) 문제는 이 부분을 번역할 때 / 이렇게 써도 될까 / Taras / Shevchenko 대신에 (5s) 음 (2s) 이렇게 하면 무슨 뜻인지 아무도 모를 것 같은데 (3s) 이름을 전체 다 쓰는 게 나을까 / Taras Grigorevich (2s) Shevtchenko's (2s) 그래 이렇게 해야겠다

(34) 크리스티안(PR)/TAP: 여기서 stolicu 라고 하면 / Petersburg라고 하는 게 더 간단한데 / 으음 (3s) Petersburg 가 간단하긴 하지만 / 스웨덴어로 이렇게 번역해야 뜻이 더 명확하니까

(러시아어 또는 스웨덴어) 텍스트타입의 장르 관습이 드러나는 경우도 있었다.

(35) 다니엘(PR)/TAP: 그는 생각했다 / 이 부분은 맥락상 생각했었다로 쓰는 것이 더 나을 듯

'격률 기반 평가'로 분류된 발화는 대부분 TL로 어떻게 표현할 수 있을지 또는 어떻게 표현하는 것이 이상적일지에 대한 것이었다. 의도 기반 평가와 마찬가지로 격률 기반 평가 역시 ST의 구조 또는 어휘로부터 거리를 두는 방향으로 이루어졌다.

(36) 애나(PR)/TAP: slučajnost'ju / 행복해졌다 (3s) (2s) 음 (한숨) 행복하다 [...] 우연이라고 번역하면 안될 것 같은데 / 행복하다 / 기회라고 번역해도

안될 것 같고 (3s) 어쨌든 / 명사가 너무 많은 것 같은데 / 기분 중에 하나를 (2s) 번창한으로 바꿔야겠다 / 그렇게 하자

애나(PR)가 TT에서 명사 수를 줄이려고 한 것은 스웨덴어에서 명사를 너무 많이 쓰는 것을 극히 꺼리는 *substantivsjuka*[명사기피]라는 스웨덴어의 문체 규범을 반영한 것이다.

(37) 가브리엘라(LS)/TAP: 스웨덴어에서는 단문을 선호하니까 여기서는 이렇게 써도 될 듯

쓰기 단계의 '규칙 기반 평가'는 주로 철자 또는 구두점 등 TL 규칙에 의해 이루어졌지만 다른 규칙에 의한 평가도 있었다.

(38) 다니엘(PR)/TAP: 이미 저해된 (2s) 망명으로 (5s) 망명으로가 아니라 / 망명 도중 / 여기서 / 여기서 / 아 / 안될 것 같은데 (2s) 무생물 명사를 / 주어로 삼는 건

(39) 하랄트(LS)/TAP: 아니야 이건 아닌 듯 / 대시를 붙이는 건 / 안긴 절이 되어야 하는데 / 스웨덴어에서는 맞지 않는 듯

크리스티안(PR) 역시 대조적인 규칙을 발화했다

(40) 크리스티안(PR)/TAP: 그럼 이 예시는 / pog- ee / *on* umer / pogreben byl / 여기서는/ 러시아어에서 / 명시- / 명시적인 주어가 없으니까 / 문장 두 개를 하나로 합쳐도 될 듯

4.5.4.3 쓰기 후 단계에서 교정의 문제 표상

표 4.25 및 그림 4.7은 그룹별 평가의 범주별 비중을 보여주는데, 전문번역사 그룹은 격률 기반 평가가 가장 많았고, 의미 평가, ST 기반 평가, 규칙 기반 평가 순으로 이어졌다. 학생 그룹의 경우 규칙 기반 평가가 가장 많았다. 쓰기 단계의 교정과 비교해보면(표 4.23 및 그림 4.5 참조) 학생 그룹의 경우 쓰기 후 단계의 발화가 전문번역사 그룹의 쓰기 단계의 발화와 상당히 비슷하다는 것을 볼 수 있다. 이는 전문번역사들이 쓰기 단계에서 이미 고려했던 사항을 학생들은 그다음 단계인 쓰기 후 단계에서 고려했다는 것을 뜻한다.

표 4.25 쓰기 후 단계에서 그룹별로 교정과 동시에 이루어진 평가(범주, 횟수, 비중)

참가자	추상적	문체	통사	ST 기반	의도 기반	격률 기반	규칙 기반	합계
전문 번역사	4.25 (45.9%)	1.0 (10.8%)	0 (0%)	0.5 (5.4%)	0.75 (8.1%)	2.75 (29.7%)	0 (0%)	9.25 (100%)
학생	19.6 (50.3%)	3.4 (8.7%)	2.8 (7.2%)	4.2 (10.8%)	3.0 (7.7%)	2.6 (6.7%)	3.4 (8.7%)	39.0 (100%)

표 4.26 및 그림 4.8은 하위그룹별 평가의 범주 및 비중을 보여준다. 추상적 평가의 경우 주니어 전문번역사[8]와 번역전공학생 간에 차이가 거의 없는 것을 볼 수 있다. 격률 기반 평가의 횟수는 주니어 전문번역

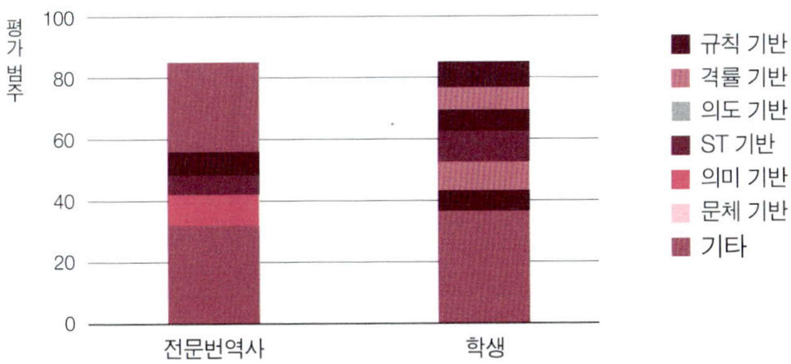

도표 4.7 쓰기 후 단계에서 교정과 동시에 이루어진 평가: 비중, 그룹별

사가 많았고, 번역전공학생과 언어전공학생의 경우 거의 없었다. 규칙 기반 평가의 횟수는 언어전공학생이 가장 많았고, 번역전공학생의 경우 이보다 적었으며, 주니어 전문번역사는 전혀 없었다. 의도 기반 평가는 하위그룹별 비중이 같았다.

표 4.26 쓰기 후 단계에서 하위그룹별로 교정과 동시에 이루어진 평가 (범주, 횟수, 비중)

참가자	추상적	문체	통사	ST 기반	의도 기반	격률 기반	규칙 기반	합계
시니어 전문번역사	0	0	0	0	0	0	0	0
주니어 전문번역사	8.5 (45.9%)	2.0 (10.8%)	0	1.0 (5.4%)	1.5 (8.1%)	5.5 (29.7%)	0	18.5 (100%)
번역전공 학생	25.5 (45.1%)	4.0 (7.1%)	5.5 (9.7%)	8.0 (14.2%)	4.5 (8.0%)	4.5 (8.0%)	4.5 (8.0%)	56.5 (100%)
언어전공 학생	15.7 (57.3%)	3.0 (11.0%)	1.0 (3.6%)	1.7 (6.2%)	2.0 (7.3%)	1.3 (4.7%)	2.7 (9.8%)	27.4 (100%)

'의미 평가'는 학생의 하위그룹 모두에서 이루어졌으나, 번역전공학생의 비중이 더 높았다. ST 기반 평가는 하위그룹 3개에서 모두 이루어졌으나 다른 하위그룹보다 번역전공학생의 비중이 더 높았다.

쓰기 후 단계에서 의미 평가 및 ST 기반 평가는 쓰기 단계와 비슷하

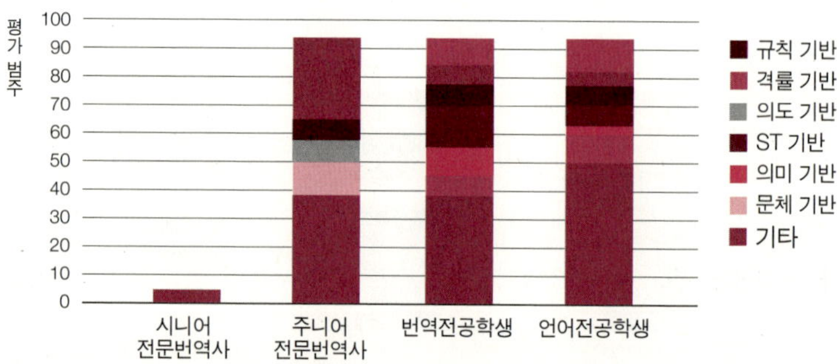

도표 4.8 쓰기 후 단계에서 교정과 동시에 이루어진 평가(범주, 하위그룹별)

게 나타났다.

쓰기 후 단계에서 의도 기반 평가는 쓰기 단계와 매우 비슷했으며, (스웨덴어) 독자가 TT를 이해할 수 있을지 또는 텍스트타입 관습에 대한 것이었다.

(41) 하랄트(LS)/TAP: 이건 깔끔하지가 못한데 안타깝지만 / 더 가벼워야 사람들이 / 이해할 듯

(42) 이삭(LS)/TAP(하위단계1): 문제는 Taras Grigorevich 대신 Shevchenko 라고 쓸 수 없는데 / 영어 번역에서는 그렇게 했지만 / 왜냐하면 (3s) 러시아어 이름 체계가 / 그래 더 어렵지 / 그래 여기서는 / 이렇게 쓰는 게 낫겠다 / 음 Sh- Shevchenko 이렇게 (2s) Shevchenko (4s) 그런 것 같다

(43) 애나(PR)/TAP(하위단계3): 음 여기서는 소개를 좀 해야겠다

(44) 프레드릭(TS)/TAP(하위단계1): 여기서는 이렇게 쓰면 안되지 / 음 / 스웨덴어 / 부고에서는

(45) 가브리엘라(LS)/TAP(하위단계5): 이건 미술관에서 쓸 거고 / 최대한 짧아야 하는데 번역이 좀 길게 된 것 같다 / 이 사이에 선이 있으니까 / 줄이는 게 낫겠다 왜냐하면 내 생각에 / 이렇게 긴 건 사람들이 읽지 않을 것 같아 / 빨리 읽을 수 있도록 미술관에서 읽을만하게 만들자

대부분의 발화에서 참가자들은 TT가 가독성이 있고 이해하기 쉬워야 한다는 것을 강조했다. 그러나 일부의 경우 참가자들은 다소 명시적으로 어떻게 번역하든 상관없다고 말했는데, 스웨덴어 독자들이 텍스트 이면의 사실관계를 잘 모르므로 어차피 이해하지 못할 거라고 판단했기 때문이다. 한 참가자는 같은 텍스트 분절을 번역하면서 서로 상충하는 격률을 발화하기도 했다.

(46) 하랄트(LS)/TAP: 그의 시와 시집에서 (3s) 음 / 왜 시와 시집을 구분해야 하지 (안 들림) 그냥 시라고 하면 안 되나 (4s) 어차피 스웨덴어 독자들은 원래 뭐라고 되어 있었는지 모를 텐데

(47) 엘리노어(TS)/TAP(하위단계3): 그러면 여기서는/ Cherkassy / oblast / 이걸 괄호 안에 써야겠다 / 주(州) / 내 생각에 (3s) (22s) 이 단어를 써도 될 듯 / oblast 라고 / 어찌되었든 / 아무도 모르고 / 너무 혼동되니까 / 그냥 / 러시아어 단어를 써도 될 듯

(48) 엘리노어(TS)/TAP(하위단계3): 그러면 Cherkassy랑 oblast 사이에 하이픈을 넣어야지 안 그러면 아무도 모를 거야 / 이 단어가 어디서 끝나는지

쓰기 후 단계에서 '격률 기반 평가'는 수동태, 소유격, 반복, 정관사 또는 "충분히 뜻이 드러나므로 불필요한 표현" 등 주로 TT에서 "너무 과한" 표현을 제거하는 방향으로 이루어졌다.

(49) 애나(PR)/TAP(하위단계3): 여기는 이러면 안 될 것 같은데/ 수동태가 너무 많아 지루한 듯

(50) 이삭(LS)/TAP(하위단계2): 높은 시- / 시민- / 의식 / 이 그의 시에서 드러났고 (2s) / 그뿐만 아니라 농노에 대한 / 그리고 전제주의에 대한 비판적인 태도가/ 주목받았다 (10s) (안 들림) 정관사가 너무 많네 / 주목 받았다라고 쓰는 것이 낫겠다

(51) 프레드릭(TS)/TAP(하위단계1): 지우다 / 돕다 이건 좀 (2s) 음 이건 (2s) 너무 반복되는 것 같은데

가브리엘라(LS)는 단어(정관사, 형용사, 부사)가 명사 등 한 단어에만 해당하는데 두 단어 모두에 해당하는 것처럼 보일 수 있을 경우 단어 순서를 바꾸어 오해를 방지해야 한다는 격률을 발화했다. 엘리노어(TS) 역시 쓰기 단계에서 이러한 격률을 발화했다.

(52) 가브리엘라(LS)/TAP(하위단계3): 이미 어린 시절 셰우첸코는 / 그리기를 매우 좋아했고 / 시 쓰는 것도 그랬다 / 그래 여기서 / 시를 / 그리다 / 그는 시 쓰는 것을 매우 좋아했고 그리는 것도 [...] 그리다를 나중에 써야겠다 / 별로 상관은 없겠지만 (12s) 그래도/ 같이 읽어봤을 때 나도 그렇게 느꼈으니까 / 다른 사람도 그렇게 느낄 수 있을 듯

가장 많이 발화된 격률은 "TT에서 반복을 없앨 것"이었다. 쓰기 후 단계에서 애나(PR)는 이러한 격률을 6번, 다니엘(PR)은 2번, 엘리노어(TS)는 2번, 이삭(LS)은 1번 발화했다. 엘리노어(TS)는 쓰기 단계에서도 이러한 격률을 2번 발화했다. TAP를 살펴보면 나머지 참가자도 교정이 아니라 번역 표현을 선택할 때 여러 번 이 격률을 발화했다는 것을 알 수 있다. 이는 참가자들 간에 반복을 피하려는 경향이 매우 강하다는 것을 알 수 있다. ST에 있는 표현이 TT에서 생략되는 것은 번역의 보편소에 해당한다(라비오사-브레이스웨이트, 1998). 본 연구의 데이터에서도 (5.4.4.1 참조) 이와 같은 특징이 자주 나타난다. 반복을 피하려는 성향은 학교 스웨덴어 수업의 결과 스웨덴어로 작문을 잘하는 방법에 대한 규칙 및 조언이 참가자에게 내재화되어 있기 때문에 발생한 것일 수 있다. ST에서 같은 단어가 여러 번 쓰였기 때문에 참가자들이 TT에서는 반복을 피하고자 하는 경우도 있었다. 그러나 대부분의 경우 참가자들은 반복이 ST의 문체적인 특징이며, 이 반복을 TT에서 살려야 할지는 고려하지 않았다. 프레드릭(TS)만이 ST의 반복을 TT에서 살려야 한다는 반대되는 격률을 발화했다.

쓰기 후 단계의 규칙 기반 평가는 쓰기 단계와 비슷했다.

4.6 요약 및 결론

본 장에서는 다양한 텍스트타입을 수십 년간 번역료를 받고 번역해 온 전문번역사부터 번역을 언어 학습 과정의 일부로만 제한적으로 경험해본 언어전공학생에 이르기까지 번역 경험량이 서로 다른 개인들이 번역 업무를 어떻게 수행하는지 알아보았다. 참가자별로 다양한 면을 비교한 본 연구의 출발점이 된 가정은 다음과 같다.

- 기초적인 번역 역량은 (어느 정도) 이중언어 능력과 일치한다.
- 전문번역사의 능력은 번역 역량을 기반으로 하지만 번역 역량과는 중요한 차이점이 있다.
- 번역의 전문지식은 번역사 능력을 갖춘 개인만이 가진 일련의 인지적 기술 및 구조를 의미한다.

본 연구는 또한 번역사가 보통 문어텍스트를 생산하므로 번역 업무 수행 과정을 쓰기 과정 모델을 활용해 연구할 수 있다고 가정했다. 헤이즈 및 그 동료들이 제안한 모델(헤이즈 외, 1987; 헤이즈, 1996; 헤이즈와 내쉬, 1996)은 쓰기가 계획, 텍스트 생산, 교정 등 세 가지 인지적 과정으로 이루어진다고 가정한다(2.3.1 참조). 본 연구에서는 이러한 과정이 번역에도 해당하는 것으로 간주했다. 본 장에서는 이 과정이 번역과정에 어떻게 적용되며, 전반적인 업무와 단계별 시간에 어떻게 영향을 미치고, 업무의 단계별 특징에는 어떤 것이 있는지 알아보았다.

이제 그 결과를 논의하고 요약하겠다. 여기서는 하위그룹 4개의 결과를 구체적으로 다루고, 6.2에서는 4장과 5장의 결과를 번역의 전문지식의 측면에서 좀 더 구체적으로 논의하도록 하겠다.

4.6.1 전반적인 시간, 접근법, 단계별 시간 배정

업무에 소요된 시간(4.2.2 참조)을 살펴보면 전문번역사로서 경험이 있는 참가자가 업무를 훨씬 빨리 수행했다. 평균 업무 수행 시간을 살펴보면 전문번역사는 136분, 번역전공학생은 284분, 언어전공학생은 269분이었다. 예상대로 경험량이 많을수록 업무를 더 빨리 끝냈다. 전문번역사와 학생간의 차이는 현저했다. 전문번역사는 시니어 전문번역사와 주니어 전문번역사의 두 하위그룹으로 나뉘었는데, 시니어 전문번역사는 평균 90분, 주니어 전문번역사는 184분 소요되었다. 이러한 점에서 본 연구는 업무 시간과 관련된 기존의 TAP 연구와 상반되는 결과를 보인다(야스클라이넨, 1999; 야콥센, 2003a, b; 2.3.2 참조). 번역전공학생의 업무수행 시간이 가장 길었던 것은 문제에 더 민감해서(야스클라이넨, 1999: 118), 문제를 해결하는데 시간을 많이 썼으며, 교수자 중 1명이 주도하는 연구 프로젝트에 참가하고 있었기 때문에 최대한 완벽하게 업무를 수행하고자 했기 때문으로 추측된다.

본 연구의 데이터는 연구를 목적으로 특정 조건 하에서 수집되었음을 주지할 필요가 있다. 업무 수행과 동시에 발화해야 하는 경우 업무 시간이 증가하는 경향이 있고(에릭슨과 샤니스, 1997: 10), 이는 번역을 대상으로 한 크링스(2001)와 야콥센(2003b)의 연구에서도 입증된 바 있다. 따라서 본 연구의 데이터가 서로 다른 배경을 가진 참가자 간의 업무시간 차이를 보여주기는 하지만, 이것이(전문가든 아니든) 특정 배경을 가진 사람이 주어진 분량의 ST를 번역하는 데 필요한 시간을 정확히 보여준다고 볼 수는 없다.

업무를 하면서 모든 참가자는 ST와 익숙해지는 초기 단계를 거친 후 TT의 첫 번째 버전을 썼다. 모든 참가자가 첫 번째 문장부터 시작해 다음 문장을 번역하는 식으로 차례로 번역했다. 이러한 쓰기 단계 후에는 TT를 한 번 이상 읽어보고 평가 및 교정을 하는 단계를 거쳤다. 즉, 업무 수행은 총 3단계로 이루어졌으며 이는 기존의 연구결과와도 일치하는 것이었다. 물론 참가자가 세 번째 단계를 거치지 않는 몇몇 연구 결과도 있기는 했다(크링스, 1986a; 야스클라이넨, 1999; 뢰셔, 1993).

컴퓨터로 글을 쓰면 텍스트를 변경할 수 있고 이미 쓴 텍스트에 언제든 분절을 추가할 수 있어 번역사가 비순차적으로 작업 할 수도 있다. 예를 들어 쉬워 보이는 부분부터 번역하기 시작해서 업무에 익숙해진 다음에 더 어려운 부분을 번역하는 방식도 가능하다. 그러나 참가자 중 이러한 방식으로 업무를 수행한 사람은 없었다. 비순차적인 작업 방식은 특히 짧은 텍스트를 번역하는 경우 자주 사용되지 않는다. 그러나 단일언어 텍스트를 컴퓨터로 쓰는 경우 비순차적인 방식은 예외 없이 자주 사용된다. 텍스트의 본문을 쓴 후에 서론을 쓰는 것이 전혀 이상한 일이 아니며, 이미 쓴 텍스트에 문단 하나를 통째로 삽입하는 등 텍스트 분절을 추가하는 경우도 비일비재하다.

단계별 시간 배정 역시 기존 연구와는 다른 결과를 보였다. 본 연구에서는 모든 참가자가 쓰기 후 단계에 더 많은 비중을 둔 것이 기존 연구와 가장 큰 차이점이었다. 야스클라이넨(1999: 122) 역시 선행연구에서 비슷한 결과를 제시하며 쓰기 후 단계가 더 긴 것이 개인적인 특징이거나(야콥센[2003a: 194]의 가정과 비슷함), 번역사 교육 프로그램의 영향으로 인해 나타나는 번역전공학생의 특징일 수 있다고 주장했다. 개인적인 특징으로 인한 결과에 대해서는 4.6.6에서 더 자세히 논의하겠다. 그러나 본 연구에서는 ST의 분량 역시 단계별 시간 배정에 영향을 주는 요소라고 보았다. 본 연구의 ST 길이는 TAP 연구치고는 꽤 긴 편이었다(일례로 야스클라이넨의 연구보다 세 배 김). (머릿속으로든 종이나 모니터로 보는 것이든) 긴 분량의 텍스트를 파악하는 것이 더 어려우며, 따라서 쓰기 단계에서의 교정으로는 부족해 쓰기 후 단계에서 더 많은 시간이 필요했을 수 있다.

전문번역사 4명과 번역전공학생 1명은 평상시에 어떤 방식으로 어떤 단계를 거쳐 업무수행하는지를 발화했는데(4.5.2 참조), 이는 스스로 업무 절차에 대해 인지하고 있다는 것을 보여준다. 이들은 번역 업무를 수행하는 것이 익숙하므로 자신이 선호하는 업무 습관이 생겼으며, 이에 대해 발화할 만큼 충분히 인지하고 있는 것이다. 나머지 번역전공학생과 언어전공학생 3명은 자신의 업무 습관에 대해 발화하지 않았다. 번역사 교육 프로그램을 절반 정도 이수한 번역전공학생은 다양한 업무 방법을 시도하고 있을 수 있다. 전문번역사와 일부 번역전공학생만이 번역 업무와 관련된 업무 습관을 형성할 기회가 있었을 것이라고 가정하면 이러한 차이는 당연하다고 볼 수 있다.

평소의 업무 절차와 본 연구의 업무에서 실제로 취한 접근법을 비교한 결과, 전문번역사 4명 중 3명은 자신이 발화한 습관과는 다른 방식으로 업무를 수행했음을 확인할 수 있었다. 평소에는 교정하기 전에 TT를 출력해서 좀 묵혀두는 것을 선호한다고 발화했지만, 이들은 쓰기 단계가 끝난 후 바로 쓰기 후 단계로 들어가 TT를 모니터상에서 교정했다. 이렇게 평소의 습관과 다른 방식으로 업무를 수행한 이유에는 여러 가지가 있을 수 있다. 첫째, 실제로는 여러 가지 습관을 지지고 있는데 그중 하나만 발화한 것이어서, 본 연구에서는 발화하지 않은 다른 습관대로 업무를 수행했을 수 있다. 또한, 참가자들이 자신의 실제 습관이 아닌 번역사가 따라야 한다고 생각한 접근법을 발화했을 수도 있다. 그러나 자신의 습관대로 업무를 수행하지 않은 것은 전문가이자 번역사로서 주어진 상황에 따라 적절한 시간과 노력을 분배할 수 있는 유연성을 보여준 것으로도 볼 수 있다. 이들은 주어진 텍스트를 번역하는 업무(이 경우는 실제 업무가 미술관에서 사용할 텍스트를 번역하는 것이 아닌 연구에 참여하기 위해 번역하는 것이었음)가 쓰기 후 단계를 따로 거쳐야 할 만큼 충분히 노력을 들일 필요가 없으므로 그저 업무를 빨리 끝내고자 했을 수 있다. 물론 번역 목적에 적합한 번역을 생산해냈다는 확신이 있어야만 이것이 가능했을 것이다.

평소의 업무 습관을 발화하지 않은 학생 4명은 쓰기 단계에서 간접적으로 쓰기 후 단계를 계획하고 있음을 발화했다. 이는 결정을 "나중" 또는 "다음"으로 미룬 것을 통해 알 수 있으며, 크링스(1986a: 179)는 이와 같은 발화를 안심 전략(relief strategy)의 예로 든 바 있다. 또한, 이들은 쓰기 단계가 끝난 후 TT를 기꺼이 다시 검토하고자 했다.

각 업무 단계나 TT의 순차적인 작성 등 참가자들이 업무에 접근하는 방식은 비슷했는데, 이는 참가자들이 어떻게 업무를 수행하고 번역을 할지에 대해 '절차적 지식'을 보유하고 있었음을 보여준다. 전문번역사의 경우는 이에 대해 선언적 지식 역시 보유하고 있었는데(4.5.2 발화에 대한 연구 참조), 이는 자신들이 평소에 어떻게 업무를 수행하는지 알고 있으며, 이를 발화를 통해 외재화할 수 있음을 뜻한다. 학생들의 경우 각 단계에서 전문번역사와 비슷하게 계획하고 있음이 간접적으로 드러나기는 했지만, 전문번역사와 같은 방식 또는 같은 정도로 업무 습관을 발화하지는 않았다. 따라서 참가자들의 이러한 차이는 번역 업무의 절차적 지식보다는 선언적 지식과 더 연관성이 깊은 것으로 보인다.

4.6.2 초기 계획

첫 번째 인지적 과정은 쓰기 전 단계의 계획이다. ST를 다 읽을지 일부만 읽을지, 보조도구를 사용할지 말지, 이 단계에서 TT를 쓰기 시작할지 등 이 단계에서의 접근법은 개인별로 큰 차이를 보였다. 그런 점에서 본 연구의 데이터는 2.3.3에서 인용한 선행연구의 결과와 비슷했다. 그러나 (전문가인지 아닌지) 번역 경험량과 쓰기 전 단계의 초기 읽기 방법 간의 연관성을 일반화하기는 어려울 것으로 보인다.

쓰기 전 단계에서 참가자들은 ST를 전반적으로 살펴보고 업무 정의를 통해 업무를 계획했다(헤이즈 외, 1987 참조). 참가자가 발화한 업무 정의에서는 계획에 중점을 둔 부분이 번역 경험량과 연관성을 보이지는 않았다. 전문번역사와 번역전공학생은 ST를 읽고 업무 정의를 내리면서 문자에서 문체까지 SL과 TL을 대조하고 TT의 향후 독자를 고려하는 방향으로 텍스트의 내용과 항목을 텍스트 수준에서 살펴보았다. 이들은 TT의 목표를 명확하게 세우고 업무에 필요한 높은 수준의 지식을 활용해 다양한 층위에서 언어적 단위를 처리할 수 있었다(하향 처리(top- down professing); 앤더슨, 1990: 75-76). 언어전공학생의 경우 쓰기 전 단계에서 ST의 내용을 훑어보고 단어 수준에서 언어적 특징을 살펴보았으나, 텍스트 수준에서 이루어지거나 번역의 목적을 고려하지는 않았다. 이는 언어전공학생이 번역 변화소를 선택하는 등에 있어 전문번역사나 번역전공학생만큼 명확한 원칙에 따르지 않았다는 것을 의미한다. 또한 언어전공학생의 경우 늘 같은 목표에 따라 번역을 하는 데 익숙하므로 따로 계획할 필요성을 못 느꼈을 수도 있다.

애나(PR), 프레드릭(TS), 이삭(LS)의 경우 쓰기 전 단계가 다른 기능도 했다. 이들은 쓰기 전 단계에서 텍스트 작성을 시작한 것이다. 이들은 다양한 크기의 TT 덩어리를 말로 번역하고, 이에 대한 대안도 발화했다. 이것은 이들이 쓰기 전 단계에서도 교정을 시작했다는 것을 의미한다. 이는 안심 전략(크링스, 1986a: 179)을 적용해 첫 단계부터 수용과 생산의 문제를 해결하기 시작한 것으로도 볼 수 있다. 2.3.3에서 언급한 것처럼 보조도구 활용 등을 포함하는 이러한 쓰기 전 단계는 업무에 직면한 참가자에게 안정감을 주는 심리적인 기능을 한다. 이삭(LS)이 ST를 읽고 일부를 말로 번역한 것도((18)번 예문 참조) 이러한 기능을 한 것으로 볼 수 있다.

번역 업무를 위한 읽기에는 텍스트의 대조적인 특징이 중요하다. 다니엘(PR)이 ST를 다 읽지는 않았지만, 문체를 파악했기 때문에 번역을 시작하겠다고 발화한 것도 이러한 맥락에서 이해될 수 있다. 즉, 실제로 번역을 시작하기 전에 내용을 세부적으로 파악하는 것보다는 번역 브리프와 관련해 문체를 파악하는 것이 중요한 것이다. 따라서 번역사는 ST를 처음 읽으면서 번역과 관련된 정보를 추출한다(슈리브와 다이아몬드, 1997: 245-247; 2.3.3 참조). 이는 노르베리(2003)에서 ST를 읽고 나서 번역을 시작하기 전에 실시한 텍스트 표상 실험의 결과와도 일치한다. 이 실험에서는 텍스트의 내용에 가장 큰 관심을 보인 참가자들도 세세한 부분까지는 기억해내지 못했다(노르베리, 2003: 161). 본 연구는 번역사들이 번역 브리프의 관점에서 언어적이고 텍스트적인 측면에 중점을 둘 경우 텍스트의 내용은 중요성을 갖지 못해 처리 자원 역시 LTM에 저장된다고 주장하고자 한다.

본 연구는 참가자별로 번역물을 읽는 과정이 다양하게 나타난다는 슈리브 외(1993: 35)의 연구 결과와 일치하며, 이러한 과정이 번역 경험량에 따라 달라진다는 새로운 가설을 제시하고자 한다. 번역사가 업무를 어떻게 정의하고 계획하는지를 보기 위해 업무의 초기 단계를 TAP 데이터로 분석한 경우는 본 연구가 최초인 것으로 알고 있다. 2.2.2에서 언급한 것처럼 다른 TAP 연구(프레이저, 1993, 1996a; 요나손, 1998b; 티르코넨-콩디, 1992)에서도 번역사가 텍스트적 측면과 번역 브리프와 관련된 측면 등을 인식하고 있다는 비슷한 결과가 나왔으나, 이러한 연구는 전반적인 과정을 다룬 데이터에 기반을 둔 것이었다. 본 연구는 업무 수행의 가장 첫 부분인 계획단계 역시 번역 경험량의 영향을 받는다는 사실을 보여주었다.

본 연구의 초기 계획에 대한 분석 결과는 다른 언어 쌍이나 텍스트 타입에도 적용이 가능하며, 다른 목적으로 수집된 데이터에도 역시 적용 가능할 것으로 보인다.

4.6.3 텍스트 생산: 쓰기 단계의 분절

두 번째 인지적 단계는 텍스트 생산으로, 쓰기 단계의 분절에 대한 분석을 통해 이를 알아보았다. 이 과정에서 계획과 교정이 일어나면 휴지가 발생했다. 본 연구에서는 번역 경험량이 많을수록 쓰기 단계의 휴지 횟수가 줄어들고, 휴지 사이에 작성한 분절의 크기가 커지며, 휴지 길이도 줄어들 것이라고 가정했다. 이러한 가정(4.4.1 참조)은 그룹별 데이터를 통해 대부분 입증되었다. 번역 경험량이 많을수록 휴지가 적게 발생하고 계획 및 작성한 TT의 분절 크기가 커진다는 것이 확인되었다. 따라서 번역 경험량이 많은 참가자는 번역 경험량이 적은 참가자보다 쓰기 단계의 분절수가 더 적었다. 이러한 현상은 업무 전반과 쓰기 단계에서 동일하게 나타났다. 또한, 쓰기 단계에서 번역 경험량이 많은 참가자의 경우 분절당 문자 수가 더 많았다. 이는 야콥센(2003b)의 연구와도 일치하는 결과이다.

번역 경험량 측면에서 전문가로 분류되는 시니어 전문번역사(10년 이상 전문번역사로 일한 참가자)의 경우 다른 하위그룹과 비교했을 때 뚜렷한 차이를 보였다. 반면 주니어 전문번역사와 번역전공학생 간의 차이는 예상보다 크지 않았다.

분절 초기 휴지 길이를 분석한 결과는 예상과 일치하지 않았다. 로그파일을 분석한 결과 언어전공학생의 휴지 길이가 예상대로 가장 길었다. 그러나 다른 하위그룹 간의 차이는 거의 없었고, 다른 분석 결과와도 일치하지 않았다. 예를 들어 시니어 전문번역사의 경우 다른 하위그룹과는 별 차이를 보이지 않았다.

분석 결과, 쓰기 단계에서 촉진 효과가 발생했으며, 이는 모든 그룹 및 하위그룹에서 동일하게 나타났다. 즉 모든 그룹과 하위그룹에서 ST 전반보다 후반으로 갈수록 분절 수가 줄어든 것이다. 또한, 분절당 문자 수를 분석한 결과 촉진 효과로 인해 분절당 평균 문자 수가 쓰기 단계의 후반에서 더 많아졌다. 이는 쓰기 단계 끝으로 갈수록(ST 번역 및) 참가자들이 TT 작성을 더 쉽게 느꼈다는 것을 의미한다. 2.3.4.3에서 보여준 것처럼 촉진 효과가 발생하는 이유는 여러 가지가 있을 수 있다. 쓰기 단계의 전반에서 후반의 결정에 영향을 미칠 수 있는 결정을 많이 내리면(레비, 1989 참조), 이로 인해 촉진 효과가 발생한다. ST에서 일부 언어적인 특징이 반복해서 나타나는 경우도 TL로 작성할 때 촉진 효과를 발생시킬 수 있다. ST 및 작성 중인 TT에서 텍스트 표상이 많아지는 경우도 맥락이 풍부해지므로 의사결정 및 처리가 촉진될 수 있다.

촉진 효과와 관련해서는 크링스(2001)에서도 짧은 텍스트보다 긴 텍스트에서 분당 문자 처리 속도가 빠른 것으로 밝혀졌다. 크링스는 이러한 현상이 참가자가 텍스트에 익숙해지는 습관화 효과(habituation effect)의 결과라고 주장했다. 텍스트에 익숙해지고 나면 처리 속도가 빨라진다는 것이다(크링스, 2001: 282).

그러나 쓰기 단계의 휴지 길이와 관련해서는 후반으로 갈수록 휴지 길이가 줄어드는 등 촉진 효과가 발생하지 않았다. 참가자의 로그파일을 분석한 결과 후반으로 갈수록 휴지 길이가 오히려 늘어났는데, 이는 분절당 문자 수가 늘어나 분절에 포함된 언어적 자료가 많아졌기 때문에 처리 시간이 더 많이 필요했기 때문일 것으로 보인다.

본 연구에서 촉진 효과가 발생했던 것은 ST의 후반이 더 쉬웠기 때문일 수도 있다. 텍스트의 문자가 통사적으로나 어휘적으로 균일한 편이기는 했지만, 따로 텍스트 난이도를 분석하지 않았기 때문에 이러한 가능성 역시 배제할 수 없는 것이다. 번역과 관련해 촉진 효과에 대한 추가 연구가 필요할 것으로 보인다.

그룹 및 하위그룹별 분절 패턴은 이러한 가정이 전반적으로 옳았다는 것을 보여주지만, 개인별 분절 패턴은 가정과 정확히 일치하지는 않았다. 쓰기 단계에서 분절 수가 가장 많았던 참가자 3명인 다니엘(PR), 엘리노어(TS), 하랄트(LS)는 번역 경험량이 각기 달랐다. 그러나 이들의 분절 패턴은 매우 비슷해서, 번역 경험량과 쓰기 단계의 분절 크기는 별로 상관이 없다는 것이 밝혀졌다. 쓰기 단계에서 이들의 분절 크기가 작았던 것은 아마도 문장을 쓰는 도중이라도 필요하면 "바로" 사전을 찾아보았기 때문으로 볼 수 있다. 또한 엘리노어(TS)의 경우에는 번역 및 쓰기 과정에서 분절을 작게 나누는 것이 ST에 가깝게 번역하고자 하는 이성적이고 효율적인 접근법의 일환으로도 볼 수 있다.

분절에 영향을 주는 과정 중에는 계획도 있으므로, 쓰기 단계의 분절 수는 쓰기 전 단계에서 어떻게 ST를 읽고 업무를 계획했는지에 따라 달라질 수 있다. 애나(PR)와 프레드릭(TS)은 쓰기 단계의 분절 수가 상대적으로 적었는데, 이 둘은 ST를 읽고 일부를 바로 스웨덴어로 구두 번역했다(4.3 참조). 따라서 쓰기 전 단계에서 목표를 세워 ST 전체를 읽었는지에 따라 쓰기 단계의 분절 크기가 달라질 수 있는 것이다.

가브리엘라(LS)의 경우 이런 점에서 특히 흥미로운 결과를 보였다. 그녀는 쓰기 전 단계에서 ST를 아주 잠깐 읽었고 끝까지 읽지도 않았다. 계획을 전혀 발화하지 않았고 번역 경험량도 부족했기 때문에 분절 크기가 매우 작을 것이라고 예상했지만, 전혀 그렇지 않았다. 역설적이게도 이러한 결과가 나타난 이유는 그녀가 ST를 이해하지 못했기 때문이다. 가브리엘라(LS)는 쓰기 단계에서 ST의 첫 문장을 읽을 때 직역조차 불가능할 정도로 원문을 이해하지 못했다. 대신 문장 전체를 처음부터 끝까지 천천히 읽고 모르는 단어는 사전을 찾아본 후에 길이가 긴 분절을 썼던 것이다. 그 결과 쓰기 단계의 평균 분절 길이는 매우 길었다(4.4.2 참조).

이러한 결과는 번역 경험량이 많다고 해서 분절이 커지는 것이 아니며, 번역 경험량이 적다고 해서 분절이 작아지는 것도 아님을 보여준다. 중요한 것은 쓰기 단계 전과 쓰기 단계 도중에 어떻게 ST를 읽었으며 어떻게 업무를 계획했느냐였다. 이러한 가정은 다양한 번역 경험량을 가진 참가자들이 ST 읽기를 포함한 번역 업무 계획을 서로 다른 조건에서 세우도록 하면 경험적으로 입증할 수 있을 것이다.

4.6.4 교정

세 번째 인지적 과정은 교정이다. 4.5에서는 쓰기 단계에서 TT를 작성하면서 이미 쓴 TT를 어떻게 변경하는지, 쓰기 후 단계에서 텍스트를 완료한 후 TT를 어떻게 교정하는지 등 본 연구 참가자들의 TT 교정 양상을 알아보았다. 여기서는 다양한 데이터(TAP와 컴퓨터 로그)를 다양한 관점에서 분석했다. 이런 식으로 본 연구에서는 교정과 관련된 과정에 상당히 많은 비중을 두었는데, 교정은 쓰기 단계와 쓰기 후 단계 모두에서 일어나고, 특히 쓰기 후 단계의 교정은 전체 업무 시간 중 많은 부분을 차지하기 때문에 교정에 비중을 두고 연구할 필요가 있었다. 교정은 번역과정의 일부이며 최종 TT를 형성하는 데 중요한 기능을 하기 때문이다.

번역 경험량과 상관없이 모든 참가자는 쓰기 단계 및 쓰기 후 단계에서 TT를 많이 교정했다. 그런 점에서 본 연구의 결과는 선행연구와는 차이점을 보인다. 그 이유 중 하나는 쓰기의 모드 때문일 수 있다. 2.3.5에서 언급한 것처럼 확실히 단일언어 쓰기에서는 쓰기의 모드가 교정 패턴에 영향을 준다. 야스클라이넨(1999)과 크링스(1986a)의 연구에서는 참가자들이 TT를 수기로 작성했다. 번역 브리프의 내용과 상관없이 참가자들은 수기로 작성하는 번역은 언어적으로 덜 매끄러워도 되므로 쓰기 후 단계를 거칠 필요가 없다고 생각할 수 있고, 실제로 몇몇 참가자들은 쓰기 후 단계를 거치지 않았다. 또한 뢰셔(1991; 1993)의 연구에서는 학생들이 번역하면서 문제가 있었던 문단만을 확인하는 경향을 보였다. 그러나 이때 참가자들은 TT를 작성하지 않고 구두로만 번역했다. 말로 번역한 것을 기억해내어 체계적으로 평가 및 교정하는 것은 거의 불가능하고 자연스럽지 않은 행위이며 훨씬 많은 기억 용량을 필요로 하므로 이와 같은 결과가 나왔을 수 있다.

쓰기 단계에서 교정 하겠다고 구체적으로 계획을 발화한 경우는 거의 없었다. 결론적으로 교정은 쓰기 단계의 일부이며, TT를 작성하면서 평가 및 모니터하고 필요할 경우 교정을 하는 것은 어느 정도 자동화된 과정이다. 즉, 이것은 쓰기 단계에서 따로 계획하거나 중점을 두는 과정이 아닌 것이다. 결과물 관점에서 교정을 분석한 결과 역시 이를 잘 보여준다. 모든 참가자가 교정을 많이 했지만, 개인별로 보면 교정 횟수는 쓰기 단계와 쓰기 후 단계에 고르게 분포되어 있었다. 모든 참가자가 쓰기 단계에서 교정을 했다는 것은 번역과정에서 텍스트 및 업무의 목표에 따라 결과물을 평가 및 모니터하고, 평가의 결과에 따라 필요한 행동을 취하는 것이 중요하다는 것을 보여준다. 모든 텍스트 분절은 평가의 대상이며 교정을 하지 않았다는 것은 평가의 결과가 정해진 목표나 기준을 따랐거나 임시적인 해결책으로 쓸 만했다는 것을 의미한다. 따라서 본 연구는 TT 작성이 평가 및 교정이라는 과정을 포함하며, 이는 단일언어 쓰기와 매우 유사하거나 동일한 특징을 보여준다. 텍스트 분절은 작성 후 평가되었는데, 다음 분절로 넘어가기 전에 교정하는 경우도 있었다(코퍼 외(1986: 130)의 단일언어 쓰기 연구와 비슷한 결론임). 본 연구의 데이터는 번역 경험량에 따라 차이가 발생하지는 않았다. 따라서 교정의 과정은 쓰기 능력의 일부이며, 이는 번역 업무에도 역시 적용된다고 볼 수 있다.

이처럼 번역 업무의 일부인 교정 과정과 관련해 전문번역사들은 텍스트와 거리라는 두 가지 요소에 대해 발화했다. 업무의 목표는 텍스트를 작성하는 것이었다. 번역 텍스트는 ST라는 다른 텍스트에 의해 구조적·의미적 영향을 받지만, 번역사는 TT가 TL로 응집성 있고 완전하게 쓰였는지 역시 평가해야 한다. TT를 출력해서 보면 모니터 상으로 보는 것보다 텍스트성이 더 잘 드러나므로 더 쉽게 평가할 수 있다. 완전한 텍스트인 TT가 존재하므로 번역사는 필요한 거리를 유지할 수 있다. 이 거리는 번역사와 텍스트의 시간적 거리(텍스트를 그대로 두고 쉬는 시간을 갖는 것) 및 공간적 거리(다른 사람이 TT를 읽고 확인하도록 하는 것)

로 나뉜다. 이렇게 하는 이유는 ST와 적절한 언어적 거리를 유지하는 것이 필요하지만 동시에 이것이 어렵기 때문이다. 쓰기 단계의 TAP를 살펴보면 몇몇 참가자가 번역 도중 어느 부분이 러시아어이고 어느 부분이 스웨덴어인지 모르겠다고 발화한 것을 알 수 있다(위의 가브리엘라(LS) 예(27)번 참조). 번역과정에서 이러한 문제를 해결하는 방법의 하나는 TT 초안을 일단 작성하고 나서 나중에 수정하는 것이다. 많은 참가자가 쓰기 후 단계에서 작성한 TT만을 살펴본 것은 교정 과정의 텍스트 표상 수를 줄이기 위한 전략으로 볼 수 있다. 이렇게 하면 단일언어 텍스트 작성과 비슷하게 과정 및 관련 요소들에 더 익숙해질 수 있다.

교정 횟수(쓰기 단계 + 쓰기 후 단계)는 개인별로 차이가 큰데, 전체 및 각 단계에서 베리트(PR)가 가장 적게, 프레드릭(TS)이 가장 많이 교정했다. 총 교정 횟수를 보면 참가자를 다음의 세 그룹으로 나눌 수 있다.

1. 교정 횟수 50회 미만: 베리트(PR) 크리스티안(PR)
2. 교정 횟수 50회 이상 100회 미만: 다니엘(PR), 엘리노어(TS), 가브리엘라(LS) 하랄트(LS)
3. 교정 횟수 100회 이상: 애나(PR), 프레드릭(TS) 이삭(LS)

첫 번째 그룹을 제외하면 그룹에 속한 참가자의 번역 경험량은 모두 달랐다. 그러나 세 번째 그룹에 속한 참가자 3명은 쓰기 전 단계에서 상당히 비슷한 접근법을 취했다는 사실을 주목할 필요가 있다(4.3 참조). 또한 4.4에서 이 그룹에 속한 2명인[9] 애나(PR)와 프레드릭(TS)이 쓰기 단계에서 비슷한 분절 패턴을 보였음을 논의한 바 있다. 이는 과정 프로필이 존재하며, 이는 번역 경험량과는 관계가 없다는 것을 의미한다. 이에 대해서는 4.6.6에서 더 논의하도록 하겠다.

교정은 여러 범주로 분류되는데, 가장 비중이 높은 범주는 통사 교정과 어휘 교정이었다. 쓰기 단계에서는 통사 교정이 많았고, 쓰기 후 단계에서는 어휘 교정이 많았는데, 이는 참가자들이 쓰기 단계에서는 TL의 통사적 패턴을 발견하는데 중점을 두고 쓰기 후 단계에서는 통사적 패턴으로 인한 "빈칸"을 적절한 어휘로 메꾸는 데 중점을 두었다는 것을 의미한다.

교정 범주별 비중을 보면 번역 경험량과 관련된 경향을 발견할 수 있다. 일례로 시니어 전문번역사들은 형태적 교정을 전혀 하지 않았다. SL인 러시아어와 TL인 스웨덴어는 NP 및 동사 구조 면에서 큰 차이가 있다. 러시아어는 스웨덴어보다 더 설명적인 반면, 스웨덴어는 러시아어와는 달리 한정사/부정사를 반드시 형태적으로 구분해야 한다. 러시아어의 동사는 스웨덴어와는 달리 더 문법화되어 있고, 러시아어의 시제 종류는 스웨덴어보다 적다(5.2 참조). 이는 "디폴트 번역(default translation)" 또는 형태적인 직역이 불가능하고 맥락이나 단어 순서 등의 요소에 기반을 두고 한정사나 시제를 선택해야 한다는 것을 의미한다. 다년간 러시아어-스웨덴어 번역해 온 전문번역사들은 스웨덴어의 형태와 관련해 신속히 결정을 내렸고, 이를 평가 및 모니터한 결과 교정할 필요가 없다고 판단했다. 교정의 양상을 살펴보면 모든 참가자가 이러한 문제를 경험한 것으로 보인다.

또 하나의 경향은 모든 전문번역사와 번역전공학생 1명에게서 발견되었다. 이들은 통사 면에서 단계적으로 작업했는데, 먼저 직역을 하고 나서 ST와 구조적으로 거리가 멀어지도록 이를 나중에 변경한 것이다. 대부분은 쓰기 단계에서 문장을 마무리하기 전에 바로 교정했다. 학생들 역시 직역을 교정한 경우가 있었으나, 체계성을 띄지는 않았다. 그렇다면 전문번역사들이 의역을 바로 하지 않고 직역을 하고 나서 교정하는 이유는 무엇일까? 여러 가지 이유가 있을 수 있다. 임시로 번역한 것을 눈으로 보면 평가를 쉽게 하게 되는 것이 그 이유일 수 있다. 눈으로 확인하고 나서야 직역이 구조적으로 적합하지 않거나 문장을 마무리하는 데 부적절하다고 깨닫게 되는 것이다. 또한, 번역과정에서 STM

용량의 한계를 극복하기 위해 임시로 번역해 두는 것일 수도 있다. 이미 써 놓은 내용을 모니터에서 확인할 수 있으므로 문장의 다음 분절을 처리할 때 앞의 내용을 STM에 저장해 놓을 필요가 없는 것이다. 크링스는 참가자들이 텍스트 분절을 빨리 쓰고 나서 자주 교정을 하는 경향이 있는데, 이는 떠올린 번역을 잊어버리지 않기 위해서일 것이라고 추측했다(크링스, 2001: 403). 신속한 직역은 번역사가 문장의 모든 요소를 빼놓지 않고 번역하기 위해 사용하는 방법일 수 있으며, 이를 통해 정확도가 떨어지지 않으면서도 빨리 번역할 수 있다. 이를 교정하면 텍스트가 TL에 좀 더 적합해지는 것이다(캐서린 스튜어트(Katherine Stuart), 개인적 의사소통; 모섭, 2001: 137 참조).

교정을 분석해보면 직역이 번역과정에서 어떠한 역할을 하는지를 일부 파악할 수 있다. 본 연구에서는 직역의 역할에 대해 체계적으로 분석한 것은 아니지만, TAP를 분석한 결과 참가자들은 직역을 임시 번역 해결책으로서 발화하지만 이것을 항상 받아 적지는 않았다. 크링스(1986a: 304)의 데이터 역시 비슷한 경향을 보였다. 티르코넨-콩디(2002: 14)는 번역사가 번역과정에서 ST 덩어리를 TL의 디폴트 등가어로 대체한 후 이를 곧바로 모니터해서 필요한 경우 교정한다고 주장했는데, 본 연구의 데이터도 이와 일치하는 결과를 보였다.

문제 표상 등 교정과 동시에 이루어진 발화를 분석한 결과, 대부분의 문제 표상은 추상적 평가의 형태였고, 이 비중은 쓰기 후 단계에서 줄어들었다. 헤이즈 외(1987: 211)는 이러한 발화가 참가자의 "제한적 정보 및 정교하지 않은 문제 표상"을 뜻하며, "참가자가 해결할 문제를 제대로 정의하지 않았기 때문"이라고 주장했다. 그러나 이 주장을 본 연구의 결과에 적용할 수 있는 것은 아니다. 헤이즈 외(1987)의 연구에서 참가자들은 다른 사람이 쓴 텍스트를 교정했다. 번역이든 글이든 자신이 쓴 텍스트를 교정하는 경우는 대부분 다른 사람이 쓴 텍스트를 교정할 때보다 문제 표상이 더 세부적인데, 이는 교정하면서 발화하지 않았다 하더라도 관련 텍스트의 분절을 처리한 것을 문제 표상의 일부로 볼 수 있기 때문이다. 번역 경험량이 많을 경우 문제 표상이 더 다양하고 구체적이었다. 이는 번역 경험량이 많을수록 TT를 더 구체적으로 평가한다는 티르코넨-콩디(1997)의 연구 결과와도 일치한다. 본 연구에서는 쓰기 후 단계의 문제 표상이 더 구체적이었으며, 번역 업무가 진행될수록 더욱 구체적이 되었다. 참가자들은 텍스트를 훑어보면서 텍스트 및 문제가 되는 분절에 대해 더 구체적으로 문제를 표상하게 되는 것이다. 흥미롭게도 업무가 진행될수록 학생들도 이러한 경향을 보였다. 전문번역사들이 쓰기 단계에서 한 발화의 범주가 학생들의 쓰기 후 단계에서 비슷하게 나타난 것이다.

개인별로 보면 대부분의 참가자가 쓰기 단계와 쓰기 후 단계에서 모든 범주의 발화를 한 번씩은 했다. 번역 경험량이 가장 적은 언어전공 학생도 의도 기반 평가 및 격률 기반 평가에 대해서는 구체적으로 발화했다. 번역 업무가 현실적이고 번역 브리프가 구체적이었다면 학생들도 업무의 목적을 고려해 업무를 했을 수도 있다는 것을 의미한다. 물론 번역 목적을 고려하는 것이 전문번역사들보다는 나중에 이루어지고 일관성이 떨어졌을 가능성은 있다. 즉, 업무 목표 및 교정 목표는 업무 도중 또는 업무 후에 수정 및 구체화할 수 있는 것이다(그림 2.1 및 2.3.5 참조).

번역과정에서 전문번역사와 학생 간의 큰 차이는 전문번역사가 학생보다 더 일찍 다양하고 구체적인 업무 소요를 고려한다는 것이다. 이는 전문번역사들이 쓰기 단계에서 초기 계획 및 목표 설정을 했기 때문이다. 이는 전문번역사들이 학생보다 일찍 문제를 해결할 수 있다는 것을 의미한다. 번역에서 전문지식의 중요성이 여기서 드러난다. 그러나 교정과 관련된 문제 표상은 번역 경험량이 적은 경우 더 다양하고 구체적이었다. 즉, 번역 경험량이 적은 참가자도 번역과정에서 번역 브리프를 고려했다는 것이다.

참가자 2명(시니어 전문번역사)의 경우 쓰기 단계에서 쓰기와 교정이 동시에 일어나, 쓰기 후 단계의 교정 횟수가 매우 적었고 쓰기 후 단계 역시 매우 짧았다. 이 둘은 두 단계를 하나로 통합한 것으로 볼 수 있다.

마지막으로 번역과정의 일부로서 교정을 연구하는 것과 관련해 몇 가지 제언 하도록 하겠다. 본 연구의 결과는 번역사들이 번역과정의 일부로 직역을 활용한다고 밝혔다. 이러한 현상은 다른 언어 쌍이나 다양한 텍스트타입의 번역에서도 빈번히 발생할 것으로 예상하지만, 후속 연구를 통해 이러한 가정을 입증해야 할 것이다. 또한, 본 연구에서는 직역과 교정을 통사적 구조 측면에서만 분석했으나, 의미적 측면에서 직역과 교정을 분석하는 것도 의미가 있을 것으로 보인다.

미뤄놓은 결정을 번역사가 어떤 식으로 내리는지도 더 연구해볼 필요가 있다(크링스, 2001: 168 참조). 본 연구에서는 대부분의 경우 참가자들이 텍스트에 빈칸을 남겨두기보다는 일단 임시 해결책을 써 놓고 나서 나중에 더 생각해보겠다고 발화했다. 참가자들이 실제로 나중에 더 생각을 해보았는지, 또는 나중에 해결한 문제 및 교정이 다른 텍스트 분절에 대한 것이었는지는 본 연구에서 밝혀지지 않았다. 발화의 범주(4.5.4 참조)가 교정의 범주(4.5.3 참조)와 일치하는지도 알아보면 흥미로운 결과가 나올 것으로 예상된다(4.5.3 참조).

본 연구에서는 참가자들이 자신이 한 번역을 평가 및 교정했다. 그러나 본 연구의 분석 모델은 다른 번역사가 한 번역을 교정하는 경우에도 적용할 수 있다. 전문번역사의 경우 다른 번역사에게 자신의 번역에 대한 평가 및 교정을 맡기는 경우가 흔하기 때문이다(크링스, 2001; 퀸즐리 forthc.; 모섭, 2001). 이에 대해 크리스티안(PR) 역시 다른 사람에게 자신의 번역을 읽게 한다고 발화한 바 있다.

4.6.5 과정의 규범

2.4.3.1에서 규범이란 공동체가 공유하는 가치로, 평가의 기준이 된다고 설명했다. 규범은 대안을 선택하는 등의 번역과정에서도 지침이 될 수 있다. 교정은 (최소한) 두 가지 대안 중에서 하나를 선택한 결과이며, 4.5.4에서는 교정과 동시에 이루어진 발화를 제시했다. 여기서는 교정과 동시에 이루어진 발화 및 쓰기 전 단계에서 이루어진 발화(4.3 참조)가 규범을 반영하는 것에 대해 논의해보도록 하겠다. 교정과 동시에 이루어진 평가 발화는 텍스트의 문제와 관련된 정보가 얼마나 포함되어 있는 지와 문제를 해결하기 위한 정보가 얼마나 구체적인지에 따라 여러 범주로 나누어 분석되었다(4.5.4.1 참조). 가장 "규범적인" 범주는 가장 구체적인 범주로, 격률 기반 평가 및 규칙 기반 평가가 이에 해당한다. 이는 코드화된 (언어적) 규칙 또는 정해진 지침이 결정 과정에 반영된 것을 뜻한다. 이러한 평가는 대부분 TL 위주로 이루어졌고, 극히 일부의 경우에만 러시아어-스웨덴어의 문자를 대조하면서 이루어졌다.

4.5.4.2와 4.5.4.3의 예시와 같이 이러한 평가는 다양한 방식으로 이루어졌다. "X를 했어야지" 또는 "Y의 경우에는 (주로) X를 해야지" 등 규범에 관한 전형적인 발화도 있었지만(2.4.3.3 참조), 이러한 발화가 많지는 않았다. 대신 참가자들은 일부 지침에 대해 말하면서 자신이 생각할 때 그러한 지침이 더 나을 것 같다고 발화했다((38)번, (39)번 예문 참조). 학교에서 배웠을 것으로 보이는 이러한 지침이 참가자들에게 내재화되었음을 알 수 있는 대목이다.

다른 평가의 범주를 보면 하나의 경향을 파악할 수 있다. 의도 기반 평가의 경우 향후 TT 독자를 자주 언급했다. 일부 예외가 있기는 했지만, 대부분의 참가자는 미래의 TT 독자를 고려한 번역에 대해 긍정적으로 평가했다. 이를 통해 참가자들이 TL의 용인성과 가독성을 중요시한다는 사실을 확인할 수 있었다. 이러한 경향은 문체 평가에서도 마찬가지로 나타났다. 추상적 평가는 가장 일반적인 범주이지만, 여기에도 역시 TL 중심의 평가 기준이 적용되었다.

ST 기반 평가 및 의미 평가는 TT가 ST와 현실을 얼마나 정확하고 충실하게 반영하는지에 대한 것이다. 이러한 평가의 비중은 높지 않았지만, 다른 그룹에 비해 번역전공학생들의 발화에서 많은 비중을 차지했다. 아마도 이들이 번역에 대해 배우고 있으며, 번역사 교육 프로그램에서 번역할 때 적절한 뉘앙스를 살리는 것에 중점을 두기 때문에 이러한 경향이 나타난 것으로 보인다. 또한, 본 연구의 책임자인 필자가 이 학생들을 가르치는 교수여서 이 범주의 평가가 높은 비중을 차지했을 수도 있다.

전반적으로 평가에서 중시된 가치는 TL의 언어적 정확성과 TT의 화용론적 조정이었다. 이러한 기준에 부합하는 TT를 작성하기 위해서는 교정 및 번역과정 전체에서 의도 기반 평가와 격률 기반 평가가 매우 중요한 역할을 한다. SL 규범과 TL 규범 사이에서 TT를 중재하기 위해 참가자들이 이러한 평가를 하기 때문이다.

번역 경험량과 상관없이 모든 참가자는 용인성이라는 동일한 기본 규범을 따랐다(투리, 1980, 1995; 2.4.3.1 참조). 모든 참가자가 동일한 기본 규범을 따르기는 했으나, 전문번역사는 업무 수행 과정에서 유리한 점이 있었다. 4.3에서 제시한 것처럼 초기 계획은 번역 경험량에 따라 차이를 보였다. 전문번역사는 처음부터 미래의 독자에 맞추어 TT를 작성하겠다는 목표를 명확하게 설정했고, 이로 인해 번역의 원칙(야스클라이넨, 1999; 퀸즐리, 2003) 또는 번역 규범(2.4.3 참조)과 관련된 지식을 활용해 의사결정 과정에 도움을 받을 수 있었다.

번역전공학생은 전문번역사가 되는 중간 단계에 있다고 할 수 있는데, 이러한 이들의 중도적 위치는 업무 계획 및 실제 업무 수행을 통해 명확히 드러났다. 번역전공학생 역시 번역사 교육의 결과 때문에 번역과정에서 일찍부터 번역의 목표에 대해 인지하고 있었고, 이 목표가

ST의 일부 요소와 상충할 수 있다는 것을 알고 있었다. 그러나 번역 경험량의 부족으로 인해 이러한 인지가 신속한 결정으로 이어지지는 않았다. 프레드릭(TS)의 경우 임시로 번역을 많이 해두었는데(이는 TAP와 교정 횟수를 통해 알 수 있음. 4.5.3 참조), 이는 여러 대안 중에 선택하지 못해서이다. 그는 자신이 세워놓은 번역의 목표를 달성하기 위한 계획을 세우지 못했다(이는 퀸즐리 [2003: 210]의 번역전공학생 데이터와 비슷한 결과임). 스웨덴어 텍스트가 러시아어 텍스트로부터 거리를 두어야 한다는 목표를 발화했음에도 불구하고, ST에서 지나치게 거리가 멀다며 교정을 많이 했다는 점에서도 이를 알 수 있다. 또 다른 번역전공학생인 엘리노어(TS) 역시 ST의 구조가 번역 목표와는 차이가 있다는 점을 인지하고 있었다. 그러나 이러한 차이에 대한 해결책으로 그녀는 다른 목표를 세웠는데, 텍스트를 변경 또는 조정해서 번역 목적에 부합하도록 하는 것이 자신이 할 일이 아니라는 것이었다. 이 목표로 업무가 쉬워지기는 했지만, 이 목표는 전문번역사 및 다른 번역전공학생의 업무 목표와는 차이를 보이는 것이었다(4.3 참조).

본 장에서 규범에 대해 논의한 것은 쓰기 전 단계의 발화 및 교정과 동시에 발생한 발화 등 발화의 일부만을 분석한 결과이다. TAP 데이터에는 평가와 원칙에 대한 발화가 더 많이 포함되어 있었으며, 이를 통해 규범을 확인할 수 있다. TAP에서 규범과 관련된 발화는 예상대로 전문번역사에게서 훨씬 자주 나타났으며, 번역사 간에 상당히 높은 수준의 합의가 존재한다는 인상을 받았다. 번역과정의 규범에 대해서는 5장에서 다시 논의하도록 하겠다.

4.6.6 과정 프로필

본 장을 마무리하면서 번역 업무에 계획, 텍스트 작성, 교정이라는 주요 단계를 활용하는 데 있어 번역 경험량에 따라 다소 달라지는 과정 프로필이 존재할 수 있다는 것을 논의하고자 한다. 과정 프로필이라는 개념은 개인별 과정의 일정한 특징 또는 업무나 양태에 따라 달라지는 일반적인 과정의 특징(반 배숴, 1991 참조)을 의미한다. 업무와 상관없이 개인별로 일정하게 나타나는 과정의 특징이 있을 수 있기는 하나, 과정의 개념은 두 번째 특징을 의미할 가능성이 더 높다(레비와 랜스덜, 1996 참조). 아래는 본 연구에서 드러난 과정 프로필을 정리하고 참가자 중 누가 각 프로필에 해당하는지를 제시한 것이다. 물론 본 연구의 데이터만으로는 다른 번역 업무가 주어졌을 때 어떤 과정 프로필이 발생할지 예측할 수 없다. 또한, 이 분석이 본 연구의 데이터에 기반을 둔 것이므로 프로필은 본 연구의 데이터에서 추출할 수 있는 것으로만 한정되어 있다. 야스클라이넨(1999)과 노르베리(2003)도 프로필에 대해 연구를 했지만, 이 선행연구의 프로필 기준은 본 연구의 기준과는 여러 가지 면에서 달라 비교가 어려울 것으로 보인다.

프로필 1

- 쓰기 전 단계에서 목표를 설정하고 자세히 계획한다. 이 단계에서 텍스트 작성도 시작한다.
- 쓰기 단계가 전체 업무 시간의 40% 미만으로 비교적 짧으며, 분절 수가 적고 분절 크기가 크다. 교정이 많이 이루어진다.
- 쓰기 후 단계가 길고 교정이 많이 이루어진다.

애나(PR)와 프레드릭(TS)이 이 프로필에 해당한다.

프로필 2

- 쓰기 전 단계에서 간단히 목표 설정을 하고 자세히 계획한다. 이 단계에서 텍스트 작성도 시작한다.
- 쓰기 단계가 전체 업무 시간의 50% 정도로 비교적 짧으며 교정이 많이 이루

어진다(분절 데이터는 사용 불가능했음).

- 쓰기 후 단계가 길고 교정이 많이 이루어진다.

이삭(LS)이 이 프로필에 해당하나 쓰기 전 단계의 목표 설정 정도는 차이를 보였다.

프로필 3

- 쓰기 전 단계에서 목표를 설정하고 자세히 계획한다.
- 쓰기 단계가 비교적 길고 교정을 많이 하며, 분절 수가 작고 분절 크기가 크다.
- 쓰기 후 단계가 비교적 길고 교정이 거의 이루어지지 않는다.

크리스티안(PR)이 이 프로필에 해당한다.

프로필 1, 2, 3은 크링스(2001: 530)가 지칭한 '교정형 계획자(correctional planner)'에 해당하며, 이들은 해결책을 일단 써 놓고 나서 이것을 교정하는 특징을 보인다. 차이점이 있다면 프로필3은 교정을 바로 하지만, 프로필1과 프로필2는 업무 전반에 걸쳐 교정 한다는 점이다.

프로필4

- 쓰기 전 단계에서 목표를 설정하고 자세히 계획한다. 부분적으로 텍스트를 작성한다(사전도 찾아봄).
- 쓰기 단계가 길고 교정은 거의 하지 않으며 분절 수가 적고 분절 크기가 크다.
- 쓰기 후 단계가 짧고 교정이 거의 이루어지지 않는다.

베리트(PR)가 이 프로필에 해당한다. 프로필4가 프로필3과 다른 점은 쓰기 단계에서 교정이 많이 이루어지지 않는다는 것이다. 베리트(PR)가 작성한 TT가 형식적으로나 의미적으로 가장 ST와 거리가 멀었다는 것을 주목할 필요가 있다. 교정을 많이 하지 않았는데도 이러한 결과가 있었던 것은 그녀가 일단 직역을 하고 이를 나중에 고치기보다는 머릿속으로 계획을 많이 했다는 것을 의미한다. 크링스(2001: 530)에 따르면 그녀는 '예측형 계획자'이다.

프로필5

- 쓰기 전 단계가 짧고 목표를 설정하거나 계획을 세우지 않는다.
- 쓰기 단계가 길고 교정을 많이 하며 분절 수가 많고 분절 크기가 작다.
- 쓰기 후 단계가 비교적 길고 교정이 많이 이루어진다.

다니엘(PR), 엘리노어(TS), 가브리엘라(LS), 하랄트(LS)가 이 프로필에 해당한다.

미주

1. 3.4.1. 참조

2. 본 장의 내용 중 일부는 엥겔룬드 디미트로바(forthc. a)로 출판되었다.

3. 이는 본 연구의 참가자 9명이 작성한 TT의 길이에서도 증명된다. TT의 길이는 473~565 단어로, 하랄트(LS)의 TT가 한 문장을 빼먹어서 가장 짧았다. 공백포함 문자 수는 3,180~3,745개였다.

4. 본 연구와 같은 실험 조건 하에서 수집된 야콥센의 데이터만 고려했다(예: 동시 발화하며 L2에서 L1으로 번역한 실험).

5. 4.5.3.3의 데이터를 보면 교정을 많이 했다는 것을 알 수 있다.

6. 크링스(2001: 417)와 티르코넨-콩디(1992: 435) 역시 발화가 이루어지지 않는 것이 번역 변화소를 선택하느라 그렇다고 비슷한 의견을 제시했다.

7. 다른 방법으로는 TAP를 출발점으로 삼아 번역사가 TT를 평가 및 모니터하는 모든 발화를 연구하는 것이 있다(cf. 크링스, 2001; 티르코넨-콩디와 라우까넨, 1996).

8. 표에서 확인할 수 있듯이 시니어 전문번역사는 발화를 하지 않았다.

9. 안타깝게도 이삭(LS)의 데이터에서는 분절을 분석할 수 없었다(4.4.1 참조).

John Benjamins Series

14

Expertise and explicitation in the translation process

5장

번역과정의 명시화

5.1 연구문제, 데이터, 연구방법

본 장에서는 연결어로 명시적으로 표현되지 않은 논리적 연결이라는 ST의 텍스트적 특징을 중심으로 참가자의 번역과정을 살펴보도록 하겠다. 주요 연구문제는 다음과 같다.

연구문제1. 참가자들의 번역 경험량과 종류에 따라 번역과정에서 함축적 논리관계의 처리가 어떻게 달라지는가?

연구문제2. 이러한 처리의 결과 TT가 어떻게 작성되었는가?

번역과정과 관련된 연구문제1에는 하위 연구문제가 있다.

1a. (명시화 결정 여부와 상관 없이) 함축적 관계가 번역과정에서 문제로 인식되는가?

1b. 명시화를 하기로 결정한 경우 번역과정의 어떤 단계에서 이 결정이 이루어지는가?

1c. 번역과정에서 명시화에 대한 결정이 언제 어떻게 이루어졌는지 전문번역사

와 학생 간에 차이점이 있는가?

1d. 번역과정 데이터를 보면 참가자가 왜 명시화를 하기로 또는 하지 않기로 했는지 알 수 있는가?

결과물과 관련된 연구문제2에도 하위 연구문제가 있다.

2a. TT에 명시화 현상이 나타나는가?

2b. 모든 참가자의 TT에 명시화 현상이 나타나는가?

2c. 2b에 대한 답이 '아니오'일 경우, 명시화/비명시화의 패턴과 번역 경험량은 연관성이 있는가?

분석 대상 데이터는 스크립트로그의 로그와 TAP이다. 스크립트로그의 로그에서 텍스트 관련 정보를 추출했다. 이 파일에서 추출한 정보는 다음과 같다.

a. 참가자의 최종 TT- 2a, 2b, 2c에 대한 데이터를 제공한다.

b. 쓰기 단계, 쓰기 후 단계, 교정에 대한 시간 패턴을 보여주는 파일- 이 파일을 통해 쓰기 도중 언제 함축적 논리 관계를 명시화했는지와 명시화 결정이 나중에 변경되었는지를 파악할 수 있다. 이를 통해 1b에 대한 답을 찾을 수 있다. 번역 하기 전에 발화를 먼저 하는 경우도 있으므로 TAP를 통해 이 데이터를 보완했다. 이러한 발화는 번역을 쓰기 직전에 이루어지지만 발화와 TT 작성 간에는 상당한 시차가 있을 수도 있다.

TAP를 통해 참가자가 번역과정에서 무엇에 중점을 두었는지도 확인할 수 있다. 이를 위해 TAP에서 분석 대상인 ST 분절에 해당하는 부분을 추출해 스크립트로그의 로그와 (나란히) 비교 분석했다. 함축적 논리 관계를 포함한 텍스트 분절이 번역과정에서 문제로 인식되었는지(연구문제 1b)를 확인할 때 "문제"를 조작적으로 정의하기 위해 크링스(1986a: 121)의 문제 지표 모델을 적용했다.

일차적 문제 지표
1. 번역사가 명시적 또는 함축적 문제라고 발화한 경우
2. 보조도구를 활용한 경우
3. TT에 빈칸으로 남겨둔 경우

이차적 문제 지표
1. 번역 변화소 간에 무엇을 선택할지 갈등하는 경우
2. TT를 변경한 경우
3. ST에 밑줄을 그은 경우
4. TT를 부정적으로 평가한 경우
5. 메타문제화
6. 3초 이상이 긴 휴지가 발생한 경우
7. 준언어적 지표가 발생한 경우
8. 등가어가 없을 경우(2.4.4.2)

기존 모델에서 일차적 지표는 그 효과가 강력한 것으로 간주하여 TAP에서 한 번만 나타나도 이를 문제 지표로 분류했다. 이차적 지표는 그 효과가 미약한 것으로 간주하여 두 개가 한꺼번에 나타나야만 문제 지표로 분류했다(ibid.). 크링스(1986a: 139-140)는 문제 지표로 간주하지 않는 발화의 종류를 다음과 같이 정리했다.

- ST를 소리 내어 읽는 경우
- 번역하면서 ST 단위를 다시 읽는 경우
- 방금 쓴 TT 단위를 다시 읽는 경우

- 쓰면서 TT 단위를 따라 읽는 경우
- ST를 전환하면서 언어적인 조작에 대해 언급하는 경우
- TT를 즉각 수정하는 경우

본 연구는 사례연구이므로 일차적 문제 지표와 이차적 문제 지표를 모두 활용했으며, 문제별로 어떤 과정이 개입했는지 예를 들어 세부적으로 논의하도록 하겠다. 사실 발화에 선행연구의 모델에서 제시한 문제 지표가 포함되어있지 않더라도 이를 분석해보면 상당히 흥미로운 결과가 나올 수 있다(연구문제 1d 참조). 따라서 본 연구에서는 함축적 연결을 TT에서 명시화하지는 않았지만 이에 대해 발화만 한 경우도 살펴보도록 하겠다. 또한 "대조적 인식", 즉 SL과 TL의 차이에 대해 인식하는 발화 또한 살펴보겠다. 이러한 발화는 대조 언어학, 교사의 충고, 참가자 본인의 직관 등을 다룬 것일 수 있다. 또한, 명시화의 이유가 TT 독자를 고려해서라고 발화한 경우도 있을 수 있다.

분석은 다음 단계로 이루어졌다.

a. 참가자의 TT에서 번역 변화소를 선택해 추출한다. 참가자가 다양한 버전의 TT를 작성했을 경우 모든 버전에서 변화소를 추출한다.
b. 선택한 문단을 번역하면서 발화한 것을 TAP에서 확인 및 추출한다. 여기에는 해당 텍스트 분절을 쓰기 전 단계, 쓰기 단계, 쓰기 후 단계에서 작업한 것이 모두 포함된다.
c. 해당 문단에 대한 쓰기 로그를 확인 및 추출한다.
d. 해당 문단에 대한 TAP 및 쓰기 로그를 자세히 검토해 문제 지표를 확인한다. 필요한 경우 TAP 및 쓰기 로그의 데이터를 시간순으로 병렬해 자세히 분석한다.
e. 필요한 경우 확인 및 분석한 정보를 참가자의 비디오 녹화분으로 보완한다.

5.2 러시아어 및 스웨덴어의 텍스트 연결어

5.2.1 러시아어와 스웨덴어의 응집성

대조 텍스트언어학 연구에 따르면 언어마다 텍스트적 패턴이 다르게 나타난다. 이처럼 응집성의 명시화 정도가 다르게 나타나는 것이 번역의 명시화 연구에도 자주 등장한다. 하인즈(Hinds, 1987)는 언어에 따라 어떻게 효과적으로 의사소통 하고 텍스트를 이해 및 해석할지를 작가 책임으로 돌리는 경우도 있고 독자 책임으로 돌리는 경우도 있다고 밝혔다. 의사소통의 책임을 작가가 져야 하는 언어의 경우 작가가 응집성을 위해 명시적인 표지를 써야 하는데, 하인즈는 이를 접속문(transition statement)이라고 칭했다.

> 작가가 적절한 접속문을 사용해 독자들이 글을 구성하는 작가의 논리를 이해할 수 있도록 해야 한다(하인즈, 1987: 146).

하인즈에 따르면 영어는 작가가 책임을 지는 언어라고 한다. 그는 독자가 책임을 지는 언어인 일본어와 영어를 비교하면서, 일본어 독자는 영어 독자에 비해 명시적인 표지 없이 텍스트적 관계를 판단해야 한다고 설명했다(ibid.).[1] 이와 같은 의견은 번역의 명시화에 대한 연구에서도 제기되었는데, 샤디로폴루(1995)는 그리스어가 영어보다 작가에게 훨씬 더 많은 책임을 지운다고 밝혔다. 그렇다면 번역에서 명시화 현상이 일어나는 것은 TL의 규범에 따르기 위한 것이라고 할 수 있다. 본 연구에서는 러시아어와 스웨덴어를 이러한 측면에서 분석하겠다. 이를 위해 러시아어와 스웨덴어의 대조적 텍스트 언어학과 응집성에 대해 배경설명을 하도록 할 것이다. 이러한 배경설명을 위해 분석의 뒷부분에 응집성을 중심으로 짧게 소개하도록 하겠다.

응집성은 텍스트의 두 요소 간의 의미적 관계로, 한 요소가 다른 요소와 연관되어 해석되는 경우를 말한다. 응집장치는 텍스트 앞에서 이야기했던 부분과 다음 문장을 이어주는 등의 역할을 하는 장치이다. 응집성은 문장 단위와는 상관이 없으며 문장 내에서 작용하기도 한다. 그러나 응집성은 텍스트 수준에서 문장을 연결하는 장치로서 연구되는 것이 더 보편적인데, 그 이유는 다음과 같다.

> 문장 간의 응집장치가 더 눈에 띄는 것은 문장 내에서는 다른 구조적 관계도 있지만, 문장 밖에서는 이들이 텍스트결을 보여주는 유일한 요소이기 때문이다 (할리데이와 하산(Halliday & Hasan), 1976: 9).

응집성을 위한 언어적 수단은 모든 언어에 보편적으로 존재하지만, 그 활용의 정도와 방법은 언어마다 다르다. 본 연구에서는 러시아어가 스웨덴어보다 함축적 연결을 더 자주 사용하는지, 특히 논리적 관계의 연결을 중점적으로 살펴보겠다. 그러나 본 연구의 언어 쌍에 대한 대조 연구가 거의 존재하지 않고, 특히 본 연구에서 중점을 두는 응집성에 대한 선행연구는 전혀 없는 상황이다.

본 장에서는 주로 할리데이와 하산이 "접속"이라고 칭한 것을 다루도록 하겠다. 이 접속은 문법적인 의미의 접속사와는 다른데, 텍스트 앞부분에 있던 요소와 뒷부분의 요소가 어떤 기본 논리 관계를 가지고 체계적으로 연결되었는지를 보여주는 것이다(할리데이와 하산, 1976: 227, 320). 이러한 논리적 관계의 범주는 다양하지만 그 수는 한정적이다. 할리데이와 하산(1976: 238)은 이를 순접(additive), 역접(adversative), 인과(causal), 시간(temporal)의 네 종류로 나누었다. 놋과 샌더스(Knott and Sanders, 1998: 140)는 응집 관계를 기초 조작(순접 또는 인과), 응집성의 출처(의미론 또는 화용론), 극성(긍정 또는 부정), 분절의 순서 등 네 가지를 기반으로 분류해야 한다고 주장했다. 이러한 관계는 텍스트 내에서 연결어, 부사구, 담화표지 등 다양한 응집장치를 통해 명시적으로 드러난다. 여기서는 이러한 응집장치를 연결어(connectives)라고 부르겠다(브로이어(Breuer), 2002: 78 참조).

러시아어에 대한 선행연구에서는 러시아어에 다양한 함축적 연결이 있을 가능성이 크다고 밝혔다. 즉 러시아어는 접속사 생략 등위접속(coordination) 및 종속접속(subordination)이 일어나는 경우가 빈번하며, 대부분의 등위접속과 종속접속이 이런 식으로 일어나는 것이 가능하다(브로이어, 2002: 113; 그르노블(Grenoble), 1998: 295; 멘도사(Mendoza), 1996: 53; 바이스(Weiss), 1993: 74; 유아르프(Širjaev), 1986 참조). 바이스는 다음과 같이 함축성이 러시아어의 언어적 특징 중 하나라고 이야기한다.

> 다른 언어에 비해 러시아어의 문법적·어휘적 정보는 숨겨져 있거나 간접적으로 전달된다(바이스, 1993: 79).

러시아어와 스웨덴어 사이에는 응집성에 영향을 주는 구조적·유형적 차이가 존재한다. 응집성에서의 이러한 차이뿐만 아니라, 러시아어는 더 합성적인 반면 스웨덴어는 더 분석적이라는 점에서도 차이가 있다. 그리고 스웨덴어에서는 단어 순서가 러시아어보다 고정적이다. 일례로 스웨덴어의 평서문 주절에서 동사는 반드시 절의 두 번째에 위치해야 한다. 즉 러시아어에서는 단어 순서로 응집성을 유지할 수 있지만, 스웨덴어에서는 이것이 불가능할 수 있는 것이다(코미사로프, 1988: 8). 예를 들어 러시아어에서 유사성은 중요한 응집장치인데(브로이어, 2002: 189), 스웨덴어에서는 이를 활용할 수 없다. 5.2.3의 예문을 참조하라.

또 다른 언어적 차이는 동사 체계에 있다. 스웨덴어의 시제는 러시아어보다 더 다양하고, 러시아어의 동사는 더 문법화되어 있으며, 부동사 등 스웨덴어 동사에는 없는 형태가 있다(슈밋 forthc. 참조). 이러한 요소가 응집성에 영향을 줄 수 있는 것이다(5.2.4 및 5.5 참조).

러시아어와 다른 언어 간의 응집성에 관한 대조 연구는 거의 없다.[2] 벤아스-레토(1989)의 연구는 러시아어와 핀란드어의 언론 텍스트를 응집성의 관점에서 다루었다. 여기서는 러시아어 언론 텍스트가 핀란드어 언론 텍스트보다 명시적 응집장치의 수가 적다는 결론이 나왔다(벤아스-레토, 1989: 201). 이는 언론 텍스트에서 대부분의 문장이 이전 맥락과 연결되는 명시적 장치가 없다는 시라티니나(Sirotinina, 1968: 111)의 연구결과와도 일치하는 것이다. 시라티니나는 이것을 구어적 특징으로 파악했다. 벤아스-레토의 코퍼스에서 러시아어 언론 텍스트에는 문장간 연결어의 비중이 0.1이었고, 핀란드어 텍스트는 이 비중이 0.3으로 3배 높게 나타났다(벤아스-레토, 1989: 202). 이는 핀란드어 텍스트보다 러시아어 텍스트의 문장 수가 더 적기 때문이었을 수도 있다. 즉, 러시아어 텍스트의 문장 길이가 더 길었으며, 이전 맥락과 덜 명시적으로 연결되어 있었던 것이다.

메이슨(Mason, 2001)은 (연구 대상이 러시아어와 스웨덴어 언어 쌍은 아니었지만) 언어 간의 차이에 대한 연구가 지나치게 일반적이므로, 장르 및 어역별 관습도 고려할 필요가 있다고 주장했다. 같은 저자(까뮈)라 하더라도 한 텍스트타입에서는 명시적 연결을 다양하게 사용하는 반면 다른 텍스트타입에서는 함축적 연결을 많이 사용할 수 있다는 것이다(메이슨, 2001: 74). 그는 또한 번역의 목적이 중요하며, 명시화 등 번역과정에서 번역사가 어떠한 규범을 따랐는지도 중요하다고 주장했다. TL의 텍스트타입이 SL보다 더 명시적이라 하더라도 번역을 꼭 그렇게 할 필요는 없다는 것이다. 번역사는 먼저 TL의 텍스트타입에 대해 파악한 후 TL의 패턴과 최대한 비슷하게 번역해야 한다는 것이다.

러시아어와 스웨덴어의 응집성의 명시화 정도를 비교해 보려면 대규모 대조 연구가 필요한데,[3] 이는 본 연구의 범위를 벗어나는 것이다. 또한, 논리적 연결이 어떻게 명시적으로 표현되었는지 등 텍스트를 쓰는 방식은 두 언어의 구조에만 달린 것이 아니다. 작가의 의도, 쓰기 능력 등의 요소도 고려해야 하는 것이다. 예를 들어 작가의 주요 목적이 정보 제공일 경우, 정보간의 연결을 명시화하는 것은 부차적으로 다루어질 수 있다(루돌프(Rudolph), 1985: 81, 브로이어, 2002: 62에서 재인용). 또한 연결어로 관계를 표시한다 하더라도 그 연결어가 더 구체적이거나 더 일반적인 의미를 가질 수 있다. 러시아어 연결어 i[그리고]는 순접, 시간, 인과 관계를 모두 나타낼 수 있으며(졸로토바, 오니펜코, 시도로바(Zolotova, Onipenko & Sidorova), 1998: 345), 이는 다른 언어에서도 마찬가지이다. 놋과 샌더스(1998: 172)는 영어의 and 또는 but 등 가장 단순한 어휘적 연결어는 매우 일반적인 의미를 가지며, 화자가 간결하게 말해 청자들이 암시적인 것을 명확하게 만들어야 하는 경우에 쓰이는 경향이 있다고 밝혔다. 또한, 논리적 연결도 명시적 연결어를 사용하는 것보다 더 다양한 방식으로 표현 가능하다고 한다(레만(Lehmann), 1988).

러시아어 스웨덴어 대조 연구 대신 본 연구에서는 과정 기반 접근법을 선택했다. 순접, 역접, 시간/인과 등 논리적 관계를 분석하기 위한 단위로 분절을 선택했고, 이러한 분절이 다음의 기준에 부합하도록 했다.

1. 스웨덴에서 비명시화된 직역이 가능하며, 하나의 독립된 문장으로서 완전히 문법에 벗어나는 것은 아닌 경우
2. 그러나 텍스트 수준에서는 TL의 문체적 텍스트적 특징을 고려해 대부분의 경우 더 명시적인 연결을 할 수 있는 경우

5.2.2, 5.2.3, 5.2.4에서 이러한 관계의 종류를 제시하고 대조 분석하도록 하겠다.

5.2.2 러시아어와 스웨덴어의 (접속사 생략) 함축적 순접 등위접속

명시화에 대해 알아보기 위해 선택한 첫 번째 범주는 같은 통사적 기능을 가진 문장 두 개 이상의 (접속사 생략) 함축적 순접 등위접속이다. 영어에서 이러한 범주의 예문은 다음과 같다.

(1) 그들은 모든 곳을 찾아보았다-다락방 안, 마루 밑, 창고 안까지(인사이클로피디아 오브 랭귀지 앤드 링귀스틱스(Encyclopedia of Language and Linguistics), 1994: 763)

이 예문에서 "다락방 안", "마루 밑", "창고 안"이라는 연어는 접속사 등의 연결어 없이 나열되어있다.

등위접속 구조의 정의는 다음과 같다.

등위접속 구조는 두 개 이상의 요소가 각기 같은 중요도를 가지고 나열(접속)된 통사적 구조를 뜻한다. 전형적인 등위접속 구조에서는 접속성분(conjuncts)이 같은 범주에 속하며, 전체 구조도 같은 구조로 이루어져 있다. 종종 ("그리고", "또는" 등) 연결어가 등위접속을 내재적으로 표현하기도 한다(트라스크(Trask), 1993: 63).

접속성분은 통사적·의미적 특징을 모두 가지고 있어 등위접속이 가능하도록 해주는 필수조건이다. 등위접속은 억양이나 구두점으로만 표현하거나(접속사 생략 등위접속), 하나 이상의 연결어, 주로 접속사로 표현할 수 있다. 접속사, 접속성분과 등위접속의 관계를 의미적 관점에서 보면 연계 또는 순접("그리고" 등), 역접("그러나" 등), 이접("또는" 등), 인과("때문에")로 나눌 수 있다. 단순해 보여도 등위접속의 특징과 정의에 대해서는 언어학자간에 이견이 분분하다(인사이클로피디아 오브 랭귀지 앤드 링귀스틱스, 1994: 762-763; 텔레만, 헬버그, 안데르손(Teleman, Hellberg & Andersson), 1999b: 879; 세나이코프(Sannikov) 1989: 32ff. 참조). 언어학 학술지 링구아(Lingua)는 최근 특집호(2005년 115호)를 통해 등위접속의 통사론적·의미론적·화용론적 분석을 다루기도 했다.

러시아에서 문장의 요소를 접속시키는 순접사는 i[그리고], da[그리고], i....i[~와 ~ 모두]가 있으나(러스카자 그람마띠카(Russkaja grammatika), 1980b: 169), 접속사 생략 순접도 많다. 의미론적으로 등위접속 구조는 개방형 또는 폐쇄형 나열이 될 수 있다. 폐쇄형 나열에서는 접속성분이 서로 다른 관계를 가지며 내부적인 순서를 변경할 수 없는 반면, 개방형 나열에서는 요소의 순서를 자유롭게 변경할 수 있다(러스카자 그람마띠카, 1980b: 167). 러시아어에서는 접속사가 생략된 이러한 구조를 "무한 열거(non-exhaustive enumeration)"라고 부른다(로젠탈(Rozental'), 1997: 310; 세나이코프, 1989: 231; 솔가닉(Solganik), 1973: 98). 개방형 나열에서는 구조에 다른 요소를 추가해도 논리적으로 문제가 없는 것이다. 러스카자 그람마띠카(1980b: 169)는 이런 경우를 다음과 같이 두 종류로 구분했다.

1. 다른 대상 또는 성질을 열거
2. 서로를 강화하거나 보완하는 성질을 열거

이러한 구조는 다양한 텍스트타입에서 흔히 나타나는데, 일례로 러시아어 언론 텍스트에서는 "독자에게 깊은 인상을 심어주기 위해서" 쓰기도 한다(벤아스-레토, 1989: 88). 이러한 구조는 긴 목록을 제시하거나, (벤아스-레토의 코퍼스에서는) 구소련의 경제적 성과를 열거하기 위해 활용되었다. "이러한 목록이 모든 것을 완벽하게 나열하지 않을 경우" 여기에는 감정을 자극하는 요소가 있을 수 있는데, 본 연구의 ST에서 드러난 함축적 순접 구조의 일부가 이에 해당한다(5.3 참조).

순접 관계는 응집성을 나타내는 가장 단순한 형태다(할리데이와 하산, 1976: 28). 브로이어는 러시아어의 문장간 응집성에 대해 논의하면서, 접속사 생략 (함축적) 연결과 접속사 i[그리고]에 의한 연결이 매우 비슷하다고 주장했다(브로이어, 2002: 171).

스웨덴어에서 문장 요소를 접속하는 순접사에는 och[그리고]와 samt[그리고]가 있다. 연결사 bade[모두]는 och와 함께 쓰이며, 두 접속성분간의 순접 등위접속을 강조하는 역할을 한다. Samt는 문체적 변화소로, 주로 문어의 격식 있는 문체에 쓰인다(텔레만, 헬버그, 안데르손, 1999a: 731). 스웨덴어에 접속사 생략 순접 등위접속을 나타내는 경우도 있기는 하지만 러시아어보다는 빈도가 훨씬 낮다. 텔레만 외(1999b: 888)는 일반적인 문체에서 구를 접속사 생략 순접 등위접속으로 처리하는 경우는 거의 없다고 주장한다. 마찬가지로 문장을 접속사 생략 순접으로 처리하는 경우도 거의 없다. 스웨덴어 문체에서 이런 식으로 접속사 없이 비슷한 의미를 가진 접속성분을 여러 개 나열하는 등위접속 구조를 *hopning*[누적]이라고 부른다. 이러한 구조는 관심을 집중시켜 누적 효과를 나타낸다. 이러한 구조는 소설, 현대시, 광고문구 등에 사용된다(릴리스트랑드(Liljestrand), 1993: 83; 텔레만과 비즈크런(Teleman & Wieselgren), 1990: 62).

러시아어와 스웨덴어에서 접속사 생략 구조는 문체적인 특징과 빈도 면에서 차이가 있지만, 두 언어나 문체를 대조 연구한 선행연구에서 이를 입증하는 자료를 찾아보기는 힘들다. 에크블롬(Ekblom, 1960), 페(Fält, 1994), 군나르손과 야콥슨(Gunnarsson and Jacobsson, 1962), 비클란트 (Wikland, 1974)는 스웨덴어 문법이 전통적으로 더 형태적인 원칙에 기반을 두고 있다고 주장하며, 문법을 형태적 범주로 분류했다. 그러나 접속사 생략 등위접속에서 접속사를 "사용하지 않는 것"처럼, 어떤 범주를 "사용하지 않는 것"은 이러한 설명과 맞지 않는다.

러시아어는 이런 면에서 스웨덴어나 핀란드어와 차이를 보인다. 벤아스-레토는 (접속사 i[그리고]가 있는 구조와 접속사 생략 구조 모두) 이러한 등위접속 구조가 핀란드어 언론 텍스트보다 러시아어 언론 텍스트에 훨씬 자주 등장한다고 밝혔다. 이 코퍼스에서 러시아어 텍스트는 100단어당 등위접속이 10.4회 나타났으나, 핀란드어 텍스트에서는 2.5회밖에 나타나지 않았다(벤아스-레토, 1989: 89). 본 연구의 ST는 언론 텍스트가 아니기는 하지만 이와 비슷한 문법적 특징이 많다. 영어도 이런 면에서 러시아어와 차이를 보인다는 것을 다음 인용을 통해 확인할 수 있다.

> 영어에서는 목록을 열거할 때 가장 마지막 요소 앞에 접속사를 쓰는데, 러시아어에서는 특히 차분한 서술문에서 접속사 i가 생략될 수 있다.
> *그들은 신발을 팔고 있었다*. Prodavali obuv'. Tufli, krossovki, sapogi, valenki. *신발, 운동화, 부츠, 그리고 펠트부츠*.
> i 를 열거 마지막에 추가하면 모든 요소를 열거한 듯한 느낌을 주게 된다(오포(Offord), 1996: 375)

따라서 러시아어에서 스웨덴어로 번역할 때 접속사 생략 등위접속이 명시화될 가능성이 큰데,[4] 이는 두 언어 간에 이러한 구조가 쓰이는 빈도나 문체적인 효과가 다르기 때문이다. 이것이 문장 간의 논리적 연결은 아니므로 논리적 연결의 명시화와는 상관없는 예시가 아니냐고 주장할 수도 있다. 또한, 순접사의 의미는 상당히 미미하므로 접속사 생략 여부에 따라 구조적으로 큰 차이가 나타나지는 않는다(위 참조). 따라서 접속사를 추가하는 것을 명시화라고 볼 수 있는지 의문을 제기할 수 있다. 그러나 이것이 본 연구에서 의미가 있는 이유는 다음의 두 가지이다. (1) 문장 내·문장 간에 응집성 및 응집장치를 활용하는 원칙이 유사하고, (2) 문장 내·문장 간에 함축적인 논리적 연결을 처리하는 방식이 번역 경험량에 따라 달라질 수 있다(2.4.4.3 참조).

5.2.3 러시아어와 스웨덴어의 함축적 대비

ST는 뜻밖의 사건과 불운으로 점철된 생애를 묘사하고 있다(5.2.5 참조). 따라서 두 문장이 역접으로 이어져 두 번째 문장이 첫 번째 문장과는 기대치 못한 방식으로 전개되는 경우가 있다. 그러나 독자의 해석 과정을 도와줄 외현적 대비 표지가 있는 것은 아니었다.

러시아어에는 다른 언어와 마찬가지로 구나 문장의 대비를 표시하기 위한 전형적인 접속사가 있다. 예문 (2)와 (3)은 5.4에서 분석할 ST의 분절과 비슷하지만, 명시적인 대비 표지를 포함한다.

(2) Ge provodil bol'šuju čast' svoej žizni v derevne. No k koncu zimy on obyknovenno ezdil v Peterburg na otkrytie peredvižnoj vystavki. [그는 생애의 대부분을 시골에서 보냈다. 그러나 겨울이 끝나갈 때면 여행 전시회의 개막식에 가기 위해 페테르부르크로 갔다.] (L. N. 슈소티나-톨스타야(L. N. Suchotina-Tol'staja), 쟈폰(Ljapon), 1986: 153에서 재인용)

(3) No vot drugoj slučaj. Situacija vas javno ne ustraivaet. Tem ne menee, vy ne delaete nikakich usilij, čtoby chot' kak-to izmenit' ee. [그러나 이는 다른 경우다. 당신은 이 상황에 만족하지 못하고 있는 것이 분명하다. 그럼에도 불구하고 당신은 상황을 바꿔보려는 노력을 조금도 하지 않았다.] (언론 텍스트, 쟈폰, 1986: 154에서 재인용)

그러나 러시아어에서는 표지를 사용하지 않고도 대비를 명확히 나타낸 예문을 쉽게 찾아볼 수 있다.

(4) Vse sčastlivye sem'i pochoži drug na druga, každaja nesčastlivaja sem'ja nesčastliva po-svoemu.

[행복한 가정들은 모두 엇비슷하고, 불행한 가정은 불행한 이유가 제각기 다르다.] (톨스토이, 졸로토바 외, 1998: 443에서 재인용)

(5) On sidel na lavke zdorovyj, čistyj takoj, radostnyj, sidel i vse chochotal. My molčali. Nam počemu-to on byl neprijaten v etot raz. [그는 벤치에 앉아있었는데, 건강하고, 청결하고, 행복해 보였고, 앉아있는 내내 웃고 있었다. 우리는 조용해졌다. 우리는 어쩐지 그가 그때는 반갑지 않았다.] (브로이어, 2002: 239에서 재인용)

(4)번 예문은 레오 톨스토이의 소설 안나 까레니나의 첫 문장으로 유명하고, (5)번 예문은 막심 고리키(Maxim Gorky)의 소설이다. 두 예문 모두 유사성을 통해 응집성을 추구했다. 톨스토이의 예문에서는 같은 통사적 구조를 2번 사용하고 같은 단어 순서를 사용하는 등 의미적·구조적 유사성을 찾아볼 수 있고, 첫 번째 절에서는 주어가 복수이고 두 번째 절에서는 주어가 단수이며, "행복한"과 "불행한"이라는 형용사를 대비시키는 등 구조적인 차이도 있다. 고리키의 예문에서는 구조와 단어순서(On sidel-My moleali)가 유사성을 띤다.

다음 예문은 응집성에 대한 언어학 텍스트인데, 대비 표지가 빠진 경우이다. 두 번째 문장과 세 번째 문장에는 두 학생 그룹 간의 명확한 차이를 보여주며, 어떻게 응집성을 가르쳐야 할지를 다루고 있다. 이 텍스트 분절에서 응집성은 유사성을 통해 표현되었다. 구조적 유사성이 아닌 어휘적, 의미적, 단어 순서상 유사성이다.

(6) Kakim obrazom prepodavatel' soobščit učaščemusja eti znanija, zavisit ot konkretnoj auditorii. Filologi - buduščie rusisty ili prepodavateli russkogo jazyka - konečno že, v predelach teoretičeskogo kursa dolžny byt' oznakomljeny s kategoriej

posledovatel'nosti i ee častnymi značenijami. Specialistam-nefilologam, požaluj, dostačno liš' praktičeskich umenij v etoj oblasti.

[어떤 식으로 교사가 (텍스트에서 문장을 어떻게 연결하는지 등) 이 지식을 학생에게 전달하느냐는 청중에게 달려있다. 러시아어 전문가 또는 러시아어 교사 등 언어학자들은 이론적 틀 안에서 posledovatel'nost'(순차성)[5]의 범주 및 각기 다른 의미를 파악해야 한다. 언어학자를 제외한 전문가의 경우 이 분야에서 쌓은 실용적인 기술로도 충분할 것이다.] (자루비나(Zarubina), 1981: 51-52)

스웨덴어에서는 역접 등 대비를 함축적으로 표시하는 것이 어려우므로 연결어를 이용해 표시한다(퀼리그렁(Käligren), 1979: 88). 스웨덴어 교과서와 작문 지침서에서는 대비가 예상치 못한 것일 경우(비크보그와 비요크(Wikborg & Bjork), 1989: 70-71), 명시적인 대비 표지를 쓰라고 권고하는 편이다(스트럼퀴스트, 1989: 88 참조). 그러나 학술적인 글쓰기 교과서에서 주장하는 것처럼 문장 내에서는 대비를 함축적으로 표현하는 것이 가능하며, 다음 예문이 이에 해당한다.

(7) Den äktenskapliga fruktsamheten tenderar att minska; den utomäktenskapliga ökar.

[결혼한 부부의 출산율은 줄어드는 경향이 있고, 결혼하지 않는 커플의 출산율은 늘어나고 있다.] (야릭과 조지프슨(Jarrick & Josephson), 1996: 82)

이런 면에서 러시아어와 스웨덴어가 전반적으로 차이가 있어, 러시아어에서는 주로 이런 관계를 연결어를 제외한 응집장치를 활용해 함축적으로 표현하는 경향이 있다. 이는 러시아어를 스웨덴어로 번역할 경우 이러한 논리적 연결이 명시화될 가능성이 있음을 뜻한다. 톨스토이 소설을 스웨덴어로 번역한 것은 첫 번째 문장의 대비를 연결어(접속사 또는 부사)를 이용해 명시화시켰음을 확인할 수 있다.

(8) Lyckliga familjer äro varandra alla lika; de olyckliga däremot äro olyckliga var och en på sitt särskilda sätt(톨스토이, 1914: 3; 월보드 헤리베리(Walborg Hedberg)의 번역).
[행복한 가정들은 모두 엇비슷한 반면, 불행한 가정들은 불행한 이유가 제각기 다르다.]

(9) Alla lyckliga familjer likna varandra, men varje olycklig familj är olycklig på sitt särskilda sätt(톨스토이, 1928: 9; 오스카르 나흐만(Oscar Nachman)의 번역).
[모든 행복한 가정들은 엇비슷하지만, 모든 불행한 가정은 불행한 이유가 제각기 다르다.]

(10) Alla lyckliga familjer är varandra lika, men den olyckliga familjen är alltid olycklig på sitt speciella sätt(톨스토이, 1958: 9, 시구르드 아그렐(Sigurd Agrell)의 번역, 구닐라 노드런드(Gunilla Nordlund)가 교정).
[모든 행복한 가정들은 엇비슷하지만, 불행한 가정은 언제나 불행한 이유가 제각기 다르다.]

영어로 번역된 것 중에도 대비가 명시화된 경우가 있었다.

(11) All happy families resemble one another, but each unhappy family is unhappy in its own way(톨스토이, 1965: 1).
[모든 행복한 가정들은 엇비슷하지만, 모든 불행한 가정은 불행한 이유가 제각기 다르다.]

5.4에서 분석할 텍스트 분절의 경우 SL에서는 함축적인 관계가 용인되지만, 대비를 명시적으로 표시하는 것도 가능했을 것임을 추측할 수 있다(5.4.1 참조). 러시아어 ST에서 이 부분을 언어적으로 이렇게 표현한 것은 이 텍스트의 특징일 수 있다. 이 텍스트는 우크라이나어로 쓰인 긴 텍스트를 요약한 것이다. 이 텍스트를 러시아어로 요약한 저자는 이것들을 그저 사실 관계의 나열로 보았을 수 있다. 스웨덴어에서 이런 텍스트타입은 연결 관계를 더 명시적으로 표현하는 경향이 있다.

5.2.4 러시아어와 스웨덴어의 선재(anteriority) 표현 및 함축적 시간·인과 관계

마지막으로 분석할 ST의 함축적 연결은 시간 및 인과 관계이다. ST의 분절 두 개를 중점적으로 분석할 것인데, 각 분절은 두 문장으로 이루어져 있으며, 두 번째 문장의 사건/행위가 첫 번째 문장의 선재로서, 그 이유로 해석될 수 있는 경우이다. 이것은 러시아어와 스웨덴어의 시제 체계와 관련이 있는데, 이는 매우 복잡한 문제로, 러시아어의 경우는 동사의 상 체계가 시제와 연계되어 훨씬 더 복잡하다. 여기서는 과거 행위와 관련해 이것의 선재를 어떻게 두 언어에서 표현하는지만 논의하도록 하겠다. 이 논의도 매우 일반적으로 이루어질 것이다.

러시아어 동사에는 과거 시제가 과거형 하나다. 다양한 형태의 과거 행위는 상으로 구분되는데, 상에는 불완료와 완료가 있다(마슬로프(Maslov), 1984). 완료상은 사건이나 상황을 전체적으로 밖에서 본다. 따라서 서사문에서 완료상의 선재로 동사가 여러 개 연이어 나타날 경우는 보통 연속적인 사건이나 상황이 시간적 순서에 따라 나열된 것으로 이해된다(그르노블, 1998: 232; 파도에바(Padučeva), 1996: 362). 반면 불완료상은 사건이나 행위가 서로 관련 없는 것으로 본다. 따라서 불완료상의 과거형 동사가 서술문에서 연이어 등장하는 경우 동시에 처리 또는 발화되는 것을 뜻한다. 그러나 완료 당의 동사 형태가 동시에 발생한 행위나 사건을 뜻하기도 한다. 다음 예문이 이에 해당한다.

(12) Gde-to okolo časa on prosnulsja.
(i) TELEFON zazvonil.
(ii) Zazvonil TELEFON.
'About one o'clock he woke up. The telephone rang.' (네르거드-소렌슨(Nørgård-Sørensen) 1992: 164에서 재인용)
[약 한 시쯤 그는 잠에서 깼다. 전화벨이 울렸다.]

네르거드-소렌슨은 단어 순서로 시간적 순서를 나타내는 경우도 있다고 주장한다. 이 예문에서 prosnulsja[잠에서 깼다]와 zazvonil[울렸다]는 동사는 완료상의 과거형이다. 따라서 동시에 일어난 행위를 뜻하지 않는다. 그러나 사건이 일어난 순서와도 상관이 없는 것은 아니다. 첫 번째 문장과 문장(i)이 인과 관계라는 사실은 분명하다. 전화벨이 울려서 그가 잠에서 깬 것이다. 이 경우 문장(i)의 동사가 먼저 일어났음에도 선재 표지는 없다. 이것은 문장(i)이 인과 관계가 자주 함축되는 단어 순서로 이루어져 있기 때문이다(네르거드-소렌슨, 1992: 168).

이것은 주절의 과거형 동사에도 해당한다. 즉, 서술문에서 완료 동사가 연달아 주절에 나타날 경우 자연스러운 시간적 순서나 도상성의 원칙에 따라 첫 번째 동사는 두 번째 동사보다 먼저 나타난 행위로 이해된다. 이처럼 모든 언어의 서술문에서 사건의 "자연스러운 순서" 또는 *ordo naturalis*가 더 이해하기 쉬운 것(브라운(Brown), 1994: 17)으로 받아들여진다

종속 접속사가 포함된 종속절, 형동사, 부동사 등 러시아어에서 과거 행위/사건보다 선재하는 행위/사건을 명시적으로 표현하기 위해 사용되는 문법 및 어휘적 수단은 다양하다(슈밋 forthc 참조). 과거형 동사가

표현하는 시점보다 먼저 일어난 사건이나 행위를 다른 동사로 표현하는 것을 마슬로프(1984)는 회귀라고 불렀고, 이를 역추적(그르노블, 1998: 233)이라고도 한다. 러시아어에서는 과거형을 불완료나 완료상으로 쓸 수도 있고, 완료상의 부동사인 "종속 시순(dependant taxis)"이나 완료상의 표지로 쓸 수도 있다(마슬로프, 1984: 196). 종종 어휘적 의미로 회귀를 나타내기도 한다. 그러나 러시아어에서는 대과거시제를 나타내는 시제가 없으므로 다른 언어와는 다르게 대과거시제를 맥락에 따라 판단해야 한다(그르노블, 1998: 233; 자루비나, 1981: 23). 대과거시제 시제가 있는 언어를 러시아어로 번역하는 경우는 어휘를 추가해서 대과거시제를 표현해야 하며, 영어를 러시아어로 번역한 다음 예문이 이에 해당한다.

(13) a. No one would think now that Millicent had been the prettier of the two.
[아무도 Millicent가 둘 중에 더 예뻤을 거라고는 생각하지 않았다.]
b. Nikto by teper' ne poveril, čto iz dvuch sester bolee chorošen'koj vsegda byla Millisent.
[아무도 두 자매 중 늘 더 예뻤던 쪽은 Millicent였을 거라고는 믿지 않았다.] (코미사로프, 1990: 203에서 재인용)

스웨덴어는 과거형 시제가 여러 개다. 본 연구에서는 그 중 과거와 대과거시제를 분석하고자 한다. 과거는 말하는 순간보다 시점/시간 면에서 과거에 일어난 행위/사건을 의미하며, 여기에는 말하는 순간이 포함되지 않는다(텔레만 외, 1999b: 223). 서술문에서 과거형 동사가 연이어 나타나고 두 행위가 서로 연관 있는 경우 보통 연이은 행위/사건을 의미한다. 그런 점에서 러시아어 과거형의 완료상과 비슷하다. 스웨덴어의 대과거시제는 과거형 동사가 발생한 시점보다 먼저 일어난 행위를 의미한다. 대과거시제는 과거보다 먼저 일어난 행위를 표현할 때 사용되지만, 서술문에서 과거형이 발생한 시점을 바꿀 경우 먼저 일어난 행위가 새로운 시점의 기준이 되어 과거형으로도 이를 표현할 수 있다(텔레만 외, 1999b: 225). 하나의 사건이나 행위가 서술문에서 앞에 발생한 것으로 표현된 경우, 이것이 뒤에 발생하는 사건이나 행위의 원인으로 해석되는 경우가 많다. 인과관계는 텍스트에서 함축적으로 표현되는 경우가 많은데(퀼리그렁, 1979: 89; 비크보그와 비요크, 1989: 71), 이는 텍스트가 잘 구성되어 있고(브로이어, 2002: 231 참조) 독자가 필요한 배경지식을 갖추고 있을 경우 특히 추론하기 쉽기 때문이다.

따라서 러시아어의 과거형이 서술되는 시점보다 먼저 일어난 사건/행위를 표현하기 위해 사용된 경우 이를 스웨덴어로는 대과거시제로 번역해야 한다. 러시아어의 과거형을 스웨덴어의 대과거시제로 번역하는 것은 명시화가 아니라는 사실을 다시 한번 강조한다. 이 경우는 이렇게밖에 번역할 수 없으며, 이는 본 연구의 분석 범위를 벗어나는 것이기 때문이다. 그러나 번역사가 이것을 시간 또는 인과 종속절로 번역하거나 시간/인과 연결어를 추가한 경우는 (선택적) 명시화에 해당하는 것으로 간주한다. 다음의 분석은 어쩔 수 없는 경우라 하더라도 늘 그렇게 번역하지 않고 선택적으로 명시화를 했음을 보여준다.

5.2.5 러시아어 ST의 텍스트적 특징

ST의 내용은 우크라이나의 19세기 시인이자 예술가인 타라스 셰우첸코의 생애와 주요 사건을 다루고 있다. 서술형 텍스트로, 사건은 주로 시간 순서대로 나열되어 있다. 첫 번째 문단만이 예외로, 텍스트 내용에 대한 매우 일반적인 역사 문화적 배경을 다루고 있다. 여기서는 셰우첸코가 우크라이나 문화에 있어 가장 저명한 인물이며, 혁명적인 사상가로서 그를 묘사하고 있다. 거의 생애는 매우 극적이었다고 한다. 텍스트의 나머지는 이 부분을 자세히 설명하고 있다. 셰우첸코의 생애는 명암이 분명한 한 편의 드라마로, 예술적 재능을 타고난 농노로 태어나 나중에 해방 되었다. 미술대학에서 교육을 받은 후 예술가이자 체제 전복 활동가로 일했다. 그 결과 체포되어 장기 추방당했다. 러시아의 수도에서 다시 예술에 몰두한 결과 어느 정도 성공을 거두었으나, 병에 걸려 사망한다. 그의 생애에는 명과 암, 좋은 일과 나쁜 일이 혼재되어 있었으며, 대비적인 요소가 강하게 나타난다. 그러나 텍스트는 극적인 서사보다는 사실관계만을 건조하게 나열하여, 이러한 대비관계가 강조되거나 명시적으로 드러나지 않는다.

ST는 독자들이 역사적·지리적·문화적 지식을 가지고 있을 거라고 상정한다. 러시아어로 쓰여 1984년에 출판된 이 텍스트는 구소련의 러시아어 독자를 대상으로 하며, 그 당시에는 구소련이 아니라 USSR이 지속될 것이라고 믿었다. 텍스트에서는 19세기 우크라이나의 정치적인 상황에 대해 우크라이나가 독립국가가 아니라 러시아 제국의 일부로 간주하였으며, 러시아에서 농노제도는 셰우첸코가 사망한 1861년에야 폐지되었다고 밝힌다. 또한, 러시아의 정부 시스템, 황제의 역할, 정치적 반대 세력과 이에 대한 탄압 등 19세기 러시아의 정치적 상황에 대해서도 설명한다.

러시아어 독자들은 이러한 배경 지식을 갖추고 있을 것이다. 그렇기 때문에 텍스트에서는 사실만 나열한 것으로 볼 수 있다. 그러나 또 다른 이유가 있다. 텍스트가 쓰인 당시 우크라이나의 상황은 19세기와 여러 가지 면에서 비슷했고, 한 가지 차이가 있다면 1984년 우크라이나가 러시아 제국이 아닌 USSR의 일부로 소속되었다는 것이다. 검열 때문에 표현이 조심스러웠을 수 있다는 뜻이다. 우크라이나가 19세기에 러시아 제국의 일부였다고 명시적으로 표현하는 것이 20세기에는 위험했을 수 있다는 뜻이다.

일반 스웨덴어 독자들은 러시아어 독자들보다 역사적인 사실에 대해 잘 모를 가능성이 크다. 이러한 텍스트타입의 전문 작가가 처음부터 스웨덴어 독자를 염두에 두고 스웨덴어로 이 텍스트를 썼다면 텍스트의 주요 목적보다는 그 당시 사회에서 일어난 사건들을 예로 드는 것이 더 중요하다고 판단해서 셰우첸코의 생애보다는 그 당시 일어난 사건들을 더 명시적으로 강조했을 가능성이 크다.

5.3 ST의 함축적 순접

5.3.1 ST 분절

여기서는 접속사 생략 등위접속 문장인 ST 분절 A4, C11, C13, C15를 분석하도록 하겠다.[6] 러시아어 예문과 그에 대한 직역은 (14a)-(17a)에서 제시되어 있다. (14b)-(17b)는 셰우첸코에 대한 책(스테파빅(Stepovik), 1984) 에서 발췌한 영어 번역본의 문장이다.

A4 문장은 Poet, chudožnik, myslitel' revoijucionno-demokratičeskogo napravlenija 등 주절의 주어를 결정하는 NP 3개가 접속사 생략 등위접속으로 배열되어 있다.

(14) a. Poet, chudožnik, myslitel' revoijucionno-demokratičeskogo
시인 예술가 사상가 혁명적 민주주의
napravlenija, on strastno borolsja protiv social'nogo i
경향 그는 열정적으로 저항했다 사회적 그리고
nacional'nogo ugnetenija svoego naroda.
국가적 탄압 국민들의

b. As a poet, artist and thinker of a revolutionary-democratic trend, Shevchenko ardently fought against the social and national oppression of his people(스테파빅, 1984: 15).

[시인, 예술가, 혁명적 민주주의 사상가로서 Shevchenko는 국민에 대한 사회적 국가적 탄압에 열렬히 저항했다.]

C11 문장에도 (sposobnosti) v živopisi maslom, v akvareli, risunke karandašom 등 전치사 기능을 하는 NP 3개가 접속사 생략 등위접속으로 배열되어 있다.

(15) a. S 1838 po 1845 god Ševčenko učilsja v
1838년부터 1845년까지 Shevchenko는 공부했다 ~에서
Peterburgskoj Akademii chudožestv, projaviv nezaurjadnye
페테르부르크 예술학교 보여주다 뛰어난
sposobnosti v živopisi maslom, v akvareli, risunke
재능 유화 수채화 그림
karandašom.
연필
b. From 1838 to 1845 Shevchenko was a student at St. Petersburg Academy of Fine Arts where he showed an unusual aptitude for oil and watercolour painting and pencil drawing(스테파빅, 1984: 15).
[1838년부터 1845년까지 Shevchenko는 페테르부르크 예술학교 학생이었고, 여기서 그는 유화, 수채화, 데생에 비범한 재능을 보였다.]

문장 C13에는 (podnjavšij) krasotu, zvučnost'(ukrainskogo narodnogo jazyka) 등 분사절의 직접 목적어 기능을 하는 명사 두 개가 접속사 생략 등위접속으로 배열되어 있다. 또한 이 명사는 소유격 절의 주어이기도 하다.

(16) a. V eti že gody Ševčenko sformirovalsja kak

같은 해에 Shevchenko는 되었다

vydajuščijsja narodnyj poet, podnjavšij krasotu, zvučnost'

저명한 국민 시인, 향상시키다 아름다운 반향

ukrainskogo narodnogo jazyka na nevidannye dosele

우크라이나 국민의 언어 본적 없던 그때까지

poetičeskie vysoty.

시적 높이로

b. It was also at that time that Shevchenko became a poet of national recognition who raised the beauty and melodiousness of the Ukrainian language to unprecedented heights of poetic art(스테파빅, 1984: 15).

[이 당시 Shevchenko는 전국에 알려진 시인이 되었으며, 우크라이나어의 아름다움과 음악성을 시적 예술의 경지로 승화시켰다.]

마지막으로 C15 문장에는 Vysokaja graždanstvennost' ego poem i stichov, ich kritičeskaja napravlennost' protiv krepostničestva i samoderžavija 등 주어 역할을 하는 명사 두 개가 접속사 생략 등위접속으로 배열되어 있다.

(17) a. Vysokaja graždanstvennost' ego poem i stichov, ich

높은 시민정신 그의 시와 시는 그들의

kritičeskaja napravlennost' protiv krepostničestva i

비판적인 경향 농노에 반대하는 그리고

samoderžavija obratili na sebja vnimanie peredovoj časti

전제주의 끌다 이목을 진보적인 부분

obščestva.

사회

b. Filled with feelings of civic duty and directed against

serfdom and autocracy, his poems attracted the attention of progressively-minded people in Russia(스테파빅, 1984: 15). [시민적 의무감과 농노제 및 전제주의에 대한 거부감으로 가득한 그의 시는 러시아 진보주의 진영의 주목을 받았다.]

의미적으로 위의 예문 네 개는 개방형이며(5.2.2 참조), A4와 C13은 접속성분이 서로의 의미를 강화하는 것으로 해석될 수 있다. 뒤에 나오는 접속성분이 전에 나오는 접속성분의 대상이나 품질보다 뛰어난 "업그레이드(러시아어로는 gradacija)" 현상을 관찰할 수 있다.[7] C11 문장은 이런 면에서 중립적이라 할 수 있는데, 세 접속성분의 순서가 임의적이거나 다운그레이드 현상이 나타나는 것으로 볼 수 있다. 유화가 수채화나 데생보다 어려운 것으로 간주하기 때문이다. C15 문장은 명시적인 뉘앙스가 있는데, 두 번째 접속성분이 첫 번째 접속성분이 표현한 품질을 명시화 또는 예시화하기 때문이다. 이러한 관계는 C13 문장의 두 요소 간에도 나타난다.

이러한 접속사 생략 등위접속 구조는 다른 러시아어 텍스트타입에서 보편적으로 나타나는 현상이므로(5.2.2 참조), 러시아어를 L2로 일정 수준 이상 학습한 사람이라면 익숙할 것이다. 최소한 전문번역사와 번역전공학생은 이러한 수준에 달할 것으로 예상할 수 있다. 수업시간에 읽은 텍스트에서 접속사 생략 등위접속 구조를 접해봤던 언어전공학생도 이러한 구조에 익숙할 것이다. 따라서 모든 참가자가 함축적인 연결을 이해하는 데 어려움이 없었을 것으로 보인다. 이 구조를 스웨덴어로 번역하는 데 있어 전문번역사와 번역전공학생은 TL의 규범을 따라 명시화했을 것으로 예상되는데, 이것이 러시아어-스웨덴어 전문 번역의 규범일 것이다(2.4.3.2 참조). 언어전공학생의 경우 대조적인 차이와 번역규범에 대해 인지하는 경우 명시화를 했을 수 있고, 그렇지 않은 경우 ST의 접속사 생략 패턴을 그대로 재현했을 수 있다.

번역과정과 관련해 ST의 접속사 생략 등위접속 구조가 문장 내의 절에 있었으므로, 함축적 관계를 어떻게 번역할 것인가 하는 결정은 이미 TT의 첫 번째 버전을 쓰면서 내렸을 것이다. 언어전공학생은 그렇지 않았을 수 있다. 접속사 생략 등위접속 구조의 번역을 문제로 인지한 발화(5.1 참조)는 거의 없었을 것으로 예상한다. 만약 문제 지표를 발화한 경우가 있었다면 이해보다는 표현때문이었을 가능성이 크다. 접속사 생략 등위접속 구조의 번역과 관련한 문제 지표는 주로 언어전공학생에게서 나타날 것으로 예상된다.

5.3.2 결과물 분석

참가자별 번역은 표 5.1과 5.2에 정리되어 있다. 대부분이 예상대로 단일 접속사로 연결어를 추가했다. 36가지 경우(문장 4개에 대한 9명의 TT) 중 27가지가 이런 식으로 문제를 해결했다. 4가지 경우 접속사 두 개를 사용했으며, 3가지 경우 구조를 변경했고, 연결어 없이 ST 패턴을 그대로 재현한 경우는 2가지 경우에 불과했다. 추가된 접속사는 모두 순접사였다.

표 5.1 ST의 접속사 생략 등위접속. 개인별 번역 해결책 개괄

참가자	문장			
	A4	C11	C13	C15
애나(PR)	구조 변경	och	och	och
베리트(PR)	och… och	både…och	구조 변경	구조 변경
크리스티안(PR)	och	och	och	연결어 없음
다니엘(PR)	och	och	och	och
엘리노어(TS)	och	och … och	och	연결어 없음
프레드릭(TS)	och	och	och	och

참가자	문장			
	A4	C11	C13	C15
가브리엘라(LS)	och	samt	och	samt
하랄트(LS)	och	och… samt	och	och
이삭(LS)	och	och	och	samt

표 5.2 ST의 접속사 생략 등위접속. 문장별 번역 해결책 개괄

문장	단일 연결어		복수 연결어			기타	
	och	samt	och … och	och… samt	både… och	연결어 없음	구조 변경
A4	7	0	1	0	0	0	1
C11	5	1	1	1	1	0	0
C13	8	0	0	0	0	0	1
C15	4	2	0	0	0	2	1
합계	24	3	2	1	1	2	3

표를 보면 och[그리고]가 가장 많이 쓰인 단일 연결어이다(24가지 경우). 문체적으로 적절성이 떨어지는 단일 연결어인 samt[그리고]를 추가한 3가지 경우는 언어전공학생에게서 나타났다. 복수 연결어를 쓴 참가자는 베리트(PR; 2번), 엘리노어(TS), 하랄트(LS)였다. C11 문장에서 하랄트(LS)와 엘리노어(TS)는 등위접속 구조를 변경했으며 연결어를 한 개 이상 사용했다(5.3.3.2 참조).

대대적으로 구조를 변경한 경우는 애나(PR)와 베리트(PR)에게서 찾아볼 수 있었다. A4에서 애나(PR)는 ST의 종속접속 관계를 TT에서 등위접속 관계로 변경했다. 그러나 그녀는 구조 변경을 위해 세 번째 NP 뒤에 연결어 och를 추가했는데, 이는 ST의 등위접속 구조 범위를 벗어나는 것이었다. 베리트(PR)는 C13 문장을 통사적 의미적으로 구조 변경했는데, ST의 NP 2개를 TT에서는 1개로 변경해 등위접속 관계를 삭제했다. C15 문장 역시 구조를 변경해 러시아어로 정동사 하나만 있던

ST 문장을 스웨덴어로는 정동사절 3개로 변경했다. NP 2개로 이루어진 절은 세미콜론으로 접속 또는 분리한 것으로 볼 수 있다.

C15 문장의 경우 ST의 접속사 생략 등위접속 구조를 TT에서 보존한 경우는 크리스티안(PR)과 엘리노어(TS)밖에 없었다.

문장별 번역 해결책을 살펴보면 C13의 해결책이 두 가지로 가장 균일하게 나타났으며, C11의 해결책이 다섯 가지로 가장 다양하게 나타났다. C15의 해결책은 이보다 적은 네 가지이지만, 단일 접속사 첨가, 구조 조정, 접속사 생략 구조 보존 등 다양한 해결책이 등장한 유일한 문장이었다.

개인별로 선택한 해결책이 다양했다는 점도 논의할 필요가 있다. 해결책의 종류가 가장 많았던 참가자는 4가지 해결책을 제시한 베리트(PR)였으며, 종류가 가장 적었던 참가자는 4가지 문장에서 모두 같은 해결책을 선택한 다니엘(PR)과 프레드릭(TS)이었다. 나머지 참가자들이 선택한 해결책은 두 가지에서 3가지였다. 그룹별로 보면(전문번역사 vs. 학생), 결과물 관점에서 눈에 띄는 유일한 차이는 전문번역사만 구조를 변경했으며, 언어전공학생만 접속사 samt를 선택했다는 점이다.

5.3.3 과정 데이터 분석

대부분의 경우 TT에서 연결어를 추가해 명시화가 이루어졌다. 이제는 과정 관련 데이터를 활용해 위의 가정을 입증하고, 명시화에 대한 결정이 전체 번역과정에서 일찌감치 이루어졌는지, 대부분의 참가자가 번역과정에서 함축적 순접과 이를 명시화시키는 것을 문제로 인지했는지를 알아보겠다. 데이터를 통해 참가자가 왜 특정 해결책을 선택했으며, 결정을 내리기 전에 다른 해결책은 고려하지 않았는지도 알아보겠다. 참가자들이 거의 선택하지 않은 해결책에 대해서도 집중적으로 분석해보도록 하겠다(표 5.2 참조).

5.3.3.1 명시화 결정

대부분(29)의 경우(A4=9, C11=7, C13=8, C15=5), 명시화 현상은 쓰기 단계에서 처음으로 나타났다. 보통 TAP에서 연결어를 쓰면서 발화가 동시에 이루어졌다. 따라서 연결어를 쓰기 전에 다른 연결어를 발화하는 일은 없었다. 이를 통해 연결어를 추가하겠다는 결정과 어떤 연결어를 추가하겠다는 결정이 비표지적인 자동적 처리로 내려졌다는 것을 알 수 있다.

일부의 경우 참가자들은 접속성분을 어떻게 번역할지 결정했는데, 연결어 없이 전체를 등위접속 구조로 번역하고 나서 연결어를 추가했다. 이러한 발화가 쓰기 단계에서 이루어졌으며, 명시화된 구조를 쓰고 나서 발화가 이루어졌다((18)번 예문 참조). 또한, 쓰기 전 단계에서 부분적으로 번역 한 참가자의 경우 이러한 발화가 쓰기 전 단계에서 이루어졌다.

(18) 베리트(PR)/C11/TAP: 이건 좀 예술적인 / 용어인데 / 유화 / 수채화 (2s) 연필이라고 부르나? / 연필 / 찾아봐야겠다 / 연필 말고 더 나은 표현이 있는지 (2s) (사전을 찾아본다) / 스웨덴 학교의 단어목록에 [...] / 그는 (3s) (안 들림) 작품활동을 (3s) 유화 / 어 / 유화 (2s) / 수채화 / 연필 (3s) 데생

두 경우에만 명시화 결정이 쓰기 단계 이후에 이루어졌다. 첫 번째 경우는 가브리엘라의 C15 문장 번역으로, 이 예문은 5.3.3.2에 제시했다. 두 번째 경우가 흥미로운데, 프레드릭(TS)은 쓰기 단계에서 A4 문장을 연결어를 사용해 번역하겠다고 발화했으나, 로그를 분석해보면 이렇게 번역하지 않고 쉼표를 사용해 러시아어의 등위접속 구조를 그대로 재현했다.

(19) 프레드릭(TS)/A4/TAP: 시인으로서 (들리지 않음) / 음 (3s) 예술가 (5s) 덕

분에? / myslitel' 여기가 / 여기가 첫 번째 / (사전을 찾아봄) (2s) / 문제 [...] 시인 예술가로서 그리고 (8s) demokrat (19s) 혁명적인 민주주의 (2s) 사상가 [...] 일단은 이렇게 써놔야겠다

chudožnik, konstnär[예술가]를 번역하고 나서 프레드릭(TS)은 다음 NP를 어떻게 번역할지 생각하기 시작한다. 생각은 4분 가까이 이루어졌다(쓰기 과정에서 휴지가 228.3초 있었음). 쓰기 과정의 이 휴지 도중 연결어를 한 번 발화하기는 했지만((19)번 예문 참조), 세 번째 NP를 어떻게 번역할지 결정했을 때에는 이 연결어에 대해 잊어버리고 쉼표만 쓴 것 같다. 나중에 연결어를 추가하기는 했지만, 이것은 쓰기 후 단계에서 이루어졌다.

스웨덴어 L1 화자는 이런 경우 연결어를 추가하는 경향이 있는데, 이는 크리스티안(PR)이 C13 문장에 연결어를 추가한 다음 예문에서도 드러난다. TAP를 살펴보면 이 문장을 번역할 때 러시아어 ST의 분절을 읽고 러시아어 연결어 i[그리고]를 러시아어 구조에 추가하고 이것을 그대로 역번역했다.

(20) 크리스티안(PR)/C13/TAP: 먼저 이것 / 은 / 정말 바보 같은 구조네 / 음 그는 podnjal krasotu i zvučnost' ukrainskogo jazyka na nevidannye dosele poetičeskie vysoty

이와 비슷하게 엘리노어(TS)도 쓰기 단계에서 문장을 읽으면서 러시아 접속사 i[그리고]를 러시아어 구조에 추가했다.

따라서 연결어를 사용해 명시화하는 경우 명시화 결정은 늦어도 쓰기 단계에서는 이루어지는 것이다. 또한 로그를 분석해보면 참가자들이 연결어를 쓰기 단계에서 추가했으며, 다음 NP를 쓰기 전에 연결어를 썼다는 것을 알 수 있다. 참가자 중 연결어를 쓰지 않고 모든 접속성

분을 먼저 쓰고 나서 모니터로 확인한 후 연결어를 쓴 경우는 없었다.[8] 연결어 없는 접속성분을 번역한 경우 이대로 쓰지 않고 발화만 했다.

TT의 첫 번째 버전을 컴퓨터에 입력하고 난 후에는 어떤 해결책을 선택했든 연결어와 관련해서는 변경이 거의 이루어지지 않았다. 다음 부분에서 논의할 몇 가지 예외를 제외하고, 참가자들은 등위접속 구조를 전혀 신경 쓰지 않았거나, 수정했다 하더라도 선택한 연결어는 그대로 두었다.

5.3.3.2 함축적 순접이 번역과정에서 문제가 되었는가?

문장 네 개의 함축적 순접을 스웨덴어로 번역하는 것은 번역과정에서 다양한 문제를 일으킬 수 있다.

1. 이해 문제: 명시적인 연결어가 없어서 ST의 접속성분 간 관계를 이해하지 못하거나, 등위접속으로 이해한다 하더라도 역접이나 이접으로 잘못 해석할 수 있다.
2. 대조적 번역 관점에서의 번역 문제: 순접 관계를 제대로 이해한다 하더라도 연결어를 추가해 명시화하는 것이 "옳은지" 또는 "허용되는지" 고민될 수 있다.
3. TL 관점에서의 번역 문제: 연결 관계를 이해하고 연결어를 추가해도 된다는 사실을 알더라도 어떤 TL 연결어를 선택할지가 문제가 될 수 있다.

참가자가 연결 관계를 이해하지 못한 경우 하나에서만 접속성분 간의 연결을 하지 못했다.

(21) 가브리엘라(LS)/C13/TAP: podnjavšij krasoty [...] 아름다움을 이해한 (8s) (8s) 아름다움을 이해한 / zvučnost' ukrainskogo narodnogo ja- / 음 [...] 우크라이나의 소리 (3s) / 어- 어- / 언어의 (2s) 이제까지 (7s) 이게 무슨 뜻이지 / 이제까지 / o- (2s) nevidannye / (안 들림) (12s) poetičeskie vysoty

(사전을 찾아봄) (3s) 음 (사전을 찾아봄) (14s) / 시적 수준 (2s) 아름다움을 이해한 (10s) zyučnost' 이게 남성적이라는 뜻인가 (사전을 찾아봄) (23s) 음 / (사전을 찾아봄) (47s) 그래 (2s) 이해한 음 (2s) 그 (12s) (27s) 언어

가브리엘라(LS)는 이 문장을 번역하면서 문제를 인지했다. 첫 번째 문제는 분사인 podnjavšij[끌어올린]이 podnjat'[끌어올리다]라는 동사가 아니라 ponjat'[이해하다]라는 동사에서 파생된 것으로 오해한 것이다. 또한, zvucnost'가 무슨 뜻인지는 알고 있었지만 문장과 절에서 이 두 접속성분이 무슨 관계이며 어떤 역할을 하는지는 이해하지 못했다. 이는 그녀가 ljudet av det ukrainska språkets[우크라이나 언어의 소리]라고 임시로 번역한 것을 발화한 데서 알 수 있는데, 원래는 부동사구인 det ukrainska språkets에 또 다른 주어가 필요했다. 여기서는 첫 번째 명사인 krasotu[아름다움]만 부동사구의 주어로 삼아 ljudet av det ukrainska språkets skänhet[우크라이나 언어의 아름다움의 소리]로 번역하려 했던 것 같다. "zvučnost' 이게 남성적이라는 뜻인가"라는 발화를 보아도 NP 간의 관계를 이해하는 데 어려움을 겪었음을 알 수 있다.

그러나 사전을 여러 번 찾아본 후 그녀는 NP간의 관계를 이해했고, 이는 그녀가 연결어를 주저하지 않고 추가한 것에서 알 수 있다.

그녀가 함축적 연결에 대해서 명시적으로 발화한 것은 딱 한 번뿐인데, 여기서는 문제를 인지하지 못했던 것으로 보인다.

(22) 베리트(PR)/TAP: 응 / 여기 이게 나오네 graždanstvennost' 그래 / 오 그래 / 이건 그가 농노제를 반대하는 것과 연결되지

이론적으로 봤을 때 3가지 경우에서 참가자들이 대대적으로 구조를 변경한 것은 순접을 이해하거나 표현하지 못해서였을 수 있다. 그러나 애나(PR)와 베리트(PR) 등 전문번역사의 TT에서 구조가 변경된 것을

보면 이러한 가정은 맞지 않는 것으로 보인다. 관련 TAP를 분석해 보면 참가자들은 등위접속 관계와 상관 없는 다른 문제를 해결하기 위해 구조를 변경한 것으로 보인다. 베리트(PR)가 구조를 변경한 두 가지 경우의 발화를 살펴보면, 순접과는 상관 없이 스웨덴어 텍스트가 전형적인 구소련의 표현에서 벗어나 더 "쉽고", "규범적으로" 읽히게 하려고 구조를 변경한 것을 알 수 있다. 또한, C13 문장을 번역하면서 그녀는 접속사 och를 포함해 더 직역이 되도록 할지 고민하기도 한다.

(23) 베리트(PR)/C13/TAP: 이 부분은 완전히 다시 써야겠다 / 스웨덴어로 / podnjavšij krasotu zyučnych / ukrainskogo narodnogo jazyka / na nevidannye v- dosele poetičeskie vysoty / 더 규범적으로 만들어야지 / 스웨덴어로 [...] 그는 하게 되었다 / 우크라이나사람들의 언어를 (3s) 이제까지 (2s) 보지 못한 시적 수 - / 수준 / 그럼 어떻게 되는 건가 / 그는 하게 되었다 (3s) 어-어-어 바치다 (8s) *아* (3s) *아름다움* (7s) *아름다움과* (3s) 아름다움 아 모르겠다 (4s) 제기랄 나중에 찾아봐야지

C15 문장에서 크리스티안(PR)과 엘리노어(TS)가 연결어를 추가하지 않은 경우를 살펴볼 필요가 있다. 안타깝게도 TAP에는 왜 이러한 해결책을 선택했는지와 연결어 추가 여부를 고민했는지는 나와 있지 않다. 그러나 참가자의 번역 경험량을 봤을 때 원문을 이해하지 못하거나 표현하기 어려워서 러시아어의 접속사 생략 구조를 그대로 재현했던 것 같지는 않다. 참가자들은 나름의 이유로 이렇게 번역하기로 한 것으로 보인다.

대조적인 측면이나 관점에 대한 발화는 거의 이루어지지 않았다. 함축적 순접과 관련해 보조도구를 활용한 참가자는 아무도 없었다. 다니엘(PR)과 엘리노어(TS)만이 접속사 추가에 대해 명시적으로 발화했고, 다니엘(PR)은 여러 번 발화했다.

(24) 다니엘(PR)/A4/TAP: 로서 (3s) 시인 (2s) 예술가 (7s) 그러면 이 다음에 보통 그리고를 붙여야지 / 둘 사이에 / 나열의 마지막에 (2s) 그리고 사상가

(25) 엘리노어(TS)/A4/TAP: 시인으로서 (3s) 예술가 (4s) 그러면 여기에 넣어야지 / 넣을 수 있지 (2s) 그리고를

다니엘(PR)은 "나는 보통 그렇게 한다"며 추가하는 것이 자신의 습관이라고 밝혔다. 엘리노어(TS)는 접속사를 추가할 수 있다/추가해야 한다고 언급했다(스웨덴어의 양태 동사 får는 모호해서 허락 또는 의무를 모두 나타낼 수 있다). 5.1에서 밝힌 것처럼 이러한 발화는 문제 지표라고 볼 수 없다. 그러나 이러한 발화에는 번역의 원칙이 드러나 있으며(2.4.3.3 참조), 따라서 기저의 번역 규범을 반영하는 것으로 볼 수 있다.

세 번째 유형의 문제인 TL 관점에서의 번역은 더 자주 발화되었다. 하랄트(LS)는 C15 문장의 쓰기 후 단계에서 처음에 쓴 접속사 samt를 och로 수정했다. TAP를 분석해보면 그가 문체적인 이유로 수정했음을 짐작할 수 있는데, samt가 "좀 엄숙해서"라고 발화했기 때문이다(5.2.2 참조).

(26) 하랄트(LS)/C15/TAP: 여기서는 samt를 쓰면 안되겠다 이건 좀 / 엄숙한 듯

또한 5.3.2에서 언급한 것처럼 하랄트(LS)와 엘리노어(TS)는 C11 문장에서 비슷한 해결책을 선택했는데, 두 NP 사이에 순접 관계를 형성시켜 måla/målning[그림 그리다/그림 그리기]라는 동사/부동사에 연결했다.[9] 그러나 이러한 해결책은 함축적 순접을 적절히 번역한 것이 아니라 등위접속 구조 전체의 접속성분과 문체적 특징을 고려한 것이다.

가브리엘라(LS)가 번역한 C15 문장의 최종 TT에는 연결어 samt[그리고]가 포함되어 있다(표 5.1 참조). 과정 데이터를 보면 쓰기 전 단계나

쓰기 단계에서는 연결어를 쓰지 않았다. 쓰기 후 단계에서 그녀는 상당한 시간과 노력을 들여 이 문장의 접속성분을 교정했는데, 연결어를 쓰지는 않았다. 그녀가 인지한 주요 문제는 명사 graždanstvennost'[시민 정신]를 어떻게 더 나은 스웨덴어로 번역하느냐였다. 그녀는 작업의 거의 끝 부분에서((27)번 예문은 전사의 마지막 페이지에서 발췌한 것임) C15 문장을 다시 검토한다.

(27) 가브리엘라(LS)/C15/TAP: 높은 정신이라고 해야 하나 깊은 정신이라고 해야 하나 / 높은 시민 정신 / 깊은 시민 정신 (4s) <u>(2s) 깊은 이라고 하는 게 낫겠다</u> (6s) 깊은 / 아니면 높은 인가? / 여기 이렇게 되어 있으니까 / (사전을 찾아봄) (22s) 깊은 / 에 / 높은 인가 / 높 / 깊은 시민 정신 (2s) 높은 시민 / 아니야 높은 / <u>이게 더 잘 어울리는 듯 (7s)</u> (6s) 깊- / 높은 시민 정신이 그의 시와 운문에 드러났고 그의 비판정신은 가리켰다 (5s) 음 / 이건 좀 / 웃긴 듯 / 높은 시민 정신이 그의 시와 운문에 드러났고 / 그의 비판정신 / 은 음 / 가리켰다 / 농노제와 전제주의에 대한 반항 (25) 음 (3s) <u>(2s) 그리고 (5s)</u> 또는 높은 시민 정신이 그의 시와 운문과 비판정신에 드러났다

가브리엘라(LS)는 문제로 인지했던 등위접속 구조의 첫 NP를 다시 교정한다. 번역한 내용을 모니터 상에서 읽어보고 두 번째 NP를 읽어본다. 이렇게 하면서 기존 TT에는 없었던 접속사 och를 발화했다. 그녀는 등위접속 구조를 다시 한 번 읽어보고 비슷한 연결어인 samt를 발화하고 나서 이 접속사를 텍스트에 추가했다. 그러고 나서 이 구조를 스웨덴어로 다시 읽고 나서 문체적으로 더 적합하다고 판단한 och를 추가했는데, 이것을 텍스트 상에 써넣지는 않았다. 즉 과정의 거의 마지막에 가서야 그녀는 연결어가 필요하며, 연결어가 없으면 "뭔가 이상하다"는 것을 느낀 것이다. 구조를 읽으면서 즉흥적으로 추가했던 접속사가 문체적으로 더 적합했지만, 이를 나중에 문체적으로 덜 적합한 유의어로 교정했다.

마지막으로 휴지가 문제 지표 역할을 할 수 있다는 사실을 이야기하고자 한다. 크링스(1986a)와 야스클라이넨(1999)은 TAP에서 휴지가 이차적인 문제 지표 역할을 할 수 있다고 주장했다. 4.4의 분절 분석에서는 쓰기 단계의 휴지가 계획, 모니터, 문제해결 등으로 인해 발생할 것으로 가정했다. 로그 데이터를 분석해 보면, 쓰기 단계에서 함축적 순접의 첫 번째 번역 해결책(명시화 또는 SL 패턴의 재현)을 쓰기 전에 휴지가 발생했다. 대부분의 경우 이러한 휴지는 TAP의 휴지와 일치했다. 로그 데이터의 휴지 길이는 표 5.3에 나와 있다.

이 표에 대해 조금 설명을 하도록 하겠다. 베리트(PR)는 C13 문장을 번역할 때 구조를 변경했는데((23)번 예문 참조), 로그의 데이터의 휴지는 이것과는 상관이 없다. 프레드릭(TS)은 C11 문장 번역에서 연결어를 쓰기 전에 휴지가 없었지만 쓰기 전 단계에서는 연결어에 대해 발화했고, 연결어를 발화하기 전에 6초간의 휴지가 발생했다. 이삭(LS)의 로그 데이터는 쓰기 후 단계를 반영하므로 이 표에 포함하지 않았다(4.4.1 참조).

표 5.3 함축적 순접 관계를 처음 번역하기 직전의 휴지 길이(스크립트로그 데이터, 개인별)

참가자	A4	C11	C13	C15
애나(PR)	3.7	1.6	3.3	0
베리트(PR)	0	0	-	7.3
크리스티안(PR)	0	0	0	8.2
다니엘(PR)	7.6	2.8	0	6.8
엘리노어(TS)	4.4	2.9	0	2.4
프레드릭(TS)	228.3	0	0	2.0
가브리엘라(LS)	10.8	9.5	342.1	5.9
하랄트(LS)	6.4	3.1	0	9.4

이러한 휴지가 발생하는 것은 연결어가 없다는 것을 감지하고, SL과 TL의 대조적 지식이나 관련 번역 규범을 생각하고, 연결어를 추가하겠다고 결정하기까지의 번역 계획을 반영한다. 일부 참가자의 데이터에서 휴지 길이는 문장의 끝으로 갈수록 줄어들었다. 이것도 촉진 효과의 일부로 볼 수 있는데, 구조가 비슷하고 이미 연결어를 한 번 추가했기 때문에 연결어 추가 규칙이 더 활성화되었기 때문이다. 번역 경험량이 가장 많은 참가자 2명인 베리트(PR)와 크리스티안(PR)의 쓰기 단계에서 휴지가 발생하지 않은 것은 미시적 처리가 자동화되었기 때문으로 볼 수 있다. 반대로 C15 문장에서와같이 명시화를 하지 않기로 예외적인 해결책을 선택할 경우에는 두 참가자 모두 쓰기 과정에서 휴지가 길게 발생했다.

결론적으로 접속사만 제대로 이해한다면 함축적 순접 관계는 이해하기 어렵지 않다. 대조 관점에서 봤을 때도 함축적 순접 관계가 번역에서 문제가 되지는 않는다. 참가자의 배경이나 번역 경험량과 상관없이 순접 관계를 명시화하는 경향이 나타났고, 이러한 결정은 자동화 처리의 일부로 해결되는 등 문제 지표 없이 이루어졌다. 어떤 TL의 접속사를 선택할 것인지에 대한 결정만 종종 문제가 되었다.

5.4 ST의 함축적 대조 관계

5.4.1 ST 분절

여기서는 참가자들이 대비되는 연속된 사건을 다룬 ST의 두 분절을 어떻게 번역했는지 중점적으로 알아보도록 하겠다.[10] 몇몇 참가자가 이 부분의 TT에 접속사를 명시화했기 때문에 이 분절을 선택했다. 분석 결과를 보면 접속사를 활용해 대조를 명시화하지 않은 참가자도 다른 언어적 수단으로 대조 관계를 나타낸 것을 알 수 있다.

이 두 경우 모두 놋과 샌더스(1998: 160)가 "부정적 인과"라고 부른 것을 포함하고 있다. 첫 번째 문장이 원인이 되는 상황을 제공해 독자들이 그다음에 어떤 결과가 있으리라 예측하게 되는 것이다. 두 번째 문장은 이러한 결과가 일어나지 않았음을 보여준다. 첫 ST 분절에는 세우첸코가 어릴 때 태어난 마을에서 농노로 살면서 주인의 즉흥 때문에 예술적 재능을 꽃피우지 못하다가, 주인이 러시아의 수도인 상트페테르부르크로 그를 데리고 가게 된 이야기를 다루고 있다.[11] 이곳에서 그는 예술가와 문화계 종사자들을 만나게 되었고, 그의 재능을 알아본 이들은 그가 농노 신분에서 벗어날 수 있도록 해주었다. 그 결과 그는 예술 학교를 졸업할 수 있었다. 여기서 분석할 문장은 B7과 B8로, 아래 (28a)와 (28b)를 살펴보자.

(28) a. B7 Bol'šim prepjatstviem na puti estestvennogo razvitija
큰 장애물 길에 자연스러운 개발
ego darovanija bylo to, čto, kak krepostnoj, on vsecelo
그의 재능 이었다 농노로서 그는 완전히
zavisel ot prichotej pomeščika Engel'gardta.
의존했다 즉흥 지주 Engelhardt'의

B8 Ddna iz etich prichotej stala sčastlivoj slučajnost'ju dlja
하나 이러한 즉흥 되었다 행복한 우연 에게
Ševčenko, kogda zimoj 1831 goda Engel'gardt vzjal ego
Shevchenko 때 겨울 1831년 Engelhardt는 데리고 가다 그를
s soboj v stolicu kak slugu- "kazačka".
함께 그와 로 수도 로서 하인 -cossack'

b. However, the development of Shevchenko's talents was hindered by the fact that he, a serf, was at the mercy of whims of his master Engelhardt. One such whim turned into a great opportunity for Shevchenko when Engelhardt took him as a lackey to accompany him on his journey to Petersburg in winter of 1831(스테파빅, 1984: 15).
[그러나 Shevchenko는 농노였기 때문에 주인인 Engelhardt의 즉흥 때문에 재능을 꽃피울 수 없었다. 이러한 즉흥이 Shevchenko에게 좋은 기회가 되었는데, Engelhardt가 1831년 겨울 페테르부르크로 여행 갈 때 그를 종으로 데리고 갔던 것이다.]

이 문장에서는 주인의 즉흥이 대비된다. B7 문장에서는 소년의 예술적 재능 계발에 걸림돌이 되었다고 했다가 B8 문장에서는 셰우첸코의 예술적 재능을 계발할 수 있었던 간접적인 수단이 되었다고 밝혔기 때문이다. 언어적으로 ST는 prichotej[즉흥]이라는 명사가 B7과 B8에서 반복되고 이를 대명사로 명시적으로 받음으로써 응집성을 띈다. 즉흥으로 인한 결과의 대조는 ST에서 명시적으로 드러나지 않는다. B7에서는 bol'šim prepjatstviem[커다란 장애물], B8에서는 sčastlivoj slučajnost'ju[행복한 우연]이라고 의미적인 내용만 나와 있을 뿐이다. B8에는 (접속사, 부사 등) 역접을 나타내는 연결어가 없다. 그러나 B7에

나왔던 명사 prichotej[즉흥]이 B8에서 반복되는 것이 중요하다. 어휘적 반복이 "새롭거나 바뀐 주제를 나타내기" 위해 사용될 수 있으므로, 간접적으로 대조를 표현한 것이라고 볼 수 있는 것이다(네르거드-소렌슨, 1992: 138). 이 경우에는 즉흥의 결과가 부정적인 것에서 긍정적인 것으로 바뀌었다. 두 번째 문장은 독자들에게 첫 번째 문장의 사건이 계속될 경우 기대할 수 있는 결과와는 다른 경우가 발생했다는 것을 알려준다. 따라서 B8 앞에 접속사 no[그러나] 등의 연결어를 추가하거나(크루이니나(Kručinina), 1988: 88 참조), odnako[그러나] 등의 역접사를 추가해 대조를 표현할 수 있다.

예술 교육을 받은 후 셰우첸코는 우크라이나로 돌아와 예술가로 활동한다. 그의 생애에서 길게 유지된 이 평탄한 생활은 체포라는 아주 부정적인 사건으로 중단되는데, 이것이 D17 문장에 언급된다. ST에서 이 문장은 접속사 no[그러나]를 통해 대조를 명시적으로 표현하고 있다. 체포 결과 그는 망명을 선고받게 되고, 더욱이 러시아 황제 니콜라스 1세가 특별히 셰우첸코가 그림을 그리거나 글을 쓰지 못하도록 특별 감시를 지시했다(D20 문장). 상황이 참으로 암울해졌지만, D21 문장에서는 황제의 특별 지시가 실행되지 않았다고 밝힌다. 망명지에서 만난 지식인들의 도움을 받아 셰우첸코는 몰래 작품 활동을 계속할 수 있었는데, ST의 내용은 다음과 같다.

(29) a. D20 Utverždaja prigovor, car' sobstvennoručno napisal na ego
확인 선고, 황제가 직접 썼다
dele, čtoby ssyl'nogo poeta i chudožnika deržali pod
행위 망명한 시인과 예술가 ~하에
strožajšim nadzorom i zapreščali emu pisat' i
가장 엄격한 감시 그리고 쓰지 못하도록 그리고
risovat'
그리지

D21 Blagodarja pomošči i sodejstviju progressivno
덕분에 도움과 협력 진보적인
nastroennoj mestnoj intelligencii on smog na protjaženii
정신의 지역 지식인들 그는 ~동안
vsech 10 let ssylki v kazachskich stepjach
10년 망명 카자흐스탄 스텝지대에서
polulegal'no zanimat'sja tvorčestvom.
반합법적으로 몰두했다 창조적인 작업

b. Approving the sentence, czar wrote with his own hand an order on the file: the exiled poet and artist to be kept under strict surveillance, forbidden both to write and to paint. However, due to the assistance of the local progressively-minded intellectuals, he was able, on semi-legal grounds, to engage in creative work over the whole ten-year period he spent on the Kazakh steppes(스테파빅, 1984: 15-16).
[선고를 내리면서 황제는 망명한 시인 및 예술가를 엄격히 감시해 쓰거나 그리지 못하도록 하라고 직접 지시했다. 그러나 카자흐스탄 스텝지대에서 보낸 10년간 그는 지역 내 진보적인 지식인들의 도움을 받아 몰래 작품활동을 할 수 있었다.]

여기서는 황제가 명시적으로 내린 지시가 가져올 결과와 실제 지시가 이루어지지 않아서 이루어진 결과가 대조된다. 이러한 대조는 텍스트에서 명시적으로 표현되지 않았다. 두 번째 문장의 사건은 첫 번째 문장의 사건이 가져올 것으로 기대되는 결과와는 다른 것이었다. 따라서 여기서도 러시아어 no와 같은 역접사를 활용하거나 odnako[그러나]와 같은 접속사를 추가해 두 번째 문장이 기대와는 다른 결과였다는 사실을 표현할 수 있다(네르거드-소렌슨, 1992: 180 참조). “대조 표시가 없거나 vse-taki/vse že가 대조를 구체적으로 보여주지 않을 때” no[그러나]와 vse-taki[여전히, 그러나] 등 대조 표지를 함께 사용할 수도 있다(네르거드-소렌슨, 1992: 55).

이 분절을 스웨덴어로 번역할 때 대조를 명시화하는 이유는 두 가지이다. 하나는 번역사가 ST가 잘못되었다고 인지했기 때문이고 하나는 TL 관점에서 함축적 대조가 적절하지 않다고 판단했기 때문이다(5.2.3 참조). 스웨덴어로 이와 같은 대조를 명시적으로 표현하는 방법은 여러 가지가 있다. 그중 하나는 두 번째 문장을 접속사 men[그러나]으로 시작하는 것이다. 이것이 러시아어에서 no로 시작하는 구조와 가장 가까운 등가인 것처럼 보이겠지만 문체 면에서는 차이가 있다. 스웨덴어에서 men으로 시작하는 구조는 약간 구어적인 성격을 갖는 것으로 이해되는데, men이 등위접속 연결어로, 복잡한 문장의 등위접속 주절에 사용되기 때문이다. 그러나 텔레만 외(1999b: 832)의 주장처럼 이러한 문장은 철자법 상 두 개 이상의 분리된 문장으로 볼 수도 있다. 다른 연결어에는 dock[그러나], emellertid[그러나], ändå[여전히, 아직, 그럼에도 불구하고], trots detta[그럼에도 불구하고] 등이 있다.

여기서 함축적 연결은 텍스트에서 마침표로 분리된 문장 간에 해당한다. 예문 (28a)와 (29a)에서 볼 수 있는 것처럼 두 경우 모두 문장이 길고 통사적으로 복잡하다. 레만(1988: 211)은 텍스트에서 연결 장치의 명시화는 연결 대상이 되는 언어적 단위의 크기에 맞추어 조정되는 경향이 있다고 밝혔다. 텍스트에서 크기가 작은 덩어리는 근접을 통해 충분히 연결이 표현되는 반면 크기가 큰 문단의 경우 더 명시적으로 연결할 필요가 있다는 것이다. 번역의 처리 관점에서 볼 때는 문장 길이가 중요하다. TT에서 대조가 명시화되기 위한 조건은 번역사가 이를 인지해야 한다는 것이다. 이를 위해 번역사는 두 문장의 의미를 활성화시키고 비교해야 한다(2.4.4.3 참조). 대부분은 쓰기 단계에서 번역을 처음 생각해내고 쓰는데, 번역 경험량이 적은 참가자의 경우는 특히 다른 처리로 인해 부하가 걸릴 수 있다.

5.4.2 결과물 데이터 분석

참가자별로 선택한 번역 해결책을 요약한 결과는 표 5.4와 5.5를 참조하라.

참가자 9명의 TT 8개는 일정한 패턴을 보인다. 애나(PR), 베리트(PR), 크리스티안(PR), 프레드릭(TS)은 두 분절 모두 연결어를 추가했고, 다니엘(PR), 엘리노어(TS), 가브리엘라(LS), 하랄트(LS)는 두 분절 모두 연결어를 사용하지 않았다. 이삭(LS)만이 두 분절을 다르게 번역해, 첫 번째 분절에는 연결어를 추가하고 두 번째 분절에는 연결어를 추가하지 않았다. 전문번역사 대부분은 연결어를 추가하고 학생 대부분은 연결어를 추가하지 않은 것으로 보아 명시화 패턴과 번역 경험량 간에 연관성이 있는 것으로 보인다. 본 연구의 데이터를 분석한 결과 러시아어에서 스웨덴어로 번역할 때 함축적 대조를 명시화하는 것이 전문번역의 규범이라는 결론을 잠정적으로 내릴 수 있다. 1명을 제외하고 언어전공 학생은 모두 명시화를 하지 않았다는 것도 이러한 결론을 뒷받침해준다. 또한 프레드릭(TS)은 전문번역 규범을 배웠으나 엘리노어(TS)는 (아직) 배우지 않았다고 가정할 수 있다. 다니엘(PR)이 명시화를 하지 않은 것으로 보아 명시화는 전문번역 규범 중 하나이며, 다른 하나는 명시화를 하지 않는 것임을 알 수 있다. 18가지 경우 중 9가지 경우(50%)에서 연결어가 추가되었다. 따라서 이 경우는 접속사 생략 순접 등위접속보다 명시화 경향이 약하게 나타났다(5.3 참조).

그러나 이러한 결론이 잠정적인 것에 불과하다는 사실을 다시 한 번 강조하고자 한다.

표 5.4 ST의 함축적 대조. 개인별 번역 해결책 개괄

참가자	B8 문장	D21 문장
애나(PR)	men	ändå
베리트(PR)	dock	men
크리스티안(PR)	men	ändå
다니엘(PR)	연결어 없음	연결어 없음
엘리노어(TS)	연결어 없음	연결어 없음
프레드릭(TS)	dock	dock+ ändå +även om과 종속절
가브리엘라(LS)	연결어 없음	연결어 없음
하랄트(LS)	연결어 없음	연결어 없음
이삭(LS)	dock	연결어 없음

표 5.5 ST의 함축적 대조. 문장별 번역 해결책 개괄

구분	역접사		부사	연결사 여러 개	연결사 없음
	men	dock	ändå		
B8	2	3	0	0	4
D21	1	0	2	1	5
한계	3	3	2	1	9

5.4.3 과정 데이터 분석

5.4.3.1 문제가 아니라는 결정

애나(PR), 베리트(PR), 크리스티안(PR)은 모두 쓰기 단계에서 텍스트 분절에 연결어를 추가했다. 애나(PR)와 베리트(PR)은 D21은 아니고 B8에서만 연결어 추가에 대해 언급했다.

(30) 애나(PR)/TAP: 즉흥 / 마침표 (5s) 하지만/ 이렇게 해도 되지 / 왜냐하면 이건 작고 / 새로운 생각의 건너뜀이니까 / 하지만 / 이 중의 하나인 / 즉흥은

(31) 애나(PR)/ScriptLog: nycker<1.7>. <6.3>M<1.6>en en av dessa nycker

(32) 베리트(PR)/TAP: 즉흥 (9s) 지주의 즉흥 (8s) (들리지 않음) (2s) (2s) 그러나를 추가해야겠다 / 대조가 명확해지도록

(33) 베리트(PR)/ScriptLog: nycker. <18.3>En av dessa nycket blec <4.2>do <2.2>ck

애나(PR)는 "생각의 건너뜀"이 있다고 생각해서 연결어를 추가했지만, 베리트(PR)는 대조를 명확화하기 위해 연결어를 추가했다. 쓰기 과정에서 연결어 추가를 결정하고 이를 발화하는 등 계획을 위해 휴지가 발생했는데 애나(PR)는 6.3초((31)번 예문), 베리트(PR)는 4.2초((33)번 예문)였다. 애나(PR)의 경우 이 문장에서 초기 휴지가 발생한 것은 연결어를 쓸지 말지 결정하는 것뿐 아니라 B8 문장을 이해하고 연결어를 포함해 어떻게 번역할지를 계획했기 때문이었다. 베리트(PR)의 경우 쓰기 과정에서 연결어를 쓰기 직전에 휴지가 발생한 것은 연결어 관련 결정 과정과 발화 때문으로 예측된다.

TAP와 로그에서 볼 수 있듯이 애나(PR)가 명시화를 결정한 것은 문장을 쓰기 시작하기 전이었다. 베리트(PR)는 문장의 앞부분을 쓰기 시작하면서 명시화 결정을 발화했다. 결정을 이때 내렸고 이러한 해석을 선호한다고 발화했다면 연결어 선택 결정이 언제 이루어졌는지 알 수 있다. dock[그러나]라는 연결어는 스웨덴어에서 보통 문장 앞에 별도로 오기보다는 문장 안에 위치하는 반면 men[그러나]라는 연결어는 반드시 문장 맨 앞에 있어야 한다. 문장을 쓰고 나서 men을 사용하기로 결정하면 교정도 더 많이 해야 하고 타자도 더 많이 쳐야 하며 커서를 문장 앞으로 다시 옮겨야 하는데, 이를 피하고자 베리트(PR)는 이와 같은 선택을 했을 수 있다.

D21 문장에서 이러한 패턴은 역으로 나타난다. 여기서 베리트(PR)는 이 문장을 처음 번역하면서 아무 언급 없이 men[그러나]이라는 연결어를 사용했다. 애나(PR)는 D21 문장에서 양보 연결어 ändå[그럼에

도 불구하고]를 사용했는데, TAP와 로그를 분석해보면 이미 이 문장의 TT를 적고 있는 상태에서 대조를 감지하고 이를 명시화하기로 결정한 것을 알 수 있다.

(34) 애나(PR)/TAP: 덕분에 (2s) (3s) 도움 (3s) 그리고 협력 (1s) 하나된 행동 / 제기랄 / 하나된 행동 / 그것들 중 하나였다 / 그것들 / 뭐라고 하더라 / 노조 어휘인데 (5s) 도움 덕분에 (1s) sodejstvie (3s) 협력 (3s) 부터 (3s) (기침) (3s) 진보적인 (3s) 음 / 정신의 (2s) 어 / 지역 지-식-인들 (3s) (7s) 알겠다 (2s) 그는 / 할 수 있었다 (3s) 스텝지방 (2s) 반 / 합법적으로 그럼에도 불구하고 (2s) 작업했다 / 예술 작품

(35) 애나(PR)/ScriptLog: Tack vare<l.O> <3.2>tjii@hjalp och medverkan <1.5><14.0>@medvek<1.5>@rkan fran<6.8>prov@gressivt<l.8>lad@gd loka! intelligentj@sija<8.2> <2.1>lyckades han <5.6>halvt illegalt anda <1.5>syssla med konstnarligt arbete

첫 번째 부사구의 마지막 단어(intelligentsija)를 쓰고 나서 애나(PR)의 발화에는 휴지가 발생했고(7초), 쓰기에도 휴지가 발생했다(휴지는 2번 발생했는데, 각각 8.2초와 2.1초였다). 휴지 동안 그녀는 ST를 읽고 황제의 지시가 실행되지 않아 대조가 발생했다는 것을 감지했을 것이다. 그녀가 jaha[알겠다]라고 큰 목소리로 발화한 것도 이것을 이해했기 때문이었을 것이다. 그러고 나서 그녀는 번역으로 돌아가 연결어 ändå[그럼에도 불구하고]를 추가한다. 발화를 분석해보면 연결어 ändå를 언급할 때는 억양이 높아지는데, 나머지 번역을 읽을 때와는 차이가 나는 것이었다. 역접사인 men[하지만] 또는 dock[그러나] 대신 이 연결어를 쓰기로 결정한 것은 나중이 대조에 대해 깨닫고 ändå를 선택하는 것이 나중에 교정을 덜 하고 커서의 움직임이 적어도 된다고 판단했기 때문이다(베리트(PR)와 비슷한 경우임; 아래 프레드릭(TS)의 번역 예문도 참조).

5.4.3.2 과정의 문제

여기서는 TAP와 로그 파일에 문제 지표가 있는 등(5.1 참조) 참가자들이 명시화 결정을 문제로 인지한 경우를 살펴보겠다.

크리스티안(PR)의 쓰기 단계 TAP를 보면 여기서 분석할 부분의 연결어와 관련해 결정을 내리지 못하고 있다. 로그((36)번 예문)를 보면 B8 문장에서 처음에는 연결어 없이 직역을 했다. 문장 절반까지 번역했을 때 오타를 수정하고 나서 여러 번 휴지가 발생하는데, 중간중간 커서와 마우스를 움직이면서 총 휴지 길이가 58.3초에 달한다. 그러고 나서 기존 문장을 교정하는데, 통사 구조를 덜 직역스럽게 바꾸어 문장 앞에 역접사를 추가했다. 쓰기와 교정 과정의 짧은 휴지로 볼 때 이와 관련된 결정은 전체 구조를 쓰기 전에 이미 내려진 것을 알 수 있다.

(36) 크리스티안(PR)/ScriptLog [단순화됨]: <4.6>En a v dessa nycker blev en <2.0>lycklig <1.9>slump for Sjevtjenko, nar Engelhardt <2.7>vintern 181<6.1><1.2>@31 [58.3 seconds of pauses + mouse and cursor movements] Men av en for <l.l>Sjevtjenko lycklig sly<1.3>@ump innebar en av dessa nycker aU Engelhardt tog honom <1.6>med sig till huvudstaden

프레드릭(TS)과 이삭(LS)은 연결어를 추가했는데, 이삭(LS)은 B8에서만, 프레드릭(TS)은 B8과 D21에서 모두 연결어를 추가했다. 2명 모두 B8 문장에서는 연결어 추가 결정이 쓰기 후 단계에 가서 TT를 읽고 나서야 이루어졌다. TAP를 분석해 보면 긴 휴지가 발생하고 가능한 번역 변화소 및 교정 내용을 발화하는 등 다양한 문제 지표가 발견된다.

이삭(LS)은 쓰기 단계뿐 아니라 쓰기 후 단계의 두 하위 단계에서도 B8 문장에 연결어를 추가하지 않았다. 그는 나중에 B7과 B8 문장에 상당한 시간과 노력을 들였는데, 자신의 번역 해결책이 만족스럽지 않았던 것이 분명하다. 텍스트 분절의 TT 버전을 읽고 나서 그는 dock[그러나] 등 역접사가 필요하다고 발화하고 이것을 TT에 추가한다. 또한, 러시아어 ST에 역접사 odnako[그러나]가 있어야 하는데 "없다"고 발화했다.[12)]

(37) 이삭(LS)/TAP: 이 문장은 해결하기 어렵네 (2s) [...] 그러나가 있어야 되는데 / 그러나가 (5s) odnako / 그런데 없다

D21 문장에서 프레드릭(TS)은 단계별로 연결어 2개를 추가했다. 첫 번째 연결어인 ändå[그럼에도 불구하고]는 쓰기 단계에서 추가되었는데, 텍스트를 더 분명히 만들기 위해서였다.

(38) 프레드릭(TS)/TAP: 덕분에 / 도움 / 그리고 영향 (6s) 지역의 (2s) (10s) 문화- (8s) (웃음) 아니지 / ~로부터 / 지역 지식인들 아니지 / 도움 덕분에 (1s) 그리고 영향 / ~로부터 (6s) 주의 (6s) 진보 세력 그렇게 하는 게 간단하겠다 / 진보 / 세력 (1s) 음 / 거기서 (8s) 그는 할 수 있었다 그럼에도 불구하고 / 이건 / 추가해야겠다 / 텍스트를 분명히 하기 위해서

TAP를 보면 이 문장의 일부를 번역하기 전에 휴지가 8초 발생하는데 (이는 로그의 휴지 7.3초와 일치한다), 아마 명시화 결정을 비롯해 문장의 나머지를 어떻게 번역할지 결정하느라 그랬던 것 같다. 프레드릭(TS)은 애나(PR)와 같은 연결어를 선택했는데, 그 이유는 아마도 애나(PR)와 마찬가지로 이때가 되어서야 대조를 인지했기 때문이었을 것이다((34)번 예문 참조). 이 둘의 휴지 패턴도 매우 비슷하다. 두 번째 연결어인 dock[그러나]는 쓰기 후 단계에 아무 이유를 발화하지 않고 추가되었다.

과정 데이터를 분석해보면 유일하게 하랄트(LS)만 B8 문장을 번역하면서 명시화에 대해 고민했으나 나중에는 명시화를 하지 않기로 결정

한 것을 알 수 있다. 그의 TT 첫 번째 버전에는 연결어가 없다. 쓰기 후 단계에서 그는 연결어 dock[그러나]를 추가하겠다는 결정을 발화했다.

(39) 하랄트(LS)/TAP: 이러한 즉흥 중 하나는 Shevchenko에게 운명이 되었다 (12s) 이게 이게 뭐지 음 / bylo to čto (들리지 않음) ot prichotej pomeščika / odna iz etich prichotej stala / slu- (2s) 그러나 이러한 즉흥 중 하나는 / 여기다 그러나를 넣어야겠다 / 이렇게 하는 게 / 더 나은 것 같다

TT에 연결어를 쓰고 나서 하랄트(LS)는 계속 B8 문장을 번역하지만, 이 문장의 번역에 대해 만족하는 것 같지는 않았다. 결국, 그는 B8 문장에서 연결어를 삭제하면서 "별로 자연스럽지가 않다"고 발화했다.

과정의 관점에서 연결어 명시화와 관련해 전문번역사와 번역전공학생, 언어전공학생 간의 차이점이 발견된다. 전문번역사는 쓰기 단계에서 첫 번째 버전을 쓰면서 또는 쓰고 있는 문장을 바로 교정하면서 명시화를 시키는 경향이 있었다. 또한 대부분의 경우 명시화 결정에서 문제를 겪지 않았다. 비전문가의 경우 과정의 후반부에서 전체 TT를 읽고 교정하는 과정에서 역접사를 사용해 대조 관계를 명시화하는 경향이 있었다. 또 다른 차이점은 전문번역사의 경우 역접사를 추가하기로 결정하고 이 결정을 실행에 옮기고 나면 이에 대해 더는 고민하지 않았다. 이들은 처음에 결정한 연결어를 그대로 사용한 것이다. 그러나 학생들의 경우 역접 연결어를 추가하고 나서도 계속해서 그것을 그대로 둘지 아니면 삭제할지를 고민했다.

5.4.4 연결어가 없으면 대조가 표현되지 않은 것인가?

다니엘(PR), 엘리노어(TS), 가브리엘라(LS), 하랄트(LS) 등 참가자 4명의 B8 문장 및 B21 문장 TT에는 역접사나 연결어가 없다. 이삭(LS)의

D21 문장 번역도 명시화되지 않았다.

하랄트(LS)의 B8 문장에 대해서는 앞에서 이미 다루었다. 다른 참가자의 TAP 및 로그를 살펴보면 다니엘(PR), 엘리노어(TS), 가브리엘라(LS), 하랄트(LS), 이삭(LS)은 D21 문장에서 역접 연결어 추가를 시도하거나 고려하지 않았다.

여기서는 연결어를 추가하지 않은 참가자들이 함축적 대조를 대조로 인식했는지가 데이터에 나타나는지 알아보겠다. 또한, 이들이 역접 연결어를 추가하는 대신 다른 방식으로 대조를 표현하거나 강조했는지도 살펴보도록 하겠다. TT에 역접 연결어를 추가하지 않은 참가자를 중심으로 알아보겠지만, 모든 참가자에 대해서도 간단히 살펴보도록 하겠다.

5.4.4.1 반복, 즉흥, 우연의 일치

B7과 B8 문장에서 대조를 인지하고 표현하는 데 핵심적인 단어는 prepjatstvie na puti estestvennogo razvitija-prichotej[개발의 장애물 - 즉흥]과 B8의 sčastlivoj slučajnost'ju[즉흥-우연의 일치]였다. 여기서 prichotej는 같은 단어이고 문법적인 형태도 같지만 B7에서는 부정적인 결과를, B8에서는 긍정적인 결과를 가져왔다((28a)예문에 대한 논의를 참조). 이것이 대조의 근거가 되며(5.2.3 참조), 참가자들이 prichotej를 의미적이나 어휘적으로 반복해서 재생산함으로써 ST를 그대로 유지했는지, TT의 다른 부분에서 대조를 나타냈는지 아닌지를 살펴볼 것이다. 표 5.6을 참조하라.

표 5.6 B7 및 B8 문장 핵심 단어의 참가자별 번역 개괄

참가자	prichotej (B7)	prichotej (B7)	sčastlivoj slučajnost'ju
애나(PR)	nyker[즉흥]	nyker[즉흥]	lyckosam[다행]
베리트(PR)	nyker[즉흥]	nyker[즉흥]	hans lycka[그의 행운]
크리스티안(PR)	nyker[즉흥]	nyker[즉흥]	lycklig slump[우연의 일치]
다니엘(PR)	nyker[즉흥]	nyker[즉흥]	lyckosam tillfällighet [운 좋은 기회]
엘리노어(TS)	nyker[즉흥]	nyker[즉흥]	[ledde] av en tillfällighet till något bra [우연히 좋은 일이 일어나다]
프레드릭(TS)	godtycke[독단]	nyker[즉흥]	lyckokast[운이 좋은]
가브리엘라(LS)	nyker[즉흥]	Infall[바램]	betydelsefull händelse [중요한 사건]
하랄트(LS)	nyker[즉흥]	nyker[즉흥]	ödets nyck[운명적인 즉흥]
이삭(LS)	nyker[즉흥]	nyker[즉흥]	turlig[행운의]

프레드릭(TS), 가브리엘라(TS) 등 2명을 제외하고 참가자들은 모두 B8의 prichotej이 반복된 현상을 재현했다. 즉, 참가자 7명은 ST에서 대조의 기초가 되는 병행 구조를 의미적으로도 어휘적으로도 TT에서 보존한 것이다. 나머지 두 TT에서 병행구조는 의미적으로만 나타난다. 프레드릭(TS)과 가브리엘라(TS)의 관점에서 보면, 이들은 일부러 ST의 반복을 재현하지 않겠다고 결심한 것이다. 가브리엘라(LS)는 TT의 첫 번째 버전에서는 반복을 그대로 보존했으나, 쓰기 후 단계에서 반복을 하지 않기로 결정했다.

(40) 가브리엘라(LS)/TAP: 그는 지주인 Engelgradt에게 완전히 의존했으며, 그의 즉흥 (2s) 지주의 즉흥 중 하나가 / 음 없을까 / 즉흥의 유의어가 / 해야 하나? 진짜? 아니야 (2s) 반복하지 말자

가브리엘라(LS)는 여기서 "반복을 피한다"는 규범을 언급했다. 4.5.4.3에서 언급한 것처럼, 이 규범은 스웨덴어의 경우 번역에만 해당

하는 것이 아니라 쓰기 전반에 해당하는 것이다. 가브리엘라(LS)는 ST에 반복이 있으며, 이것이 TT에서 재현되어야 할 어떤 의미가 있다는 것에 대해 고민하지 않은 것 같다. B8에서 infall[바램]을 써서 어휘적 병행구조를 깬 것이다. 프레드릭(TS)의 TT와는 달리, 역접 관계를 명시화하지 않았으며, 이로 인해 대조가 약화되었다(그러나 여기서의 논의를 참조하라).

프레드릭(TS)의 경우는 더 복잡하다. 쓰기 단계에서 TT에 반복을 재현하기는 했지만 TAP를 보면 B7에서 nycker[즉흥]이 "너무 바보같이" 들려서 다른 번역 변화소가 없을지 고민했던 것이다. TAP를 보면 스스로 ST의 어휘적 반복을 인식하고 있었던 것으로 보인다. 쓰기 후 단계에서 그는 ST의 반복이 없어지리라는 것을 알면서도 B7의 nycker[즉흥]을 godtycke[독단]으로 바꾼다. 하지만 그는 prichotej의 두 번역을 나란히 발화하고 나서 바로 역접 연결어를 사용해 대조를 명시화하겠다고 결정한다. 연결어를 통한 명시화는 병행구조가 깨지면서 이를 보상하기 위해 선택했을 가능성이 있다.

(41) 프레드릭(TS)/TAP: Engelh-gardt (2s) 와 그의 (4s) 독단 (8s) 그래 신경 쓰지 말자 / 즉흥은 / 못쓸 것 같아/ 이게 [...] 다른 즉흥이랑 연결되기는 하는데 (2s) 그의 독단은 (4s) 결과를 가져왔다 (2s) 그러나 결과를 가져왔다 (3s) ~한 (7s) 행운의 결과 (5s) ~한 때 (3s) Shevchenko에게

B8 문장에서 핵심 요소는 서술어인 sčastlivoj slučajnost'ju[우연의 일치, 운 좋은 기회]이다. 여기서 가장 중요한 의미적 요소는 형용사인 "행복한"인데, 이 텍스트에서 이 NP를 앞의 즉흥과 어떻게 연결하느냐에 따라 기회 또는 일치라는 요소가 전제되고, 이것이 반복되는 것으로 느껴질 수 있기 때문이다. 크리스티안(PR), 다니엘(PR), 엘리노어(TS), 프레드릭(TS), 이삭(LS)은 이러한 의미적 요소를 보존했다. 크리

스티안(PR)과 다니엘(PR)은 "좋은" 또는 "행복한"이라는 의미를 가진 부사와 "일치"라는 의미의 명사로 직역했고, 프레드릭(TS)과 이삭(LS)은 이러한 의미를 모두 갖는 한 단어의 등가어를 썼다. 애나(PR)와 베리트(PR)의 번역은 일치라는 요소는 빼고 긍정적임 또는 행복함이라는 요소만을 보존했다.

가브리엘라(LS)와 하랄트(LS)의 번역은 ST로부터 가장 의미적으로 거리가 멀다. 가브리엘라(LS) 의 TT에서 주인의 즉흥은 en betydelsefull händelse[중요한 사건]으로 번역되었다. 이는 즉흥의 중요성을 간파해서 절묘하게 표현한 것으로 볼 수도 있다. 그러나 TAP를 보면 이것이 원문을 제대로 이해하지 못했기 때문이었던 것을 알 수 있다. 쓰기 단계에서 가브리엘라(LS)는 sčastlivoj slučajnost'ju를 사전에서 찾아보지 않고 en lycklig händelse[행복한 사건]이라고 번역했다. 러시아어 명사 slučajnost'ju는 slučat'sja/slučit'sja[일어나다]는 동사에서 파생된 것이며, slučaj[경우, 사건]와도 관련이 있다. 가브리엘라(LS)는 아마도 slučajnost를 slučaj로 착각했던 것 같다. 그러나 TAP만으로는 착각 여부를 확신할 수는 없다. 쓰기 후 단계에서 이 문장을 읽으면서 가브리엘라(LS)는 강한 불만을 표출했다.

(42) 가브리엘라(LS)/TAP: 행복한 사건이 되었다 / 이건 아니야 / 행복한 사건이 되었다고 말할 수 없지 / 그의 인생 자체를 바꾸었는데 / 되었다 (12s) 행복한 음 / 어떤 행복한 사건 이건 마치 (2s) Astrid Lindgren의 동화 같네 / 아이고 그의 인생 자체가 바뀌었다 (2s) 이것 때문에 (사전을 찾아봄) (2s) 행복한 / 음 그건 / 전체적으로 봤을 때 잘못된 단어 같다.

그녀는 번역에 대해 불만을 표시하며 "이것으로 인해 그의 인생 자체가 바뀌었는데", 이것이 (스웨덴어 아동문학 작가인) 아스트리드 린드그렌(Astrid Lindgren)의 동화처럼 들린다고 말한다. ST에서 알게 된 시인이자 예술가로서의 주인공의 인생에 대한 배경지식에 반해 자신의 텍스트가 무언가 잘못되었다고는 느꼈지만, 그것이 형용사의 (올바른) 번역의 문제라고 잘못 진단한 것이다. 따라서 그녀는 lycklig[행복한]의 유의어를 유의어 사전에서 찾아보지만, 마땅한 표현을 찾지 못했다. 문장의 다른 단어를 교정하고 나서 그녀는 sčastlivoj를 어떻게 번역할 지 다시 고민한다.

(43) 가브리엘라(LS)/TAP: 즉흥은 셰우첸코에게 행복한 사건이 되었다 그러니까 (2s) 그는 그를 수도로 데리고 가서 / 거기서 그는 그를 만났고 / 그를 러시아의 문화계에 소개했고 / 그들이 그를 해방시켜주었고 / 음 / 그의 인생 자체가 바뀌었다 (3s) 중요한 (3s) 결정적인 (6s) 셰우첸코에게 중요한 사건이 되었다

가브리엘라(LS)는 다시 한 번 사건을 정리하고 그 사건이 셰우첸코에게 얼마나 중요한지를 발화하고 나서 3초간의 휴지 후 ST의 형용사의 의미와는 달리 텍스트 전체 및 일어난 사건에 대한 이해에서 비롯된 다른 형용사 betydande[중요한]을 제안한다. 여러 가지 유의어를 고려하고 유의어 사전을 찾아본 끝에 그녀는 betydelsefull [중요한]이라는 형용사를 쓰기로 결정한다. 따라서 그녀의 선택은 두 가지 요소로 인한 것이었는데, slučajnost'ju라는 명사를 잘못 이해한 것과 주인의 즉흥이 인생을 변화시키는 결정적인 역할을 했다는 대조를 강조하기 위한 것이었다.

하랄트(LS)는 NP를 번역하면서 nyck[즉흥]이라는 단어를 다시 반복하는데, ödets nyck[운명적인 즉흥]까지 포함하면 총 세 번이 된다. 그가 선택한 번역은 기회라는 요소를 보존하고 있는데, 이를 더 강조해 운명이라는 요소를 추가했다. 긍정적임이나 행복함의 요소는 이 번역에서 확실히 표현되지 않았다. 대부분의 스웨덴인에게 이 표현은 아마

도 부정적인 함의를 갖고 있을 것이다. 하랄트(LS)는 쓰기 단계에서 이렇게 번역하기로 결정했는데, 처음에는 직역을 임시로 발화했다.

(44) 하랄트(LS)/TAP: 이러한 (2s) 즉흥 중 하나는 (5s) 이러한 즉흥 중 하나는 되었다 (7s) 행복한 (6s) 우- / 행복한 우- / 되었다 (7s) 되었다 / (들리지 않음) / 되었다 / 되었다 (2s) 운명적인 즉흥

하랄트(LS)가 이렇게 번역한 이유는 그가 B7에서 대조를 강조하는 등 TT에 극적인 효과를 넣겠다고 포부를 밝힌 것에서 찾아볼 수 있다.[13)]

(45) 하랄트(LS)/TAP: 독단 (3s) 또는 즉흥 (2s) 즉흥 (들리지 않음) / 이게 낫다 / 이 표현이 더 나은 듯 (2s) 더 극적이야

가브리엘라(LS)와 하랄트(LS)는 ST의 문자적 의미와는 거리가 먼 번역 변화소를 선택했다. ST에 대해 TT가 충실한지 엄격하게 판단한 결과 TT과 ST로부터 지나치게 거리가 멀다고 판단했던 것이다. 가브리엘라(LS)와 하랄트(LS)의 관점에서 그들의 번역은 B7과 B8의 핵심 문장을 정확히 이해하고 대조를 강조하거나 고려해 스웨덴어 독자를 위해 이것을 재현하려 했다.

결론적으로 B7-B8의 텍스트 분절에서 대조는 역접 연결어로 명시화되거나(참가자 5명) 의미적 변환을 통해 표시되었다(참가자 2명).

5.4.4.2 황제의 지시를 따르지 않은 것은 반(半)합법적인 행위인가?

ST에서는 셰우첸코가 망명지에서 예술 활동을 한 것이 황제의 지시에 반한 것이라고 명시적으로 밝혔지만, 동시에 중앙 권력인 황제와 망명지 지방 권력 간에 의견 및 권력 행사에 차이가 있었다고 암시하고 있

다. 이는 D21의 부사 polulegal'no[반(半)합법적으로]에서 알 수 있는데, 셰우첸코의 예술 활동이 지방의 지식계급이 지원해준 덕분이었다고 말하면서 지방 권력이 황제의 지시를 일정 부분 거역했다는 것을 보여준다. 셰우첸코의 예술 활동은 중앙 권력의 관점에서 보면 불법적이었지만, 지방 권력의 관점에서 보면 합법적인 것으로 인정되었기 때문에 반(半)합법적이라는 표현을 쓴 것이다. 당시 러시아의 역사적·정치적 상황에 대해 알고 있는 독자들은 자연스럽게 이렇게 이해할 수 있을 것이다. 가장 번역 경험량이 많은 전문번역사인 베리트(PR)와 크리스티안(PR)이 즉시 이 함의를 알아챈 것도 우연이 아니며, 이는 쓰기 전 단계에서 ST를 처음 읽을 때 한 발화에서도 드러난다.

(46) 베리트(PR)/TAP: 내 생각에 이것은 더 나을 듯/ 황제 하에서보다 망명지에서가 / 지식계층 입장에서는 / 활동할 수 있으니까

(47) 크리스티안(PR)/TAP: 정말 전형적이구나 / 황제주의 러시아에서는 모든 것이 끔찍했기 때문에 / 여기서는 착한 사람들이 무언가를 할 수 있는 기회를 / 스탈린 하의 상황에서는 불가능했지만

둘 다 ST에서 묘사한 상황이 당시에 일반적인 상황이었음을 이해하고 있음이 발화되었다. 이들은 황제의 처분 등 당시의 공식적인 규칙과 그 준수 여부가 대조될 수 있다는 사실을 알고 있었다. 당시 역사적인 맥락에 대해 잘 알지 못하는 스웨덴어 독자들은 어떻게 셰우첸코가 황제의 명령에도 불구하고 예술 활동을 계속할 수 있었는지 정확히 이해하는 것이 어려울 수 있다. 대부분의 스웨덴인은 반합법성이라는 개념을 잘 모를 수 있으므로, 차용어인 부사 polulegal'no의 의미를 그대로 번역하는 것은 그다지 도움이 되지 않는다. 따라서 이 핵심 개념을 어떻게 번역하는지가 중요하며, 특히 연결어를 추가하지 않은 다니엘(PR), 엘리노어(TS), 가브리엘라(LS), 하랄트(LS), 이삭(LS)의 TT

를 유심히 살펴볼 필요가 있다. 또한, 이 단어의 번역은 다른 이유로 번역과정에서 문제가 될 수 있다. 스웨덴어 사전에는 가장 비슷한 등가어인 halvlaglig 또는 halvlegal이 나와 있지 않은 것이다. 러시아어인 polulegal'nyj은 그 어떤 러시아어-스웨덴어 사전에도 나와 있지 않고, 오제가프와 스웨데바(Ožegov and Švedova, 1993)의 표준 러시아어 사전에도 나와있지 않다.

표 5.7은 참가자들이 부사인 polulegal'no를 어떻게 번역했는지 보여준다. 베리트(PR), 크리스티안(PR), 다니엘(PR), 가브리엘라(LS)는 차용어를 사용해 한 단어나 두 단어로 번역했다. 이 중 베리트(PR), 크리스티안(PR), 다니엘(PR)은 쓰기 단계에서 polulegal'no를 번역하기 직전에 각각 18.3초, 10.7초, 10초 등 긴 휴지가 발생했으나 이와 관련해 문제가 있다고 발화하지는 않았다. TAP를 분석하면 이들이 다른 번역 변화소를 고려했는지 여부가 나와있지 않지만 다니엘(PR)은 예외적으로 번역하고 나서 대안(halvt lagligt)을 발화했으나 이 표현을 쓰지는 않았다.

그러나 가브리엘라(LS)는 이것을 문제로 인식했다. 쓰기 단계에서 처음에는 차용어인 halvlegalt를 "말할 수 없는" 것으로 발화했으나, 그럼

표 5.7 polulegal'no의 번역

참가자	번역
애나(PR)	halvt illegalt[반 불법적으로]
베리트(PR)	halvlegalt[반(semi)합법적으로]
크리스티안(PR)	halvt legalt[반합법적으로]
다니엘(PR)	halvt legalt[반합법적으로]
엘리노어(TS)	mer eller mindre illegalt[다소 불법적으로]
프레드릭(TS	även om det inte kan ske helt öppet[비록 공개적으로는 아니었지만]
가브리엘라(LS)	"halvlegalt"["반(semi)합법적으로"]
하랄트(LS)	såg myndigheterna mellan fingrarna[당국은 모른체했다]
이삭(LS)	mer eller mindre legalt[다소 불법적으로]

에도 불구하고 TT에 이 표현을 썼다. 쓰기 후 단계에서 그녀는 이 단어를 처리하는데 상당한 시간을 들였으며, 이를 함축화할까도 고려했다.

(48) 가브리엘라(LS)/TAP: 반합법적으로라고 말할 필요는 없지 글을 쓸 수 있도록 허락 받은 것은 아니니까 / 하지만 그가 확실히 / 그렇게 했으니까 (2s) 조금은 / 의심스럽지

나중에 이 문제로 돌아와서 그녀는 같은 이유로 이 부분을 번역에서 빼버릴까도 생각했으나, 그대로 두고 물음표를 넣기로 결정했다.

(49) 가브리엘라(LS)/TAP: 반합법적으로 / 반합법적인게 뭐지(4s) 반합법적일 수가 없는데 (6s) / polulegal'no / 음 음 (3s) 사실 이건 군더더기 단어인데 하지만 여기에 넣어야겠다 / 뭐더라 / 물음표

가브리엘라(LS)의 발화는 그녀가 대조에 대해 잘 알고 있었다는 것을 잘 보여준다. 물음표를 넣은 것이 이 단어가 스웨덴어에는 존재하지 않는다는 것을 표시하기 위해서인지, 맥락상 중복되는 표현이라는 것인지를 표시하기 위해서인지는 알 수 없다. 이유가 무엇이건 이 부호는 독자들의 주의가 이 핵심 개념에 집중되는 효과를 보여 역설적인 해석이 가능하도록 해주며 대조를 강조할 수 있다.

엘리노어(TS), 프레드릭(TS), 하랄트(LS), 이삭(LS)은 패러프레이징을 하기로 선택했다. 이삭(TS)은 polulegal'no를 번역하는 데 있어 문제를 겪었는데, 이는 쓰기 전 단계에서 이미 분명히 드러났다.

(50) 이삭(LS)/TAP: po-lu-legal'no / 반합법적으로 / zanimat'sja tvorčestvom / med sitt skapande / men / 반합법적으로 / polulegal'no (웃음) / 아이고 (웃음) / 어떻게 / 반합법적이라는게 있을 수 있지

쓰기 단계에서 이삭(LS)은 이 단어를 번역하는데 상당한 노력을 기울였으며, 러시아어-스웨덴어 사전 및 오제가프와 스웨데바(1993)의 러시아어 사전을 찾아보았으나 별 소득은 없었다. 그는 "장면-프레임" 전략(쿠스마울, 1995)을 활용해 스스로 polulegal'no스러운 것을 한다는 것을 시각화하고 나서야 이에 적합한 표현으로 번역할 수 있었다.

(51) 이삭/TAP: 반합법적이라는게 뭐지 진짜 / (사전을 찾아봄) (8s) 이건 안되겠는데 / (사전을 찾아봄) (5s) 이건 / 약간 / 약간 법적인 건가 (2s) 내가 / 빨간불일 때 길을 건너는 것처럼 (들리지 않음) (사전을 찾아봄) / (5s) 음 (사전을 찾아봄) (1s) 음 이건 / 더 별로인가 (5s) 음 (5s) 약간 법적인 건가

하랄트(LS)도 polulegal'no를 번역하는 데 문제를 겪었다. 쓰기 단계에서 그는 임시 번역 해결책으로 halvofficiellt[반(半) 공식적으로]를 발화했으나 차용어인 halvlegal을 쓰기로 결정했다. 쓰기 후 단계에서 이 부분으로 다시 돌아와 그는 TL로 패러프레이징을 해 의미적 변환을 시도하는데, ST의 smog[그는 할 수 있었다]를 han kunde[그는 할 수 있었다]에서 fick han tillåitelse[그는 허락을 받았다]로 바꾸었다. 이것도 셰우첸코가 예술가로서 어떻게 활동할 수 있었는지를 허락을 받았다고 구체적으로 설명했기 때문에 일종의 명시화라 할 수 있다. 이것을 쓰고 나서 하랄트(LS)는 TT의 문장 첫 부분을 여러 번 읽어보고 polulegal'no에 대한 대안으로 om än något[약간] 및 inte helt[완전히는 아니고] 등 가능한 등가어를 발화했다. 그러고 나서 7초간의 휴지 후 그는 셰우첸코가 예술가로서 활동할 수 있도록 누가 허락을 해주었는지까지 구체화하는 명시화 전략을 발화했다.

(52) 하랄트(LS)/TAP: 그 지역의 개혁 지향적인 지식계층 덕분에 그는 카자흐스탄의 스텝지역에서 10년간 망명하면서 창조활동을 허락 받았다 (3s) 지

식층 / 지향적인 지식계층 덕분에 (4s) 그 지역의 (2s) 덕분에 / 지역의 (안 들림) 개혁 지향적인 장소 / 도움 덕분에 / 덕분에 (4s) 덕분에 (3s) 덕분에 / (한숨) 개혁 지향적인 지역의 지식계층 (2s) 그는 허락 받았다 (3s) 그는 ~하는 동안 (안 들림) 허락 받았다 (3s) 작품 활동- / 조금 / 완전히는 아니고 (7s) 정부에서 눈감아주고 허락을 해줬다

프레드릭(TS)이 polulegal'no를 번역한 것도 명시화 현상을 보여준다. 그는 처음에는 차용어인 halvt lagligt를 썼다. 쓰기 후 단계에서 이것은 om än inte helt lagligt[완전히 합법적이지는 않았지만]으로 부사에서 종속절로 바뀌었다. 나중에 lagligt는 öppet[공공연히]로 바뀐다. 사실 프레드릭(TS)의 번역에는 명시화 현상이 강하게 나타난다. 여기서 번역한 두 부분 외에도 그는 B6과 B7 문장 간과 F29와 F30 문장 간의 대조를 역접 연결어를 사용해 명시화했다(부록3의 TT 참조). 그는 자신이 명시화하는 경향이 있다는 것을 잘 알고 있었다. 번역전공학생으로서 그는 번역 방식을 실험하는 과정에 있었다. TAP의 다른 부분에서 그는 너무 추가를 많이 한다고 자신을 책망했는데, 이는 그가 TT 관련 규범을 내재화하는 과정에 있음을 잘 보여준다.

(53) 프레드릭(TS)/TAP: 정말 ~하고 싶다 (안 들림) 스웨덴어 / 음 (2s) 텍스트 연결 장치 / 하지만 / 에 괜찮아 / 이건 / 그렇지 않아도 괜찮을 듯 / 지나치게 명시화를 할 필요는 없어 / 그러나를 너무 많이 쓰지 말자 / 음 / 앞부분을 가리키게 / 먼저 일어났던 것 / 이건 너무 장황하다 (3s) 이것 없애지 않으면 (3s) 러시아어가 남는데 (3s) 하지만 괜찮아

결론적으로 참가자 4명이 D20과 D21 문장 사이를 역접 연결어를 사용해 명시화했고(표 5.4 참조), 나머지 참가자 중 여럿은 문장의 핵심 단어를 명시화하거나 독자들의 관심을 집중시켜 대조를 강조했다.

5.5 시간 및 인과 연결

5.5.1 ST 분절

여기서는 ST의 두 부분을 골라 분석하는데, 아래의 5.54a와 5.55a이다. 두 예문 모두 두 문장으로 이루어져 있다.

(54) a. D17 No čerez dva goda ego arestovyvajut za učastie
'하지만 2년 후 그는 참가의 이유로 체포되었다
v tajnoj političeskoj organizacii Kirillo-Mefodievskom
비밀 정치 조직 Kirillo-Methodiusian
obščestve.
연합'

D18 V ruki policii popali sočinenija poeta, v kotorych
'경찰의 손에 시인의 작품이 들어가
ostra obličalsja antinarodnyj gosudarstvennyj stroj
날카롭게 반대중적인 정부 체계를 드러내
Rossijskoj imperii.
러시아 제국의'

b. Two years later he was arrested as a member of the Society of Cyril and Methodius, a secret political organization. Shevchenko's writings, vividly exposing the anti-popular state system of Russian empire, fell into the hands of the police(스테파빅, 1984: 15).

[2년 후 그는 비밀 정치조직인 Society of Cyril and Methodiu의 회원으로서 체포되었다. 러시아제국의 반대중적인 정부 체계를 신랄하게 드러낸 셰우첸코의 글이 경찰의 손에 들어갔다.]

의미적으로 D17과 D18 문장의 연결은 여러 가지가 될 수 있으며 텍스트에 따라 다르게 해석할 수 있다. 언어적으로 표시되지 않은 해석은 표현된 행동이 시간순으로 이어져 D17의 행동이 D18 전에 일어났으며 텍스트는 자연스러운 시간 흐름을 따르게 된다. 즉 세우첸코가 먼저 체포되고 나서 그의 숙소를 조사한 결과 경찰이 그의 원고를 손에 넣게 된 것이다. 원고 발견은 체포의 결과로 볼 수 있는 것이다. 이렇게 해석할 때 D18 문장은 그에 따른 처벌이 왜 중단되었으며, 5.4.1에서 제시한 것처럼 황제가 세우첸코에게 망명 기간 동안 글쓰기나 그림 그리기를 금지했다는 사실((29a)예문 참조)에 대해 일종의 (함축적) 설명을 제공한다고 볼 수 있다. 그러나 언어적으로 봤을 때 이 텍스트는 다르게 해석할 수도 있다. 원고가 경찰의 손에 들어가는 바람에 세우첸코가 체포되었다고 볼 수 있는 것이다. 따라서 D18은 시간 순서가 두 가지로 읽힐 수 있으며, 이에 따라 인과 관계도 다르게 읽힐 수 있다. 하나는 뒤에서부터 읽어 뒤 문장이 앞 문장에 대한 원인으로 해석하는 것이고, 다른 하나는 순서대로 읽어 앞 문장이 일어난 결과 뒤 문장이 일어난 것으로 해석하는 것이다.

D17 문장(또한 앞의 D16 문장)의 한정동사는 역사적 현재시제이며 D18은 과거시제이다. 역사적 현재시제는 러시아어의 다양한 어역 중 주요 사건을 서술할 때 자주 사용된다(그르노블, 1998: 216, 218). 스웨덴어에도 있기는 하지만 스웨덴어보다 러시아어에서 더 자주 쓰인다(텔레만 외, 1999b: 219-221). 이 텍스트에서 역사적 현재시제의 사용은 '전기체' 역사적 현재시제의 예이며(러스카자 그람마띠카, 1980a: 622), 이는 러시아어뿐 아니라 다른 언어에서도 전기적인 설명을 할 때 자주 사용된다. 또한, 서사에서 역사적 현재시제와 과거시제를 섞어 사용하는 것도 흔히 볼 수 있다. 이럴 경우 과거시제는 먼저 일어난 사실을 표시하기 위해 사용되지만(그르노블, 1998: 218-219), 늘 그런 것은 아니다. 두 시제는 한 문장 내에서 연속적인 사건을 나타내기 위해 쓰일 수도 있

다(크바니(Chvany), 1985: 261; 에크블롬, 1960: 165; 그르노블, 1998: 220; 거즈바(Gužba), 1967: 144; 플기나와 자카바-네르카소바(Pul'kina & Zachava-Nekrasova), 1968: 337; 로젠탈, 1976: 291 참조). 하지만 이 예문에서와같이 항상 두 행동이 일어난 시간대가 다르거나 과거시제 동사가 역사적 현재시제 동사보다 먼저 일어난 것으로 파악되는 등 일어난 시간대가 반대로 해석되는 것은 아니다. 오히려 역사적 현재시제의 불완료상 동사가 역사적 현재시제의 과거형인 것처럼 순차성을 나타낼 수도 있다(크바니, 1985: 258 참조).

ST가 역사적인 인물에 대한 전기이기 때문에 시간적 해석 중 하나만이 정확하다. 원고를 발견하기 전에 체포가 이루어졌다는 것이다. 셰우첸코가 체포된 것은 누군가가 그에 대해 밀고를 했기 때문이며, 경찰은 체포가 이루어진 후에야 수색을 통해 원고를 찾아냈다. 이 사실은 셰우첸코에 대한 우크라이나어책에 자세히 나와 있다. 그렇다고 해서 러시아어 텍스트에 있는 모호성이 해결되는 것은 아니며, 번역 업무 도중에 일어나는 참가자의 처리에 중점을 두고 있는 본 연구와는 관련이 없다. 이 부분과 관련해서 정보를 얻기 위해 우크라이나어 텍스트나 다른 출처를 찾아본 참가자는 아무도 없었다.

이 ST 분절은 스웨덴어로 번역할 때 먼저 일어난 일을 표현하는 문제와는 상관이 없는 것처럼 보인다. 그러나 분석 결과 일부 참가자들은 사건의 순서나 이를 언어적으로 표현하는 것에 대해 문제를 겪었다. 다음으로 논의할 부분은 (55a) 예문이다.

(55) a. E22 Ševčenko byl osvobožden v 1857 godu.

'Shevchenko는 풀려났다 1857년

E23 Chodatajstvovali za nego peredovye ljudi Rossii i

탄원 그를 위한 진보적인 사람들 러시아의 그리고

Ukrainy.

우크라이나의'

b. Progressive Russian and Ukranian cultural figures fortunately interceded for him and Shevchenko was released in 1857(스테파빅, 1984: 16).
[진보적인 러시아 및 우크라이나의 문화 인사들이 다행히 그를 위해 탄원을 진행해 셰우첸코는 1857년에 풀려났다.]

여기서는 두 문장 모두 동사가 과거시제이다. 두 번째 문장의 동사 chodatajstovat'는 다음과 같이 두 가지 의미를 가진다. 1. (~를 위해) 탄원하다, (~를 위해) 지원하다 2. 방어하다, (~를 위해) 탄원하다, (~를 위해) 청원하다(옥스퍼드 러시아어 사전(Oxford Russian Dictionary), 1984). 대강의 의미는 사람들이 셰우첸코를 대신해 행동했다는 것인데, ST에는 이것이 구체적으로 어떻게 이루어졌는지는 나와있지 않다. 동사 chodatajstvovat'는 불완료상이다. 오제가프와 스웨데바(1993)에서는 과거시제일 때 이 동사가 완료상을 나타낼 수도 있다고 나오지만, 옥스퍼드 러-영 사전(Oxford Russian English dictionary) 등 다른 사전에서는 접두사형 pochodatajstvovat'가 완료상 동사라고 나온다. 그러나 이 동사가 어떤 상인지에 따라 시간적 해석이 달라지는 것은 아니다. 완료상이라고 볼 때 기본적인 의미에 따라 보통 과거 완료상을 나타내게 된다. 불완료상으로 보더라도 일반적인 사실 의미의 불완료상 과거로 볼 수 있고, 여기에는 복수의 행위뿐 아니라 완료 시기의 불확정성이 포함되어 있다(파도에바, 1992). 두 종류의 상 모두 ST에는 동사 형태로 나타나 있다.

맥락 상 두 번째 문장의 동사가 첫 번째 문장의 동사보다 먼저 일어났으며, 첫 번째 동사가 표현한 행동이 일어난 조건 또는 원인이 되고 있다. 셰우첸코는 러시아와 우크라이나의 진보적 인사들이 개입한 결과 망명에서 벗어났던 것이다. 이러한 인과 관계가 텍스트에 명시적으로 나타나지는 않았지만 두 문장을 제대로 이해하고 특히 두 번째 동사를 제대로 해석하면 알 수 있다. 두 번째 문장의 동사가 첫 번째 문장의 동사보다 먼저 일어난 사건/행위를 표현한다는 것이 외현적으로 표시된 것은 아니지만, 해당 절이 아닌 더 큰 맥락을 참고해야 하며, 러시아어에서 이런 식으로 표현하는 것은 흔히 있는 일이다(크바니, 1985: 257, 162). (55b) 예문에서 알 수 있듯, ST의 영어 버전은 두 문장을 하나로 합쳐서 순서를 바꿨으며, 이를 통해 시간 순서를 자연스럽게 표현할 수 있었다. 또한, 다행히라는 부사를 절에 추가했다. 영어 버전에서도 인과 관계는 함축적으로 표현되었다.

이러한 문장을 스웨덴어로 번역하는 데는 여러 가지 문제가 있을 수 있다. 먼저 문장의 의미를 이해해야 하고 시간적 순서를 파악해야 한다. 두 번째로 두 번째 문장의 사건이 첫 번째 문장보다 먼저 일어났다는 사실을 이해해야 한다. 스웨덴어에서는 두 번째 문장의 사건이 먼저 일어났다는 사실을 외현적으로 표시해야 하며, 5.2.4에서 논의한 대조적 관점에서 볼 수 있듯이 번역사가 이를 알아채지 못할 수도 있다. 문장의 내부적인 순서를 그대로 유지할 경우 첫 번째 동사는 스웨덴어에서 과거시제로 번역되고, 시간 또는 인과 연결어를 추가하지 않는 경우 두 번째 동사는 대과거시제가 되어야 한다. 또한, 시간 또는 인과 연결어를 추가할지, 문장의 내부적인 순서를 유지할지도 결정해야 한다.

5.5.2 결과물 데이터 분석

참가자별 번역을 요약해 표 5.8과 5.9에 제시했다. 어떤 시간적 관계를 표현했는지, 인과관계를 함축적으로 표현했는지, 어떻게 표현했는지 등에 따라 여러 가지 번역이 이루어졌다.

1. 스웨덴어로 문장1과 문장2의 동사가 연결어나 시제 면에서 차이가 없다. 즉

문장2의 행동/사건이 문장1의 행동/사건 이후에 이루어진 "자연적인 시간순서"로 표현되었다.

2. 문장1과 문장2의 동사 시제가 달라 문장2의 시제가 대과거시제(또는 문장1이 역사적 현재시제인 경우 과거)로 표현되었다. 이는 문장2의 행동/사건이 문장1의 행동/사건보다 먼저 일어났다는 것을 의미한다.
3. 행동/사건 간 시간관계를 보여주기 위해 연결어를 추가해 명시화했다(예: Han blev frigiven efter att/sedan ledande personer lagt sig ut för honom [그는 리더들이 그를 대신해 탄원한 후 풀려났다...], Ledande personer lade sig ut för honom och han blev sedan frigiven ... [리더들이 그를 대신해 탄원했고 그는 이후/그 결과 풀려났다...]).
4. 문장1과 문장2의 행동/사건 간 인과관계를 보여주기 위해 연결어 또는 다른 구조를 추가할 수 있다(예: Han blev frigiven eftersom ledande personer lagt sig ut för honom [리더들이 그를 대신해 탄원했기 때문에 그는 풀려났다]).
5. 여러 대안의 혼용.

표 5.9는 번역별 빈도를 보여준다. 두 사건의 연결을 얼마나 명시화했는지에 따라 대안 1부터 대안 4까지 있다. 가장 덜 명시적인 것이 대안 1이다. 대안 2부터 4까지는 명시화 정도가 심해진다.

E23 문장에서 전문번역사 1명과 언어전공학생 1명이 시간적 관계를 잘못 번역했고, 이는 D18 문장에서도 마찬가지다. 전문번역사 2명과 번역전공학생 1명이 "형태적" 해결책(예: 시제 선택을 통한 관계 표시)을 선택했다. 나머지 3명인 전문번역사 1명과 번역전공학생 1명, 언어전공학생 1명은 시간 또는 인과관계를 명시화한 정확한 형태를 접속하는 해결책을 선택했다. 인과관계를 명시화한 예는 베리트(PR)가 E23 문장을 번역한 경우 하나였다. 언어전공학생 1명은 E23에서 형태적으로 잘못된 대안을 선택했으나, 이에 대한 설명을 덧붙였다.

표 5.8 ST의 함축적 시간 및 인과관계. 개인별 번역 해결책 개괄

참가자	분절1		분절2	
	D17	D18	E22	E23
애나(PR)	과거시제	과거시제	과거시제	대과거시제
베리트(PR)	역사적 현재시제	대과거시제	과거시재	Tack vare + 동사적 명사
크리스티안(PR)	과거시제	과거시제	과거시제	대과거시제
다니엘(PR)	과거시제	과거시제	과거시제	과거시제
엘리노어(TS)	과거시제	과거시제	과거시제	대과거시제
프레드릭(TS)	역사적 현재시제	역사적 현재시제	역사적 현재시제	시간 증보 + 대과거시제
가브리엘라(LS)	과거시제	과거시제	과거시제	과거시제 + 명시화
하랄트(LS)	과거시제	대과거시제	과거시제	과거시제
이삭(LS)	과거시제	과거시제	과거시제	시간 증보 + 대과거시제 + 명시화

표 5.9 ST의 함축적 시간 및 인과관계. 문장별 번역 해결책 개괄

구분	해결책 종류				
	1	2	3	4	5
D18	7	2	-	-	-
E23	2	3	2	1	1
총계	9	5	2	11	

5.5.3 과정 데이터 분석

5.5.3.1 문제를 인식하지 않은 경우

9가지 경우 문제 지표가 전혀 없거나 이차적 지표인 휴지만 발생했다. 그러나 동사를 쓰거나 발화하기 직전에 발생하는 휴지는 5.3이나 5.4에서보다 그 원인이 다양하다. 동사 번역은 어휘적이나 형식적(형태적, 통사적)인 면 등 여러 가지를 고려해야 하기 때문이다.

D17-D18 번역의 경우 대부분의 참가자가 문제를 인식하지 않았다

(엘리노어(TS)를 제외한 모든 참가자. E22-E23에서는 크리스티안(PR)만 문제로 인식). 크리스티안(PR)은 연결 관계의 성격과 TL의 적절한 표현을 언급해, 그녀가 이를 이해했다는 것과 평소 이러한 구조를 어떻게 번역하는지 알 수 있었다.

(56) 크리스티안(PR)/TAP: ~에 관한 것 chodatajstvovali za nego peredovye ljudi Rossii i Ukrainy / 그러면 이렇게 / 하나의 문장이었다면 / 당연히 과거시제였을 텐데 / 그렇게 했을 텐데 / 하지만 먼저 그가 자유로워졌다니까 / 풀려났다니까 / 완료상을 쓴 이유가 있지 / 러시아어를 번역할 때 정말 잊기 쉽지만 / 아니면 음 그래 이런 경우는 대과거시제 (6s) 왜냐하면 완료상과 대과거시제는 / 보여주니까 / 뭐냐하면 / 두 문장을 이어주는

베리트(PR)는 쓰기 후 단계에서 D18에서 대과거시제를 선택한 것이 ST에 서로 다른 시제가 있었기 때문이라고 밝혔다(D17에는 역사적 현재 시제, D18에는 과거시제). 이를 통해 그녀가 D18의 행동이 먼저 일어났다는 사실을 확실히 이해했음을 알 수 있다.

(57) 베리트(PR)/TAP: 원본이 마음에 들지 않는데 내가 (2s) 시제를 바꿔야겠다.

이 경우 참가자들은 번역을 어떻게 할지 망설이지 않았다. 연결 관계를 해석한 후 어떻게 번역할 것인지 거의 자동적으로 한 번에 결정했고, 이에 대해 발화하거나 문제를 인지했다고 발화하지 않았다. 로그를 분석해보면 대부분의 휴지는 문장의 다른 부분에서 동사를 어떻게 번역할 것인지와 관련해 발생했다. 하랄트(LS)의 로그에서만 동사와 그 시제를 번역하는데서 휴지가 발생했다(두 번의 휴지로 각각 4.2초와 2.1초였음).

(58) 하랄트(LS)/ScriptLog: <26.7>Polisen<4.2> <2.1>hade fätt tag i <16.4> p<2.6>oetens skrifter

D17과 D18 문장을 번역할 때 참가자 중 7명인 애나(PR), 크리스티안(PR), 다니엘(PR), 엘리노어(TS), 프레드릭(TS), 가브리엘라(LS), 이삭(LS)은 두 문장 모두 역사적 현재시제를 쓰거나(프레드릭(TS)) 과거시제를 써서(나머지 여섯 명) 사건의 실제 순서를 정확하게 반영했다. TAP 분석 결과 엘리노어(TS)를 제외하면(아래 참조) D18의 사건이 D17의 사건보다 먼저 일어났을 것으로 생각한 참가자는 없었다.

5.5.3.2 과정의 문제

나머지 9가지 경우에는 문제 지표가 발견되었다. 그중 하나는 엘리노어(TS)가 D18 문장을 처리할 때 발생했다. 처음에는 스웨덴어 과거시제 동사로 번역했다가 ST의 동사가 표현하는 순서가 반대일 수도 있다고 깨달은 것이다.

(59) 엘리노어(TS) /TAP: 경찰 / 손에 넣었다 (2s) 손에 넣었다 / 으음 (4s) 시인의 / (4s) (4s) 아니면 알았다 / 그가 체포되기 전이구나 / 아니면 그 이후인가 (안 들림) / 음 / 경찰이 그의 시를 찾은 것이

엘리노어(TS)는 쓰기 단계에서 문제를 해결하지 않고 놔두었다가 나중에 쓰기 후 단계에서 다시 생각해본다. TAP를 분석해보면 텍스트에서 시간을 역순으로 표현할 수 있는지 확신하지 못해 러시아어를 모국어로 사용하는 독자에게 물어봐야겠다고 발화했다. 확실하지 않은 상태에서 그녀는 이 부분을 과거시제로 번역해두었다.

(60) 엘리노어(TS)/TAP: 그렇다면 이건 경찰이 (8s) v ru- / v ruki policii popali sočinenija poeta (3s) 그럼 문제는 / 물어봐야겠다 / X 에게 물어봐야지 모르겠다 (2s) 그들이 그를 체포했는데 / 모르는거지 v ruki popali 이게 이미 손에 넣었다는 건지 (2s) 체포한 이유가 / 시를 발견해서였는지 / 아니면 나중에 발견한 건지 / 그를 체포한 후에 / 집을 수색한 건가 아마 그런 것 같다

나머지 8가지 경우는 E22와 E23 문장을 처리하면서 발생한 문제이다. chodatajstvovat'라는 동사의 의미가 문제의 원인이었던 것으로 보이는데, 이 동사가 전반적으로 문장을 이해하고 사건의 발생 순서를 이해하는 데 중요하기 때문이다. 크리스티안(PR)과 프레드릭(TS)을 제외한 모든 참가자가 동사의 의미를 찾아보거나 적절한 스웨덴어 표현을 찾기 위해 사전을 한 번 이상 찾아보았다. 일부의 경우 의미를 찾아 문제를 한 번에 해결해 정확하게 TL의 관점에서 번역하고 시간 또는 인과관계를 표현했다. 이는 베리트(PR)와 프레드릭(TS)의 경우처럼 번역의 첫 번째 버전을 쓴 직후나 쓰기 단계의 교정을 통해 이루어졌다. 둘 다 E22 문장을 마침표를 찍어 따로 번역했다. 그러고 나서 휴지가 발생한 후(베리트(PR)의 경우는 사전을 찾아보느라 휴지가 길었다), 마침표를 지우고 두 문장을 하나로 번역했다. 베리트(PR)는 E23의 동사를 부사구로 바꾸었고 프레드릭(TS)은 E23을 시간 종속절로 바꾸었는데, TAP를 보면 그는 이 부분을 E22의 사건에 대한 원인 또는 설명으로 이해한 것으로 보인다.

(61) 프레드릭(TS)/TAP: Shev- / chenko / 는 풀려났다 (3s) / 1857년에 / 음 (5s) 그리고 나서 설명이 / 나중에 / 나중에

(62) 프레드릭 (TS)/ScriptLog: <1.2>Sje<1.2>vtjenko frigavs<1.4> <1.5> år 1857 <1.2>. <6.0>@ efter

엘리노어(TS), 가브리엘라(LS), 이삭(LS)은 E23을 번역하면서 연결 관계나 스웨덴어 표현 등과 관련해 문제를 겪었다. 엘리노어(TS)와 가브리엘라(LS)는 먼저 동사를 과거시제로 번역해 E22와 관련해 E23의 사건이 먼저 일어났음을 표현하지 못했다. 엘리노어(TS)의 쓰기 단계 TAP를 보면 for hans sak[그를 위해, 그를 대신해] 등의 표현을 고려한 것으로 보아 이 부분을 제대로 이해한 것 같으나 다음과 같이 발화하며 과거시제를 그대로 두었다.

(63) 엘리노어(TS)/TAP: chodatajstvovali (2s) (들리지 않음) (사전을 찾아봄) (15s) 그를 위해 탄원했다 / 그래 그렇지 [...] 탄원했다 (3s) 그를 위해 (3s) 하지만 / 그를 대신해 탄원했다 인가 / 그를 위해 탄원했다

업무 후반에 가서야 그녀는 사건 간의 시간관계를 제대로 이해했음을 발화했다. 다른 대안을 고려한 후 그녀는 마지막에 동사를 대과거시제 시제로 변경했다.

(64) 엘리노어(TS)/TAP: 러시아와 우-/ 우크라이나의 진보적 인사들이 (4s) 그를 위해 탄원했다 / 아니면 그를 위해 탄원했었다 (3s) 여기서 문제는 / 그가 풀려났는데 / 하지만 그들은 당연히 그가 풀려나기 전에 탄원했으니까 (5s) 아니면 여기서 / 진보적 인사들이 / 그를 위해 탄원해서 (12s) 여기를 한 문장으로 만들어야겠다 / 제기랄 / 진보적 인사들이 그를 위해 탄원했다 (7s) 그래 / 아니다 그냥 / 이렇게 해야겠다 / 그를 위해 탄원했었다

가브리엘라(LS)는 쓰기 단계에서 러시아어-스웨덴어 사전에 나온 chodatajstovat'의 뜻이 정말 이상하다고 생각했지만 일단 과거시제로 써놓았다. 쓰기 후 단계에서 그녀는 자신의 번역에 대해 강한 불만을 표현했다.

(65) 가브리엘라(LS)/TAP: Shevchenko 1857년에 자유로워졌다 / 러시아와 우크라이나의 저명인사들이 그를 위해 탄원했고 / 탄원했다 / 하지만 이 (8s) 탄원했다 / 이것 때문에 그가 풀려난 게 분명한데

확실히 그녀는 관계의 성격을 이해하고는 있었으나, "이것 때문에 그가 풀려난 게 분명한데"라는 발화에서 볼 수 있듯이 이에 대해 확신을 하지는 못했던 것 같다. 그녀는 TT의 스웨덴어 표현에 밑줄을 그었으나 그 당시 교정을 하지는 않았다. 나중에 그녀는 자신의 번역이 ST를 제대로 반영하는지 알아보기 위해 chodatajstvovali라는 동사의 의미를 다시 확인하려 했으나 의미를 찾지 못했다. 대신 그녀는 스웨덴어 단일언어 사전에서 자신의 스웨덴어 번역에 쓴 동사 lägga sig ut för[~를 위해 탄원하다]를 찾아보았다. 그녀는 사전을 통해 이 동사의 일반적인 의미가 "그들이 그를 도와주었다"라고 해석될 수 있음을 확인했다. 그리고 나서 TL로 다시 만들어보면서 두 문장을 하나로 합칠 수 있는지 알아보고 다양한 잠정 해결책 또는 그 해결책의 앞부분을 발화했다(예문에서 [ ]로 표시된 부분).

(66) 가브리엘라 (LS)/TAP: 그러면 이걸 하나로 묶어서 / 셰우첸코는 1857년에 풀려났고 / 음 (4s) ~로 (4s) 에 / 아니지 / [1] 덕분에 / 왜 풀려난 거지? / 하지만 / 저명한 인사/ 저명 인사 / 음 / 러시아와 우크라이나의 (18s) 셰우첸코는 1857년에 풀려났다 / [2]~로 (3s) 러시아와 우크- 저명인사 / 음 (5s) 그래 복잡하다 어쨌든 그가 이들의 도움을 받았으니까 / 이렇게 하면 되지 / 셰우첸코는 1857년에 풀려났고/ [3] 그는 받았다 (2s) 그는 도움을 받아 (2s) [4] 덕분에 / 어 [5] 러시아와 우크라이나의 저명인사 / 음 적극적으로 노력했다 (2s) 그를 위해/ 그리고 Shevche- / 셰우첸코는 1857년에 풀려났다 / 그리고 저명인사 (4s) 러시아와 우크라이나의 (4s) 이를 위해 적극적으로 노력했다 (6s) 음 (13s) 여기서는 / [6] 러시아와 우크라이나의 저명

인사 (2s) 음 / 셰우첸코의 석방을 위해 적극적으로 노력했다 / 음 / 1857년에 그는 풀려났다 / 그리고 1857년에 그는 풀려났다 (12s) [7] 러시아와 우크라이나의 저명 인사가 그를 위해 탄원했고 (2s) 음 (25s) 저명인사 (8s) [8] 그의 석방을 위해 그들은 탄원했다 (28s) [9] 자- / 자유를 위해 (2s) (7s) 왜냐하면 풀려났다는 건 / 그것뿐만이 아니라 / 그들이 원한 건 음 / 그들은 다른 것을 많이 했다 (3s) / 자유를 위해 적극적으로 노력했다.

가브리엘라 (LS)는 여러 대안을 발화했고(1-8), 쓰기도 했다(9-10).

1. tack vare[덕분에]
2. med[~로; 아마도 계속해서: hjalp av - ~의 도움으로]
3. och han fick hjälp[그리고 그는 도움을 받았다]
4. tack vare[덕분에]
5. framskjutna personer i Ryssland och Ukraina verkade aktivt för detta/ honom[러시아와 우크라이나의 저명인사가 이/그를 위해 적극적으로 노력했다]
6. ...verkade aktivt för ett frigivande av Sjevtjenko[셰우첸코의 석방을 위해 적극적으로 노력했다]
7. la sig ut för honom[그를 위해 탄원했다]
8. la sig ut för honom för hans frigivning[그의 석방을 위해 탄원했다]
9. arbetade aktivt för hans frigivning[그의 석방을 위해 적극적으로 노력했다]
10. arbetade aktivt för ett frisläppande[그의 자유를 위해 적극적으로 노력했다]

그녀는 E23 문장의 동사를 부사구(1-2, 4)로 바꾸면서까지 두 문장을 하나로 만들려고 했다. 또한, 두 문장에 순접사(3)를 추가하는 방법도 고려했다(관점 변화). 대안 6-10은 ST와 가깝게 번역된 것으로 그녀가 최종적으로 선택한 것은 스웨덴어 사전에서 찾아낸 단어의 유의어였다. 또한, 선택한 동사가 타동사였기 때문에 명시적으로 목적어를 추가했다. TAP만 보고 확신할 수는 없지만 두 문장의 순서를 바꾸려고도 시도했던 것 같다. 두 문장의 시간관계를 번역하는 것이 가브리엘라(LS)에게는 어려운 문제였음이 분명하다. E23의 행동이 E22보다 먼저 일어났다는 것을 분명히 알고 있기는 했지만, 이것이 E23의 동사를 스웨덴어의 대과거시제로 번역하도록 유도하지 못했던 것이 놀랍다. 이렇게 번역했더라면 그렇게 고생하지 않았을 것이다.

이삭(LS)은 처음에 E23을 번역할 때 과거시제를 선택했다. 동사 anhåll om[요구하다]는 타동사이므로 목적어를 추가(명시화)해야 한다. 그가 anhöll om hans befrielse[그의 석방을 요구하다]라고 번역한 것을 보면 시간 및 인과관계를 이해하고 있었음을 알 수 있다. TT를 컴퓨터에 입력할 때 그는 바로 이를 교정했다. 교정할 때는 E2를 시간 종속절로 만들어 E22와 E23을 한 문장으로 만들었다. TAP를 분석해보면 그는 이렇게 하는 것이 "더 낫다"고 생각했으며, 이렇게 하면서 동사를 대과거시제로 바꿨다.

(67) 이삭(LS)/ScriptLog: <4.1>Sjevtjenko befriades <1.1>1857<1.2>. De privy <3.3><1.4>@, eg@fter det att de p<1.4>@privilige-rade m<1.2>@<cr> <1.S>@personer <2.1>anhållit om hans <1.9>frigivning<9.2>

E22와 E23 문장에서 다니엘(PR)과 하랄트(LS)만 두 문장의 동사를 모두 과거시제로 번역했다. 다니엘(PR)의 경우 E23의 동사 의미를 잘못 이해했던 것으로 보인다.

(68) 다니엘(PR)/TAP: chodatajstvovali / za nego / peredovye ljudi Rossii i Ukrainy / 음 그들은 그를 돌봐주었다 / (사전을 찾아봄) (16s) 음 어디 보자 (2s) chodatajstvovat' / 탄원하다 그래 (14s) 탄원하다는 좋은 표현이 아닌 듯 / (사전을 찾아봄) (20s) (스웨덴어 사전에서 유의어를 소리 내어 읽음) lägga sig omhulda (4s) tala för / tala väl för / fälla en förbön för / fäna ett gott ord / (안 들림) mana (15s) (한숨) (4s) 음 이 문장을 바꿔야겠다 (2s) 그리고 / 목적어를 넣어서 (4s) 그는 (4s) 소중히 여겨졌다 (2s) 음 peredovye ljudi Rossii / 그는 (2s) 소중히 여겨졌다 / 이걸 뭐라고 하지 / 에서 / 진보 / 진영

TAP를 보면 처음에 동사 månade[좋아하다]의 뜻을 약간 잘못 알고 있거나 맥락과 맞지 않게 파악한 것 같다. 러시아어-스웨덴어 사전에서 이 동사를 찾아보았으나, 사전에 나온 등가어가 자신이 처음에 생각한 의미와 맞지 않아 마음에 들지 않았던 것으로 보인다. TAP에는 그가 시간 또는 인과관계를 파악했음이 나와 있지 않다. 스웨덴어 사전에서 유의어를 찾아보고 그는 대안을 제시했는데, 이는 자신이 처음에 생각한 의미와 비슷한 단어였다. 그러나 이렇게 번역하면 이전 문장의 도사/행동과는 인과관계가 형성되지 않는다. 다니엘(PR)은 두 문장의 동사를 모두 과거시제로 표현해 셰우첸코가 망명에서 돌아온 후 러시아와 우크라이나 진보 인사들의 돌봄을 받았다고 번역했다.

5.5.3.3 함축적 인과관계를 명시화한 다른 경우

TT 9가지 중에서 함축적 인과관계를 명시화한 예가 또 있다. B7의 경우 애나(PR)와 프레드릭(TS)이 "셰우첸코는 농노로서 의존적이었고" (전체 문장은 (28a)를 참조)에서 인과관계를 명시화해 농노가 의존성의 원인인 것으로 번역했다. 애나(PR)와 프레드릭(TS) 모두 쓰기 단계에서 처음에는 더 직역에 가깝게 번역했다.

(69) 애나/1st TT version/B7: ...그는 농노로서 완전히 의존적이었고...

(70) 프레드릭/1st TT version/B7: ...그는 농노로서 완벽히 의존적이었고...

둘 다 이 부분을 쓰기 후 단계에서 변경했다. 애나(PR)는 여러 번 교정한 끝에 원인 종속절로 eftersom han sam livegen var totalt beroende[...그는 농노였기 때문에 완전히 의존적이었다]고 번역했다. TAP에는 왜 이렇게 교정했는지는 나와 있지 않지만 4.5에서 본 것처럼 세 번째 하부단계에서 교정이 이루어졌고, 이는 직역을 제거하는 과정에서 일어난 것으로 보인다. 이 문장은 여러 가지 방법으로 구조가 변경되었는데, 그중 명시화도 포함되어 있었다. 프레드릭(TS)은 såsom livegen[농노로서]를 livegen och därmed[농노였기 때문에]로 바꿨는데, TAP에서 그 이유를 찾아볼 수는 없었다.

B10 문장에 한정형 동사의 과거시제와 부동사구가 나오는데, 이는 부동사구가 한정형 동사보다 먼저 일어나서 그 행위의 필요조건 또는 원인이 되는 것으로 볼 수 있다. 대부분의 참가자는 인과관계를 함축적으로 번역했다. 그러나 다니엘(PR)의 B10 번역이 특히 흥미로운데, (5.3의 순접 등위접속 하나만 제외하고) 그는 기존에 명시화하지 않는 경향을 보였기 때문이다 처음에 그는 부동사를 한정형 동사로 번역하고 연결어 därför[따라서]를 러시아 문장에서는 한정형 동사로 표현한 두 번째 구에 추가하기로 결정한다. 이러한 결정을 내리는 데는 아무 문제가 없어 보였으며, 발화에서도 사실관계만 간단히 말해서 왜 이러한 결정을 내렸는지 그 이유는 알 수 없었다.

(71) 다니엘(PR)/TAP: 그리고 여기 부동사가 있네 / 이건 / 다양하게 번역할 수 있지 / uvidev / v Ševčenko / redkij talant k literaturnomu i chudožestvennomu tvorčestvu lvykupili ego (10s) 일반 한정형 동사로 번역해야겠다 / 그들은 셰우첸코에게서 보기 드문 재능을 발견했고 / 문학

art- (들리지 않음) (2s) 그리고 나서 그러므로를 추가해야겠다 (10s) 그러므로를 추가해야겠다

쓰기 후 단계에서 다니엘(PR)은 이 문장이 마음에 들지 않았는데, TAP에 그 이유는 정확히 나오지 않는다. 첫 번째 구의 동사 유의어를 찾지 못한 그는 긴 휴지 후에 한숨을 쉬고 추가했던 연결어를 없앴다.

(72) 다니엘(PR)/TAP: 그들은 Shevchenko의 특출나고 뛰어난 문학 및 예술적 재능에 관심을 가졌고 / 그를 샀다 / 따라서 농노로부터 (11s) / (안 들림) / 관심을 가졌다 / 그들은 알아차렸다 / 알아차렸다 / (사전을 찾아봄) (2s) 음 / 만들었다 / (사전을 찾아봄) (11s) (한숨) (27s) 그래 / 이건 / 이 문장은 없애면 / 그러므로 (6s) 정말 마음에 들었는데

여기서는 특히 "... därför[인과 부사]가 정말 마음에 들었는데"라는 발화를 주목할 필요가 있다. 이를 통해 다니엘(PR)도 러시아어에서 스웨덴어로 번역할 때 논리관계를 명시화하는 것이 가능하다는 것을 알고는 있었으나 본 연구의 다른 전문번역사 3명과는 달리 명시화가 언제 가능한지에 대해서는 다른 기준 또는 규범을 가지고 있었음을 알 수 있다. 러시아의 부동사는 스웨덴어로 정확한 형식적 또는 디폴트 등가어가 존재하지 않기 때문에 스웨덴어 번역 변화소가 다양하다. 보통은 스웨덴어의 한정형 동사로 동사와 (러시아어) 주요 문장의 한정 동사 간의 관계를 명시화한다. 이와 관련된 세부적인 설명은 슈밋(forthc.)을 참조하라. 쏘리치나-닐손(Zorichina-Nil'sson, 2000)의 연구도 이와 관련이 있다.

5.6 요약 및 결론

본 장에서는 다음의 연구문제를 중심으로 다양한 함축적 논리관계에 대해 알아보았다.

- 번역 경험량에 따라 번역과정에서 함축적 논리관계를 다루는 방식이 어떻게 달라지는가?
- 이로 인해 TT가 어떻게 달라지는가?

세 종류의 함축적 관계를 분석해보았다. 그중 하나는 ST의 단일 문장 내에서의 함축적 관계이며, 나머지 두 종류는 두 문장 간의 함축적 관계였다. 이와 관련해 결과물과 과정 데이터를 분석했다.

5.3에서는 문장 내의 연결어 없는 순접 등위접속에 대해 분석했다. 이러한 구조는 러시아어와 스웨덴어에서 모두 존재하지만, 러시아어에서 더 보편적으로 나타난다. ST의 4개 문장에 대한 TT 9개 버전을 세부적으로 분석했다. 등위접속사로 순접관계를 명시화한 경우가 가장 많았다. 이러한 패턴이 모든 그룹의 참가자에게서 나타났다. 순접관계가 명시화되지 않은 경우는 전문번역사들과 번역전공학생 1명에게서 찾아볼 수 있었다. 대부분의 참가자가 같은 접속사를 선택했으나 언어전공학생들의 경우 문체상 덜 적합한 연결어를 선택했다.

과정 데이터를 보면 대부분의 참가자가 ST의 순접관계를 어떻게 처리할지 어려움을 겪지 않았고, 문제 지표가 거의 없었다(5.1 참조). 언어전공학생의 데이터에만 함축적 관계와 관련해 문제 지표가 소수 나타났다. ST의 순접관계는 참가자들에게 문제가 되지 않았다는 것을 알 수 있다. 접속성분 간의 의미관계에 대한 발화나 순접 외의 연결어를 추가하겠다는 발화도 없었다. 따라서 모든 참가자가 등위접속 관계를 의심하지 않았던 것으로 보인다. 접속에 대해 이해한 참가자는 이들 간의 관계에 대해서도 이해했다. 러시아어에서만큼 자주는 아니지만 비슷한 함축적 등위접속 구조가 참가자들의 L1인 스웨덴어에도 등장하기 때문이다.

또한, 연결어가 없거나 연결어를 추가할 경우 문제가 될 것이라고 발화한 경우가 없는 것으로 보아 모든 참가자가 명시화 여부에 대해 의문을 갖지 않았던 것으로 보인다. 대부분의 경우 참가자들은 TT의 첫 번째 버전을 쓸 때 명시화 결정을 내렸다. 명시화 결정은 이미 쓴 텍스트를 교정할 때 이루어진 것이 아니라 문장의 나머지 부분을 번역하면서 동시에 이루어졌다. 휴지(쓰기 과정 및 TAP)가 발생한 것으로 보아 번역 경험량이 많은 참가자도 어느 정도 계획을 해야 했음을 알 수 있다. 대부분의 경우 명시화를 위해 선택한 첫 번째 대안을 업무 수행이 끝날 때까지 교정하지 않았다. 몇몇 참가자가 정확한 표현과 관련해서만 교정을 했다.

과정 데이터를 보면 이러한 명시화가 모든 참가자의 번역과정에서 자동적으로 일어났으며 번역도 규범을 따랐다는 것을 알 수 있다. (최소한 본 연구의 텍스트타입에서는) 러시아어에서 스웨덴어로 번역할 때 접속사 없는 순접관계를 명시화하는 것이 번역 규범인 것이다. 또한 이러한 규범은 이 언어 쌍의 전문번역 및 교육용 번역에 모두 해당한다는 것을 알 수 있다. 이는 전문번역사와 번역전공학생의 경우 예상대로 나타났으나, 언어전공학생의 경우는 예상과 달랐다. 언어전공학생도 이러한 구조를 본 적이 있고 수업에서나 시험에서 말이나 글로 스웨덴어로 번역해 본 적도 있었으며, 이때 접속사나 다른 연결어를 추가하거나 추가하라는 말을 들었던 것이 분명하다. 그러나 이로 인해 명시화가 자동적으로 일어났는지는 분명하지 않았다.

번역 경험량이 많은 참가자일수록 TT에서 명시화하지 않은 사례가 없다는 것은 명시화가 번역 규범이라는 사실을 보여준다. 규범은 따를 수도 있지만 어길 수도 있다(허먼즈, 1999: 82). 규범은 불안정하고, 서로 상충하는 규범이 있을 수도 있다(투리, 1995: 65). C15 문장의 경우 일부 참가자들은 명시화를 하지 않았다. TAP를 봐서는 참가자들이 왜 이런 결정을 내렸는지 알 수 없다. 위에서 제시한 것처럼(5.3.1) 관계에 명시적인 (순접) 뉘앙스가 있어서였을 수도 있다. 이 경우 함축적 관계를 재현하기로 한 참가자 2명(크리스티안(PR)과 엘리노어(TS))은 순접관계를 완전히 명시화하는 것이 적절하지 않다고 판단했을 수 있다. 또한, 함축적 순접 구조를 가장 다양하게 번역한 참가자는 전문번역사인 베리트로, 이는 서로 상충하는 다양한 규범이 있다는 것을 보여준다.

함축적 관계 중 나머지 두 종류는 ST의 두 문장 간의 관계이다. 두 번째는 함축적 논리관계로, 5.4에서 문장 간의 함축적 대조관계를 분석했다. 본 연구에서는 참가자 5명이 이러한 관계를 명시화했으며, 이 중 4명은 1번 이상 명시화를 선택했다. 나머지 4명은 최종 TT에서 이러한 관계를 명시화하지 않았다. 대조관계를 역접사로 명시화하는 것은 번역 경험량과 상관관계를 보였다. 전문번역사(4명 중 3명)와 번역전공학생(2명 중 1명)은 이를 지속적으로 명시화했고, 언어전공학생은 이를 지속적으로 명시화하지 않았다. 따라서 두 번째 문장이 첫 번째 문장과 뚜렷한 대조를 이루는 함축적 관계를 역접사로 명시화하는 것은 주로 전문번역사의 TT에서 나타났다.

과정 데이터를 분석한 결과 참가자의 역접사를 이용한 명시화 또는 비명시화 경향은 다음의 세 가지로 분류될 수 있다.

1. 역접사로 대조관계를 명시화하고 이를 문제로 인식하지 않은 경우(자동화된 명시화-전문번역사 3명).
2. 역접사로 대조관계를 명시화했으나 이에 대해 망설여 어떤 때는 명시화하고 어떤 때는 명시화하지 않은 경우. 이와 관련된 결정을 문제로 인식한 경우(번역전공학생 1명, 언어전공학생 2명).
3. 역접사로 대조관계를 명시화하지 않은 경우(전문번역사 1명, 번역전공학생 1명,

언어전공학생 1명)

첫 번째 범주의 참가자들은 쓰기 단계에서 명시화를 결정했으며, 대부분 전반적인 과정에서 상당히 이른 시기인 문장의 첫 번째 버전을 쓰면서 이러한 결정이 이루어졌다. 이는 두 번째 범주의 참가자들이 나중에 쓰기 후 단계에서야 명시화 여부를 고려했던 것과는 뚜렷한 대조를 이룬다. 첫 번째 범주의 과정 데이터를 분석해보면(전문번역사 4명 중 3명) 번역과정에서 이러한 함축적 관계를 다루는 것이 문제가 되지 않았음을 알 수 있다. 이와 비슷한 텍스트 분절을 다뤄본 적 있으며, 여기에 적용할 수 있는 해결책을 만들어 두어 자동적으로 처리된 것이다. 이들은 명시화에 대해 강한 확신을 보였으며, 이는 두 번째 범주의 참가자에게서는 찾아볼 수 없었다. 두 번째 범주의 참가자들은 이 같은 경우 역접사를 추가할 수 있다는 것에 대해 알 수 있었으나 이에 대해 확신을 하지는 못했다.

전문번역사 대부분과 두 번째 범주의 학생들의 처리 패턴을 비교해보면, 역접사를 이용해 명시화하는 것이 이러한 텍스트타입의 러시아어-스웨덴어 전문번역의 규범이라는 사실을 확인할 수 있다. 데이터 수가 극소수에 불과했지만, 교육용 번역의 경우 접속사 없는 순접관계의 명시화와 마찬가지로 러시아어-스웨덴어 교육용 번역에서 역접관계 명시화는 규범이 아니라고 잠정적으로 결론을 내릴 수 있다.

TT에서 다양한 역접사가 관찰되었다. 일부 과정 데이터를 보면(5.4.3.1 참조) 역접사 선택은 대조를 언제 감지했느냐에 따라 달라진다고 잠정적으로 결론을 내릴 수 있다. 문장의 앞부분을 번역하고 난 다음에 대조를 감지한 경우 나머지 부분에 끼워 넣을 수 있는 역접사를 선택하는 경향이 있었다. 이는 쓰기 과정의 "경제적 원칙" 또는 미니맥스 전략(레비, 1967/1989)의 일종으로 볼 수 있는데, 문장 앞부분에 연결어를 삽입하려면 커서를 뒤로 옮기거나 마우스를 움직여야 하고 일부의 경우 교정을 해야 하기 때문이다.

함축적 대조의 명시화와 관련된 결과물 및 과정 데이터를 보면 전문 번역사와 번역전공학생 및 언어전공학생 간에 뚜렷한 차이를 볼 수 있지만, 다음의 두 가지 이유로 이와 같은 차이는 큰 그림의 일부에 지나지 않는다. 하나는 세 번째 범주에 속하는 참가자 3명은 역접사를 일관성 있게 추가하지 않았고 이에 대해 고민했다는 증거를 데이터에서 찾아볼 수 없기 때문이다. 이 범주의 참가자들은 번역 경험량 면에서도 공통점이 없었다. 그러나 언어전공학생은 함축적 대조를 다른 식으로 번역했다(5.4.4.1 및 5.4.4.2 참조). 전문번역사와 번역전공학생은 명시화와 관련해 발화하지 않아 명시화 가능성에 대해 알고 있었는지 확인할 수는 없으나, 아마도 알고 있었으리라 생각된다. 그런데도 ST의 패턴을 따른 것은 이 분절을 명시화할 필요가 없다고 판단했거나 다른 번역 규범을 나타내는 것이라고 볼 수 있다(투리, 1995: 62). 함축적 대조관계를 명시화할 것인지 명시화하지 않을 것인지는 두 가지 관습으로 볼 수 있으며(허먼즈, 1999: 81), 이를 규범으로는 볼 수 없다.

세 번째 분석 대상은 함축적 시간 및 인과관계이다(5.5 참조). 본 연구의 데이터를 분석한 결과 연결어로 명시화하지 않는 경향이 나타났다. 그렇다면 이러한 텍스트타입의 러시아어-스웨덴어 번역에서는 전문가이든 비전문가이든 이러한 함축적 연결관계를 명시화하는 것은 번역 규범이 아니라고 조심스럽게 결론 내릴 수 있을 것이다. 5.2.4에서 언급한 것처럼 인과관계 추론은 쉽기 때문에 텍스트에서 종종 함축적으로 나타나는 것이 그 이유가 될 수 있을 것이다. 그러나 데이터 분석 결과 몇몇 참가자(베리트(PR)와 프레드릭(TS))는 이러한 연결관계를 다른 참가자보다 더 자주 명시화했다. 시간 또는 인과관계가 명시화될 때에는 번역과정에서 이를 문제로 인식하지 않았다. 즉, 의사결정을 내리는 데 있어 문제가 없었던 것이다.

텍스트의 두 부분을 중점적으로 알아보았다. D17과 D18 문장의 관계는 사실 인과관계는 아니다. D18의 과거시제 동사가 D17 이후에 일어난 사건을 설명하기 때문이다. 이는 두 문장의 동사를 스웨덴어 과거시제(또는 역사적 현재시제)로 번역하면 사건의 순서를 묘사할 수 있다. 참가자 9명 중 7명도 이러한 선택을 했다. 그러나 참가자 2명(전문번역사 1명, 언어전공학생 1명)은 D18의 동사를 대과거시제로 번역해, 이들이 D18의 사건이 D17의 사건보다 먼저 일어나 원인이 될 수 있다는 것을 이해했음을 보여주었다. 참가자 2명 모두 과정 데이터를 보면 러시아어의 과거시제를 스웨덴어의 대과거시제로 번역하는 데 어떤 문제도 인식하지 못한 것으로 밝혀졌다. 번역전공학생 1명은 과거시제와 대과거시제간에 고민을 좀 했는데, 러시아어의 과거시제가 이런 경우 먼저 일어난 사건을 묘사할 수 있는지 확신하지 못했기 때문이었다. 따라서 TT나 과정 데이터를 보면 참가자 9명 중 3분의 1인 3명은 D17과 D18의 관계를 (잠재적) 인과관계로 해석한 것이다. 나머지 6명은 이렇게 해석하지 않은 것으로 드러났다. 이들은 ST에서 D17과 D18의 동사가 순서를 나타낸다고 해석하고 나서 이 해석이 가능하다고 파악한 후에는 미니맥스 전략을 활용해 이 문제에 대해 더 고민하지 않았던 것으로 보인다(레비, 1967/1989; 2.4.4.1 참조).

두 번째 텍스트 분절에서 두 문장 간의 시간 및 인과관계를 표현하는 것을 번역과정에서 문제로 인식한 참가자들은 주로 학생들(번역전공학생과 언어전공학생 모두)이었다. 본 연구의 ST와 같이 서사를 포함하는 텍스트를 번역하는 과정에서는 러시아어 과거시제를 스웨덴어의 과거시제로 번역하는 것이 디폴트 번역이다. 스웨덴어 시제 체계가 더 종류가 많기는 하지만, 러시아어 과거시제는 보통 스웨덴어 과거시제로 번역된다. 시간 관계를 제대로 이해한 참가자라 하더라도 일부의 경우(엘리노어(TS)와 이삭(LS)) 처음에는 이러한 해결책을 선택하기도 했다. 즉 "일대일 대응"을 생각하는 번역사, 특히 번역 경험량이 적은 번역사의 경우 러시아어 과거시제를 번역할 때 스웨덴어 과거시제는 무표적 번역 또는 첫 번째 선택이 되며, 크링스는 이를 일차적 등가 연상이라고 표현했다(2.4.4.2 참조). 크리스티안(PR)의 발언((56)번 예문)은 이를 간접적으로 확인해주는 것이라 할 수 있다. 전문번역사이자 러시아어 전공 출신인 그녀는 스스로 이러한 함정에 빠져보았거나 다른 이들이 그러는 것을 보았기 때문에 이 부분을 번역하는 것이 번역사에게 잠재적으로 함정이 될 수 있다는 것을 잘 알고 있었다. SL의 형태가 학생들의 번역과정에 강력한 "주문"을 걸 수 있으며, 가브리엘라(LS)의 TAP도 이를 잘 보여준다((66)번 예문 참조). 참가자들이 스웨덴어로 단일언어 텍스트를 작성할 때는 정확한 시제를 선택하는 데 문제를 겪지 않았을 것이다. 러시아어를 스웨덴어 등 다른 언어로 번역할 때는 과거시제와 대과거시제를 구분해야 하며, 스웨덴어로 쓰인 텍스트나 대과거시제가 있는 언어를 스웨덴어로 번역한 것보다 대과거시제가 TT에서 덜 나타날 수 있다. 이는 ST와 TT의 대규모 코퍼스 연구를 통해 밝힐 수 있다.

ST 문장간 함축적 대조, 시간 및 인과관계는 연결어 외에도 다른 방법으로 명시화 또는 표시할 수 있다. TT 해결책을 과정 데이터와 함께 분석한 결과(5.4.4 및 5.5.3.2 참조), 참가자 중 일부는 연결어를 사용해 명시화하지는 않았지만, ST의 함축적 관계를 명확히 이해하고 특정 단어나 표현을 통해 이를 표현하려 했다. 일부 학생의 경우 이와 같은 현상이 두드러지게 나타났다. 연결어를 사용해 명시화하지 않은 참가자의 경우 다른 방식으로 명시화를 하기 위해 처리에 더 많은 노력을 했던 것으로 보인다. 이를 통해 연결어를 사용한 명시화가 왜 더 자주 관찰되는지를 잠정적으로 설명할 수 있다. 번역 해결책 및 함축적 논리관계의 텍스트적 특징상 연결어를 추가하기가 더 쉽고 표준화가 가능하므로 하나의 규범이 되는 경향이 있는 것이다.

명시화를 선택한 참가자들은 스웨덴어 TT에 연결어를 사용할 경우 ST의 내용을 변경하거나 추가하는 것이라는 점을 명확히 인지하고 있다고 발화했다. 이는 명시화 결정이 어느 단계에 이루어졌느냐와는 상관없이 모든 참가자에게 해당했다. 쓰기 단계에서 TT의 첫 번째 버전을 작성하면서 명시화를 결정한 참가자의 경우 분절의 의미뿐만 아니라 ST의 어떤 단어가 명시적으로 주어졌는지 등 형태적 특징도 고려하는 정신적 표상을 기반으로 SL을 TL로 전환한 것이다. 이러한 정신적 표상은 복잡한 성질을 지닌다. 이는 극단적 형태의 탈언어화 가정(셀레스코비치, 1968; 셀레스코비치와 르데레르, 1984) 및 의미 중심 vs. 기호 중심 번역의 엄격한 구분(뢰셔, 1991; 2.5.4.2 참조)과는 반대되는 주장이다.

과정 데이터를 살펴보면 전문번역사는 과정 초기에 연결어를 사용해 문장 간의 관계를 명시화했다. 이들은 텍스트의 표준화를 통해 명시화를 했으며, 결과가 다양하게 나타나지 않았다. 언어전공학생이 다양한 방식으로 문장 간의 함축적 관계를 명시화할 때는 과정의 후반에 결정이 이루어졌다. 명시화 결정이 이루어진 패턴은 텍스트상 보이는 패턴만큼 일정하지 않다. 언어전공학생의 경우 번역과정 및 TT(의 중간 버전)에서 나타난 문제를 해결하기 위해 명시화를 선택한 것이다. 이러한 명시화는 참가자가 자신의 L1의 의미적 능력을 기반으로 다양한 잠정 번역을 작성할 때 등장했다(2.2.1 참조). 이는 크링스가 제안한 두 번째 수준, 즉 L1의 언어 내/언어 간 수준의 재발화 및 일차적 등가 연상의 활성화가 결합하여 처리가 이루어지는 예에 해당하는 것이다(1986a: 507; 2.4.4.2 참조). 언어전공학생의 명시화는 문제를 해결하기 위한 개별 해결책이었으므로 하나의 전략이라 할 수 있다.

번역전공학생은 언어전공학생과 전문번역사의 중간으로 볼 수 있다(4장의 분석에 기반을 둔 4.6.6의 논의를 참조). 번역전공학생 중 1명은 명시화를 많이 했는데, 여기에는 규범지배적 명시화(전문번역사의 특징)와 문제 해결을 위한 명시화가 섞여 있었다. 또 다른 번역전공학생은 상당히 명시화를 자제했다. TAP에서 여러 번 ST와 가깝게 번역하겠다는 바람을 표명한 것이다. 이는 개인적인 번역 방식일 수도 있고(이는 전문번역사 1명의 번역방식과도 일치한다), 아니면 전문번역사가 되는 과정에서 일시적으로 나타나는 단계일 수도 있다.

이미 언급한 것처럼 함축적 논리관계의 명시화가 일어나려면 번역사가 이 관계를 추론할 수 있어야 한다. 추후 연구에서는 참가자들이 어떻게 이를 추론하는지 그 과정을 통제하고 이것이 번역과정 및 TT에 어떤 영향을 주는지 알아볼 수 있을 것이다. 예를 들어 번역사에게 질문해서 인과관계 추론 과정을 도와주면(본 연구의 ST의 경우 왜 셰우첸코가 체포되었는지, 왜 형벌이 그토록 무거웠는지 등을 물어볼 수 있음), TT에서 인과관계 명시화가 더 많이 등장하는지, ST의 제목을 "(타라스 흐리호로비치 셰우첸코 Taras Grigorevich Shevchenko)-대조적인 인생"이라고 제공하면 대조관계의 명시화가 더 많이 일어나는지 등을 연구해볼 수 있을 것이다.

미주

1. 이를 독자기반 vs. 작가기반 산문(플라워(Flower), 1979)과 혼동해서는 안 된다. 독자기반 산문에서 작가는 독자를 염두에 두고 텍스트를 평가하므로 명확하고 확실한 텍스트를 생산하는데 반해, 작가기반 산문은 쓰기 과정의 한 단계로서 작가가 스스로를 위해 또는 스스로에게 쓰는 것을 의미한다.

2. 코미사로프(1969: 159)는 영어가 러시아어에 비해 함축화하는 경향이 더 강하다고 주장했으나, 이에 대한 증거로 제시한 범주는 응집성과 관계가 없었다. 그러나 나중에 그는 기술적이고 과학적인 텍스트에서 러시아어가 영어보다 더 많은 문장간 연결어를 사용한다고 언급했다(코미사로프, 1988: 8).

3. 블룸-쿨카(1986: 33)는 번역의 명시화 연구가 완성되려면 SL과 TL의 응집성 패턴에 대한 대조 연구를 포함시켜야 한다고 주장했다. 본 연구는 텍스트만을 데이터로 활용하는 연구의 경우 이 주장에 따라야 한다고 동의한다.

4. 벤아스-레토(2001a)는 러시아어-핀란드어 번역에서 순접관계의 명시화 예를 제시했다.

5. Posledovatel'nost'(순차성)는 텍스트 언어적 개념으로, 문장이 결합하는 방식으로 실현된다(자루비나, 1981: 23).

6. A, B 등은 ST의 문단을 의미하며, 숫자는 문장을 순서대로 가리키는 것이다(3.4.2 참조).

7. A4 문장은 셰우첸코의 특징 중 어디에 중점을 두느냐에 따라 해석이 달라질 수 있기 때문에 논란의 여지가 있다.

8. 유일한 예외는 이삭(LS)이 C15문장을 수기로 번역한 경우이다. 그는 처음에 쉼표를 썼다가 지우고 접속사인 samt를 썼다. 이런 식으로 텍스트를 쓴 것으로 보아 두 번째 접속성분을 쓰고 나서(전체 또는 일부) 접속사를 썼을 수 있으나, 확신할 수는 없으므로 이를 고려하지는 않았다.

9. 러시아어 ST의 대응어인 živopisi는 첫 NP의 앞부분에만 해당한다.

10. 이 장의 일부는 엥겔룬드 디미트로바(2003)로 출판되었다.

11. 사실 ST에서 지주는 지나치게 부정적으로 묘사되었다. 셰우첸코의 전기를 더 세부적으로 묘사한 글에서는 셰우첸코가 농노신분에서 해방되기 전에 지주가 수년간 페테르부르크에서 그를 위해 미술 수업료를 내주었다고 되어있다.

12. 5.2.3.1 러시아어 ST 연결어의 명시화에 대한 비슷한 예문을 참조하라.

13. 언어사용자들이 연어를 늘 비슷하게 사용하는 것은 아니다. 하랄트(LS)는 B7에서 godtycke를 삭제하고 대신 더 극적이라고 생각한 nycker를 썼다. 반면 프레드릭(TS)은 같은 문장에서 nycker가 너무 멍청하게 들린다고 생각해 이를 삭제하고 godtycke를 썼다.

John Benjamins Series

14

Expertise and explicitation in the translation process

6장

요약 및 함의 논의

6.1 요약

본 연구는 번역 경험량이 다른 참가자 9명이 수행한 번역 업무의 다양한 측면을 분석했다. TT의 전반적인 품질에 대해 정의하는 것은 별도의 연구문제이기 때문에 본 연구의 분석대상에서 제외했다. 그러나 전반적인 품질에도 영향을 미칠 수 있는 TT의 측면이 본 연구에서 분석되었다고 할 수 있다. 본고에서는 언어 간·문화 간 의사소통 목적의 유료 번역 등 전문 번역사로서의 번역 경험량이 (어느 정도) 번역사 능력과 비례하며 일부 번역사의 경우 번역의 전문지식과도 비례한다고 가정했다. 번역으로 생계를 유지한다는 사실도 (간접적인) 업무 평가가 될 수 있다.

4장과 5장에서 경험적 연구 결과를 논의했고, 이미 4.6과 5.6에서 그 결론을 다루었기 때문에 여기서 다시 반복하지는 않겠다. 업무수행의 인지적 측면을 계획, 텍스트 작성, 교정의 관점에서 분석했고, 이것이 업무에 어떻게 적용되었는지도 알아보았다. TT와 연관된 사회문화적

신념, 기능, ST와의 관계 등이 계획, 텍스트 작성(함축적 논리관계의 명시화에 중점을 두고 연구함), 교정에 다양한 방식으로 반영된 것을 알 수 있었다.

본 장에서는 이와 같은 다양한 논의를 요약하도록 하겠다. 6.2에서는 번역의 전문지식의 특징에 대해서 논의하겠다. 6.3에서는 번역 절차로서의 명시화에 대해 알아보고, 명시화가 번역 보편소인지 논의해보도록 하겠다. 6.4에서는 결과를 검증하고 이것이 일반화 가능한지를 알아보고, 6.5에서는 본 연구가 향후 번역사 교육에 어떤 의미가 있는지 논의하겠다.

6.2 번역과정의 전문지식

6.2.1 계획, 텍스트 작성, 교정

번역의 전문지식의 특징에 대해서 논의하려면 먼저 전문 번역사의 번역과정에 대해 알아볼 필요가 있다. 본 연구에서는 전문지식 패러다임에서 전문가 수준의 업무 수행을 하는데 필수 요소 중 하나로 언급되는 경험량을 충족시키는 시니어 전문번역사 2명에 대해 중점을 두고 이야기하도록 하겠다. 본 연구의 데이터는 참가자 수도 적고, 단일 텍스트타입의 단일 ST를 대상으로 하며, 언어 쌍도 하나에 불과하므로 본 연구의 결론은 가설의 성격을 지닌다는 점을 다시 한 번 강조하고자 한다. 이러한 가정에 대해 추후 연구를 통해 검증할 필요가 있기는 하지만, 다음의 논의는 전반적 또는 부분적으로 대상 언어에 따라 달라지리라 예측된다.

번역의 전문지식을 연구하는 데 있어 업무에 소요된 '시간'은 여러 가지 이유로 중요하다. 하나는 현실적인 이유인데, 번역사로서 생계를 유지하려면 합리적인 시간 안에 고객이 만족할 만한 번역을 생산할 수 있어야 하기 때문이다. 이론적인 관점에서 보면 다른 분야의 전문가들은 더 효율적인 처리로 인해 초보자보다 더 빨리 업무를 수행할 수 있었다(에릭슨과 스미스, 1991: 25). 전문가들은 업무와 문제를 이해하는 즉시 이에 대한 해결 전략을 검색하는 경향을 보였던 것이다. 또한 업무와 관련된 지식 역시 훨씬 광범위하고 이를 빠른 속도로 연계시켰다(에릭슨과 스미스, 1991: 20-21). 번역 관련 일부 선행연구에서는(야스클라이넨 1999; 야콥센, 2003a, b; 크링스, 2001) 전문 번역사가 비전문가보다 처리를 빨리 한다든지 업무를 빨리 끝내는 것은 아니라고 밝힌 바 있다(2.3.2 참조). 본 연구에서는 전문 번역사가 학생에 비해 업무를 빨리 수행하는 결과를 보였으므로, 일반적인 전문지식 연구와 일치한다고 볼 수 있다. 또한, 시니어 전문번역사는 특히 빠른 속도로 업무를 수행했다.

과정의 단계별 '상대적인 시간 배분' 측면에서 번역의 전문지식과 관련된 패턴이 발견되지는 않았다. 선행 연구(야콥센, 2003a, b; 야스클라이넨, 1999; 노르베리, 2003)는 이와 반대되는 연구 결과를 제시했다(2.3.2 참조). 그러나 단계별로 소요된 시간이 번역 경험량이나 번역의 전문지식과 정확히 연관성을 갖지는 않았으므로, 다른 이유가 있었을 것으로 보인다. 본 연구의 분석 결과 단계별로 계획, 텍스트 작성, 교정을 어떻게 배정했는지에 따라 과정 프로필을 정리했다. 이러한 프로필은 번역 경험량과 연관성이 없었으며 개인적인 선호에 따라 달라지는 것으로 보였다. 개인별로 과정 프로필이 일정하게 나타날 수도 있으나, 이는 텍스트 길이, 업무에 대한 친숙도(일상적으로 하는 일인지 아닌지), 시간의 압박 등 다양한 요소에 의해 영향을 받거나 수정될 수 있을 것으로 보인다(옌센, 2000 참조).

전문지식은 '업무의 초기 단계'에서부터 영향을 미쳤다. 전문번역사들은 과정 초기부터 번역의 목적과 ST를 번역의 관점에 따라 분석하면서 ST에 익숙해지는 시간을 가졌다. 이런 식으로 번역을 작성하기 전에 번역의 목적과 ST의 일부 (언어적) 특징이 상충할 수 있다는 것을 파악한 것이다. 이후 이들은 TL의 용인성 목표를 설정한 후 의사 결정 시 사용할 수 있는 가치판단 기준을 만들었다. 이는 다양한 분야의 전문가에게서 발견되는 전형적인 처리 방식이다(에릭슨과 스미스, 1991: 20). 전문번역사는 이러한 업무 계획 방식으로 인해 TT를 작성하는 쓰기 단계의 초반부터 하향식 접근법을 적용할 수 있어, 문장이나 문장의 일부와 관련해 텍스트의 전반적인 목표에 따라 의사결정을 내릴 수 있게 된다. 이로 인해 전문번역사는 산재된 여러 특징을 하나로 통합할 수 있는데, 이는 전문지식의 특징이다(에릭슨과 스미스, 1991: 10 참조). 이는 번역사 교육과 관련해 이미 잘 알려진 것처럼 ST를 어떻게 읽고 분석하는지가 번역에 얼마나 중요한지와도 관련된 것이다(노르트, 1991 참조).

쓰기 단계의 분절 분석을 통해 알아본 것처럼 텍스트 작성 과정에서 시니어 전문번역사 2명은 뛰어난 결과를 보였다. 이들은 쓰기 단계에서 분절 수가 적고 분절 당 문자 수가 많았다. 이는 다른 참가자에 비해 전반적으로 TT 덩어리가 더 크게 계획 및 작성되었다는 것을 뜻한다. 시니어 전문번역사와 비슷한 가치를 지향하는 참가자들이 초기 계획의 일부로 구두 번역을 시작했다는 것은 시니어 전문번역사들이 전문지식을 갖추고 있었다는 것을 잘 보여준다. 교정 과정에서 시니어 전문번역사 2명은 다른 참가자에 비해 교정 횟수가 적었다. 또한, 이들은 TT의 첫 번째 버전을 작성하면서 이미 교정을 하고 있었다. 즉 쓰기 과정에서 이미 번역 목적에 부합하는 완성된 번역을 작성할 수 있었던 것이다. 이들은 텍스트 작성과 교정을 한 단계로 통합했다고 볼 수 있는데, 이는 전문지식의 특징으로 볼 수 있다. 그러나 이들이 쓰기 후 단계를 전혀 거치지 않은 것은 아니다.

6.2.2 번역과정의 직역 및 의역 절차

전문가들이 ST의 분절과 구조적·의미적으로 매우 가깝게 TL 버전을 작성하는 '직역'을 활용하는 것도 번역과정의 전문지식에 해당한다(2.4.4.1 참조). TL로 이러한 초안을 작성하는 것은 전문번역사와 학생 모두에게 중요한 번역과정의 일부인 것으로 밝혀졌다.

번역과정의 일부로 직역을 하는 이유는 번역 경험에 따라 달라지는 것으로 보인다. 언어전공학생의 경우 번역이 언어 학습 및 시험의 수단으로 활용되면서 ST와 TT를 형식적으로나 의미적으로 상응하게 하는 것을 평소에 목표로 삼기 때문에 ST와 TT가 상응하는 이러한 번역에 더 익숙할 것으로 예상된다. 반면 전문번역사의 경우 직역을 너무 자주 하면 TT가 만족스럽지 않게 되는 경우가 많지만, 직역이 번역과정에서 인지적 노력을 최소화하는 방식이라는 것을 경험상 알고 있었다(2.4.4.1 참조). 전문번역사들은 번역과정에서 직역을 어떻게 활용하고 다룰 지와 관련해 개인별로 뚜렷한 방식을 가진 것으로 보였다.

모든 참가자가 번역을 작성하면서 동시에 모니터, 평가, 교정을 했지만 전문번역사들이 더 일관성 있게 교정을 하는 것으로 보아, 직역을 중간 과정으로 활용하고 있음을 알 수 있었다. 직역을 통해 문장의 일부를 TL로 작성해 놓으면 STM 용량을 문장의 나머지를 처리하는 데 활용할 수 있으므로, 전문번역사들은 더 큰 단위를 처리할 수 있었다. 따라서 번역과정에서 직역은 STM 용량을 확장하는 하나의 전략으로 활용되는 것이다. 이러한 전략을 잘 활용하려면 번역사들은 작은 TL 덩어리(단어, 연어, 구, 절)를 작성하고 이것이 정확성, 문체, 화용론적 측면에서 번역의 목적에 부합하도록 TL로 적절하게 표현되었는지를 평가할 수 있어야 한다(핌, 1992; 투리, 1986 참조). TL의 덩어리를 SL과 비교하려면 번역사는 끊임없이 두 언어 사이를 오고 가야 하므로 이러한 평가는 번역과정에서 필수적이다. 이렇게 SL과 TL 사이를 끊임없이 "저글링" 하다 보면 번역 경험량이 아주 많은 번역사라 하더라도 TL 언어 자료의 정확성과 자연스러움에 대해 확신을 갖지 못하게 될 수 있다. 이는 본 연구의 TAP 일부를 통해 알 수 있을 뿐 아니라, 직역을 전략으로 잘못 활용한 예로 볼 수 있는 "번역투(젤러스텀, 1986 참조)"의 존재에서도 드러난다. 정확성과 적절성을 평가하는 것은 더 큰 텍스트 분절 및 전체 텍스트를 평가할 때 더 쉽게 이루어진다. 그러므로 본 연구에 참가한 전문번역사가 ST와 시간 및 공간적 차이를 두고 TT를 전체적으로 읽는 것이 중요하다고 주장한 것이다. 상술한 것과 같이 본 연구에 참여한 시니어 전문번역사 2명은 쓰기 후 단계에서 교정을 거의 하지 않았다. 이는 이들이 쓰기 단계에서 이미 용인성 있는 짧은 TL 덩어리를 생산할 수 있었음을 보여준다.

일부 언어 쌍에서는 특정 비직역적 해결책이 일반적으로 용인되기도 한다. 번역사 능력 및 번역의 전문지식 개발의 한 측면은 이러한 해결책을 학습하고 내재화하는 것인데, 이는 두 가지 혜택을 가지고 있다. 하나는 이를 통해 번역과정의 속도를 높일 수 있고, 다른 하나는 TT가 TL의 언어 공동체나 고객 등에게 용인된다는 점이다. 본 연구에서는 특정 텍스트타입의 러시아어-스웨덴어 번역에서 함축적 논리관계를 명시화하는 것이 번역 규범의 일부로 밝혀졌다. 이러한 명시화는 텍스트적 관점에서 볼 때 규칙적으로 나타났고, 과정 데이터 분석 결과 전문번역사의 번역과정에서는 대부분 이러한 명시화가 자동화되어 있었다. 접속사 없는 순접 등위접속의 경우에는 예상외로 언어전공학생에게서도 규칙적이고 자동화된 명시화 현상이 발견되었다.

전문번역사는 문장 간의 연결어를 과정의 초기에 명시화했는데, 이는 이들이 앞 문장 또는 이제까지 번역한 텍스트를 머릿속으로 활발하게 떠올리고 있었음을 뜻한다. 이는 함축적 대조를 인지하기 위한 필수적인 요소이다. 여기서 전문번역사로서의 경험이 분명히 드러나는 것이다. 학생들의 경우 명시화를 하더라도 모두 쓰기 후 단계에서 이루어졌다. 이는 5.4.4에서 논의한 연결어 명시화 및 다른 종류의 명시화에서도 마찬가지였다. 학생들은 함축적 대조를 스웨덴어로 된 TT를 읽을 때야 인지할 수 있었던 것이다. 따라서 텍스트 표면상으로는 참가자별로 비슷해 보일지라도, 과정상 큰 차이가 있다는 것을 짐작할 수 있다. 모든 참가자가 처음에는 ST와 가깝게 번역했고, 문장보다 작은 텍스트 단위로 번역했다. 전문가와 초보 간의 차이는 직역을 포기했는지 여부뿐 아니라 '어떻게(어떤 언어적 수단을 이용해서)', '왜' 포기했으며, 이 것이 과정에서 언제 일어났느냐에서도 나타났다. 번역 경험량이 적은 참가자의 경우 TL로 TT 전반을 봐야 텍스트 구성 관점에서 직역 여부를 결정할 수 있었으나, 전문번역사는 TT를 작성하는 과정에서도 직역을 여부를 결정할 수 있었다. 이는 전문번역사들이 여러 가지 측면을 한 번에 고려할 수 있는 반면, 비전문 번역사의 경우 업무를 더 오래 하고 쓰기 후 단계가 길어져야 이것이 가능했다.

따라서 번역의 전문 능력과 전문지식의 중요한 측면 중 하나는 번역 과정에서 직역을 다룰 수 있느냐이다. 인지적 부담을 최소화하기 위해서뿐 아니라 평가와 교정에 적절한 절차를 밟기 위해 직역을 활용하는 것이다. 4장의 분석과 4.6.6 결론의 과정 프로필에 대한 논의에서는 전문번역사가 직역과 관련해 다른 전략을 구사한다는 것을 보여주었다. 본 연구에서 관찰된 전형적인 패턴은 다음과 같다.

1. 직역을 하고 평가 및 교정을 한다. 이때 번역과정(이해 및 TL로 표현하는 것)은 주로 머릿속으로만 이루어지며(TAP의 발화에 반영됨), 그 후에야 비로소 TT를 작성한다.
2. 직역을 하고 나서 바로 평가 및 교정을 한다.
3. 직역을 임시 해결책으로 적고 나서 쓰기 후 단계에서 완전한 TL 텍스트를 평가 및 교정한다.

전문번역사가 번역과정에서 직역을 하나의 전략으로 활용할 때 다른 패턴이 나타나는지, 이러한 패턴이 다른 텍스트타입이나 언어 쌍을 번역할 때도 나타나는지 등은 추후 연구를 통해 밝혀내야 할 것이다. 이러한 전략의 활용은 텍스트타입 등에 따라 다르게 나타날 것으로 예상된다. 또한 SL과 TL의 유형적 거리 등에 따라 언어 쌍별로 이러한 전략의 적절성이 달라질 것이다. 본 연구에서 논의한 직역 전략은 유형적으로 거리가 먼 언어 쌍에서 보다는 거리가 가까운 언어 쌍에서 더 빈번하게 일어날 것으로 예상된다.

6.2.3 경험을 통한 학습

2.2.3에서는 전문지식 패러다임의 개념을 번역에 적용하는 것이 일부 문제가 될 수 있다고 간단히 논의했다. 다른 분야의 전문지식 연구와는 달리 번역에서는 업무의 성격과 전문가로서의 경험이 전형적으로 나타나지 않는다. 본 연구에서 시니어 전문번역사는 전문가로서 10년 이상 경험이 있다는 소요를 충족시켰으나, 엄밀히 말해 이 기간에 교사나 코치의 도움을 받아 업무 수행의 완성도를 지속해서 높여왔다고 할 수는 없다. 그러나 이들은 동료들과 다양한 이슈에 대해 논의함으로써 적극적으로 피드백을 받아왔다. 이들은 번역 경험량과 피드백을 통해 위에서 언급한 것과 같이 번역과정에서 전문가로서의 전형적인 특징을 가지게 되었다.

전문가 여부를 결정하는 기준은 여러 가지다. 그러나 번역 경험량이 차이 나는 참가자 간에도 유사성을 발견할 수 있었다. 학생들은 전문번역사와 같은 절차적 지식을 보유하고 있었다. 이는 다른 분야에서의 경험으로 인한 것으로 보인다. 따라서 번역 업무에는 다음과 같은 분야의 절차적 지식이 기반이 될 수 있는 것이다.

- L2를 읽고 L2의 단어, 문장, 텍스트를 이해하는 것
- 시험 목적으로 텍스트 및 텍스트 분절을 수업시간에 구두로 번역하거나 번역 과제를 하는 것
- 이러한 텍스트타입은 아니더라도 L1으로 텍스트를 생산하는 것
- 컴퓨터에 기입하는 것

다양한 분야의 경험과 능력이 번역 업무에 활용되는 것을 보면 반복 경험, 자가 모니터, 고객과 동료 등의 외부 피드백을 통해 번역 능력을 개발할 수 있다는 것을 알 수 있다. 다수의 전문번역사가 특정 번역사 교육 프로그램에 참여하지 않더라도 자신의 업무를 만족스럽게 수행할 수 있었던 것이다.

이런 측면에서 볼 때 업무 도중 다양한 촉진 효과가 나타났다는 것이 매우 흥미롭다. 쓰기 단계에서 끝으로 갈수록 TT 분절 크기가 커지고(4.4.2 참조), 명시화가 반복적으로 나타날 때 계획하는 데 걸리는 휴지 길이가 줄어들며(5.3.3.2 참조), 교정 관련 학생들의 발화가 점점 구체적으로 되는 것(4.5.4.3 참조) 등이 그것이다. 업무가 진척될수록 쉬워졌던 것이다. 물론 이러한 촉진 효과가 존재한다고 해서 번역의 전문지식이나 "단순" 번역 능력이 텍스트를 한두 개 번역한다고 해서 얻어질 수 있다는 것은 아니다. 그렇지 않다는 것이 본 연구의 다양한 분석을 통해 입증되었다.

6.3 명시화는 번역 보편소인가?

본 연구에서 분석한 측면 중 하나는 명시화라는 텍스트적 현상과 그 과정적 특징이다. 분석 결과는 5.6과 6.2에 나와 있다. 먼저 2.4에서 소개한 명시화 관련 주장을 살펴보고 그 특징과 지위를 논의하도록 하겠다.

명시화가 번역 보편소라는 주장이 있었다. 명시화가 번역 규범(의 기능) 또는 번역사의 해석 과정의 결과라는 것이다. 또한 전문번역사가 번역하든 번역과정학생이 번역하든 명시화가 공통적으로 나타난다는 주장도 있었다. 이처럼 대조되는 두 주장을 하나의 틀 안에 포함 할 수 있을까? 본 연구에서는 5장의 분석을 기반으로 다음과 같이 정리하고자 한다.

TT에서 드러나는 명시화는 과정의 차이에 따라 '규범지배적 명시화'와 '전략적 명시화'로 나눌 수 있다. (특정 언어 쌍 및 텍스트타입에서) 특정 명시화가 규칙적으로 나타나면 이를 규범지배적 명시화로 볼 수 있다. 본 연구에서는 문장 내 함축적 순접 등위접속 관계 및 문장간 함축적 대조의 경우 규범지배적 명시화가 나타났다. 함축적 순접 등위접속 관계의 명시화는 전문번역사와 학생 모두에서 나타났다. 이러한 명시화가 TT에서 빈번하게 나타났을 뿐 아니라 모든 참가자가 번역과정에서 이를 문제라고 인식하지 않았다. 문장간 대조관계의 명시화는 전문번역사의 경우에만 규범지배적으로 나타났다. 명시화 결정이 과정 초기에 이루어졌으며, 텍스트 패턴 및 과정의 특징이 규범지배적인 것으로 나타났다. 학생의 경우 이러한 명시화가 규범지배적이지 않은 것으로 나타났다. TT나 임시 번역 해결책에서도 나타나지 않았으며, 명시화가 이루어졌다 하더라도 과정의 후반에서 이루어져 참가자가 명시화에 대해 불확실성을 갖고 있었으며, 의사결정 면에서도 문제로 인식했음을 알 수 있었다. 즉, 학생들은 이러한 명시화를 규범으로 (아직) 내재화하지 못한 것이다.

반면 '전략적 명시화'는 번역과정에서 문제를 해결하기 위해 발생한다. 문제를 해결하기 위해 번역사는 TL로 임시 TT를 작성하는데, 이 과정에서 다양한 명시화가 발생할 수 있다. 이러한 명시화의 예는 5.4.4.2 및 5.3.3.2에 제시했다. 여기에 제시된 예는 학생들의 번역이지만 전문번역사에게도 이러한 명시화가 나타날 수 있다(이에 대한 예시는 엥겔룬드 디미트로바 forthc. b 참조). 전략적 명시화는 구조나 텍스트 측면에서 임시방편으로서의 특징을 보여주며, 규범지배적 명시화보다 더 다양하게 나타난다. 사실 이러한 명시화는 번역사의 해석 과정의 결과인데(블룸-쿨카, 1986 참조), 구체적으로 말하면 TL로 TT의 분절을 재구성하는 데 필요한 해석 과정의 일부이다(크링스, 1986a: 507 참조). 따라서 번역의 명시화 중 다수는 번역과정에서 "관찰 가능한 행동의 규칙성"(체스터만, 1997: 71)의 결과 일어난다고 할 수 있다. 이러한 규칙성은

> 번역사가 ST 덩어리를 다시 처리하고 TL로 옮기기보다는 임시 TT를 부정적으로 평가한 결과 TL로 재구성하려 할 때 나타난다.

본 연구에서 이러한 규칙성은 전략적 명시화의 예문과 교정 시의 문제 표상에 드러난다. 교정 관련 발화 중 ST를 재처리하겠다는 발화는 거의 없었고, 대부분이 TL 중심으로 교정했다. 이러한 경향은 번역 경험과 상관없이 모든 참가자에게서 동일하게 나타났다. 이와 같은 주장은 확률적이며 조건부이다. 이와 같은 현상이 번역 법칙(투리, 1995, 2004)에 해당하는지는 추후 연구를 통해 입증해야 할 것이다.

ST 및 SL과 비교해 TT 분절을 다양하게 TL로 재구성할 때 다양한 명시화가 나타난다. 유의어를 쓸 경우 의미가 구체화될 수 있고, 문법구조를 변경하면 ST에서 함축적이었던 것이 (의무적으로) 구체화되기도 한다. 명시화는 패러프레이징의 한 형태로 볼 수 있으며, 패러프레이징 역량은 L1 및 L2에서 언어적 의미적 능력의 일부이다(블룸-쿨카와 레벤스턴, 1983; 휴슨과 마틴, 1991: 30; 2.2.1 참조). 따라서 이러한 결과는 언어 생산자(작가, 번역사) 및 독자 또는 청자 등 언어사용자 모두에 합당한 것으로 용인된다. 이것이 TT에서 명시화가 발생하는 조건이다.

명시화는 상당히 폭넓은 개념이다(클라우디, 2000, 2001 참조). 그러나 본고에서 제안한 명시화의 종류(규범지배적 명시화 vs. 전략적 명시화)가

클라우디(1998, 2.4.1.1 참조)가 제안한 텍스트 유형론 및 프레임에서 벗어나는 것은 아니다. 규범지배적 명시화는 클라우디의 범주 중 일부에도 잘 들어맞을 것으로 예상된다. 전략적 명시화의 경우 번역과정에서 문제가 발생하고 명시화 등 TL을 재구성함으로써 (임시로) 이 문제를 해결할 때 텍스트에 기반을 둔 가설 등의 요소가 영향을 미칠 수 있다. 그러나 이는 추후 연구를 통해 입증해야 할 것이다.

그렇다면 명시화 등 번역의 재구성이 어떻게 번역 규범이 되는 것일까? 2.4.3.1에서 함축적 논리 관계의 명시화는 SL의 규범 및 ST의 패턴에서 벗어나기 때문에 적절성이라는 기본 규범(투리, 1980, 1995)이 아니라고 밝혔다. 그렇다면 명시화가 용인성이라는 기본 규범일까? 5.2에서 TL인 스웨덴어의 텍스트적 패턴을 보면 함축적 논리 관계의 명시화는 러시아어-스웨덴어 번역의 용인성 기본 규범에 해당하는 것을 알 수 있다. 참가자들이 업무를 계획하고 TT를 교정할 때 발화한 내용을 살펴보면 이들이 용인성이라는 기본 규범을 지향하고 있다는 것을 보여준다(4.6.5 참조).

그러나 모든 참가자가 명시화를 선택하지는 않았다. 번역 경험량이 적은 언어전공학생은 번역 시 문장간 연결어 등 연결어를 추가할 수 있다는 사실을 몰랐던 것 같다. 이들은 텍스트 구조 및 응집성 패턴을 잘 몰랐을 것이다. 언어 학습 시 번역의 주된 목적은 TL로 훌륭한 텍스트를 생산하는 것이 아니기 때문에(2.4.3.2 참조), TL의 응집성 측면에는 관심을 기울이지 않기 때문이다. 그러나 번역 경험량이 많은 참가자 2명(전문번역사 1명과 번역전공학생 1명)도 지속적으로 명시화를 하지는 않았는데, 이들도 용인성과 관련된 가치를 표명했다. 이를 보면 자신이 표명한 가치와 선택한 텍스트적 해결책 간에 일대일 대응이 되지 않는다는 것을 알 수 있다. 이들의 번역은 상충하는 규범이나 개성적인 행동의 결과일 수 있는 것이다.

어떻게 번역 해결책이 번역 규범이 되고 특정 가치가 이러한 번역 해결책을 이끌어내는 것일까? 특정 명시화는 문제 해결 절차적 전략의 일환으로 발생할 수 있다. (스스로 또는 동료나 선생님이) 이러한 전략이 긍정적이라고 평가한 경우 이를 반복적으로 사용하고 결국 자동화되었을 가능성이 있다. 반대로 레비(1965)가 주장한 것처럼 명시화가 남용되기도 한다. 본 연구에서는 규범지배적 명시화 현상도 모든 전문번역사의 TT에서 발생하지 않았으며, 명시화에 대한 선호도는 번역사별로 다를 수 있음을 보여주었다. 이는 상충하는 규범을 따르는 동료의 번역을 부정적으로 평가할 수 있음을 뜻한다. 그러나 번역전공학생 등 번역을 학습하는 과정에 있는 번역사들은 함축적 논리 관계의 명시화 등이 허용되거나 더 바람직하다는 사실에 대해서는 알고 있으나 언제 명시화를 해야 하는지는 잘 모를 수 있다. 그 결과 명시화를 너무 자주 사용해 과도한 일반화가 발생하는 것이다. 본 연구에서도 번역전공학생 1명이 이러한 현상을 보였다.

따라서 선행연구에서 명시화에 대한 상반된 주장이 나오는 이유는 다음의 두 가지라고 할 수 있다. 첫째, 서로 다른 (구조적) 종류의 명시화를 관찰 및 연구했기 때문이며, 둘째, 연구 데이터가 TT만으로 구성되었기 때문이다. 본 연구에서 제안한 명시화의 범주는 텍스트 데이터뿐만 아니라 과정 데이터를 같이 분석해야 발견할 수 있다.

6.4 결과의 유효성 및 일반화 가능성

가정적 결론이기는 했지만 본 연구에서 참가자 9명이 ST 하나를 번역한 데이터를 기반으로 상당히 많은 결론을 도출했다. 번역과정 연구치고는 적은 양이 아니다. 오히려 상당히 큰 규모의 연구라 할 수 있다. 또한 ST길이도 꽤 길었으며, 서로 다른 연구방법 및 데이터를 사용했다(삼각법). 따라서 본 연구는 번역과정 연구치고는 대규모 연구에 해당한다. 그럼에도 불구하고 연구설계의 특정 측면에 대해 논의할 필요가 있다.

참가자들이 얼마나 대표적인가? 전문번역사의 경우 유료로 상당기간 번역한 경험을 가지고 있었으며, 이것이 연구 참여의 필수조건이었다(최소한 3년 동안 하프타임 번역사로 일해야 한다는 기준을 세웠지만 모두 6년 이상 풀타임 번역사로 근무한 경험이 있었다). 번역전공학생은 번역사 교육 프로그램에 참여 중이었다. 스웨덴에서 이 언어 쌍(러시아어-스웨덴어)으로 번역사 교육 프로그램이 시행된 것은 딱 한 번이었으며, 이 교육 프로그램이 얼마나 대표성을 가질 수 있는지, 전체 번역전공학생 10~15명 중 본 연구에 참여한 학생들이 얼마나 대표성을 가질 수 있는지가 의문일 수 있다. 언어전공학생의 경우 어느 정도 번역에 관심이 있었기 때문에 본 연구에 자발적으로 참여한 것으로 보인다. 물론 스웨덴에서 러시아어를 배우는 학생들을 "전형적인" 언어전공학생으로 볼 수 있는지도 논란의 여지가 있다. 학생이 언어 전반 또는 러시아의 문화 및 정치에 진심으로 관심이 없다면 러시아어를 선택하는 언어전공 학생은 없을 것이다.

참가자 선정은 편의에 따른 것이었다. 전문번역사 4명과 번역전공학생은 개인적으로 아는 사람들이었다. 그러나 언어전공학생은 친분이 없는 사람들이었다. 이들은 대학에 본 연구 프로젝트의 개요를 공지한 것을 보고 자발적으로 참여 의사를 표명했다. 따라서 이들 참가자가 각 범주의 전형적인 인물인지는 확실하지 않다.

유효성과 관련해서 ST의 출처가 확실하고 조작되지 않았으며 현실적인 번역 브리프를 제공했다는 점에서 장점이 있다. 따라서 환경적 유효성이 높다고 할 수 있다. 연구방법은 분명 데이터 및 결과에 영향을 주었을 것이다. 쓰기 단계의 분절은 참가자의 동시 발화로 인해 달라졌을 것이다. 그러나 야콥센(2003b)은 참가자들이 동시 발화 없이 번역한 경우에도 쓰기 단계에서 문장 이하의 작은 분절 단위로 번역했다고 밝힌

바 있다.

다양한 연구방법을 활용한 덕분에 번역 경험량이 많은 참가자의 분절 크기가 더 크고, 이들이 업무계획을 통해 머릿속으로는 작은 단위나 분절을 번역하면서 지속적으로 큰 단위와 (계획한) 텍스트를 다룬다는 것을 경험적으로 입증할 수 있었다.

본 연구는 모든 변수를 엄밀히 통제한 실험이 '아니었다'는 점을 강조하고자 한다. 본 연구는 사례연구로, 탐색적이며 가설 설정의 기능을 가진다. 그렇기 때문에 연관성 관련 결론을 내린 것이다. 여기서 연관성이란 특정 요인들이 동시에 일어난다는 것을 뜻하며, 왜 이러한 현상이 발생하는지는 언급하지 않았다. 그러나 본 연구에서 발견한 연관성이 가설적 결론의 기반이 될 수 있으며, 다른 연구를 통해 이러한 가설을 검증할 수 있다. 번역 경험량의 효과에 대한 실험연구는 모든 변수를 지속적으로 통제해야 할 것이다. 또한, 언어 및 기타 지식을 비슷하면서 번역 경험량만 차이 나는 참가자를 찾아야 한다. 일상적으로 번역하다 보면 SL과 TL의 언어 능력이 향상되므로 통제 그룹의 참가자는 두 언어 모두 높은 수준의 능력을 보유해야 하는데, 이러한 참가자를 찾기는 쉽지 않을 것이다.

이러한 결과와 관련해 각 범주의 참가자별 차이가 주로 또는 온전히 러시아어 실력의 차이 때문에 발생한 것으로 생각할 수 있다. 언어전공학생의 러시아어 실력이 전반적으로 전문번역사 및 번역전공학생보다 낮았다. 이로 인해 초기 읽기에 영향을 받아 처리 노력이 주로 이해하는 데 쓰였음을 짐작할 수 있다. 전문번역사 및 번역전공학생의 러시아어가 더 유창하기 때문에 대부분 이해가 자동화되어 처리 자원을 당장 번역해야 하는 업무를 계획하는데 분배할 수 있었던 것으로 보인다.

SL 실력의 효과를 과소평가해서는 안 되지만, 본 연구에 참여한 전문번역사 및 번역전공학생 간에도 러시아어의 실력이 차이 났다는 것을 주목할 필요가 있다. 쓰기 전 단계에서 러시아어가 아닌 다른 언어를 주로 번역했던 전문번역사는 처음에 텍스트의 핵심 단어를 이해하지 못했으며, TAP 분석 결과 번역전공학생들은 특정 단어 및 구를 정확히 이해하기 위해 사전을 많이 찾아보았다. 그럼에도 불구하고 이들은 쓰기 전 단계에서 TT의 문체 및 화용론적 측면을 계획했다. 야스클라이넨의 데이터에 따르면 언어 실력 등이 어떤 측면에 더 중점을 두도록 하는지를 결정하지 않는다고 한다. 이 연구에서 비전문가들도 SL을 유창하게 구사했으나 전문번역 경험이 있거나 번역사 교육과정을 이수하지는 않았다(야스클라이넨, 1999: 93-94). 이들은 모두 쓰기 전 단계에서 ST의 문체적 측면이나 번역 브리프에 대해 발화하지 않았지만, 전문번역사 4명 중 2명은 TAP에서 이러한 발화를 한 것으로 드러났다(야스클라이넨, 1999: 124 표 참조).

SL 실력이 가장 큰 영향을 미치는 것은 분절이다. 그러나 언어전공학생 1명의 경우 4.6.3에서 논의한 것처럼 SL 실력 부족으로 인해 분절 크기가 아닌 휴지 길이에 영향이 있었다.

본 연구의 데이터는 소수에 불과해 이를 기반으로 번역 규범 및 규범지배적 해결책에 대해 논의하는 것은 적절치 않으리라고 보인다. 다양한 번역 경험량을 지닌 참가자 9명이 ST 하나를 번역한 결과를 일반화할 수 있을까? ST와 TT 데이터의 텍스트가 많지 않아 이를 기반으로 러시아어-스웨덴어 번역 규범과 관련해 광범위한 결론을 내리는 것은 불가능하다. 그러나 본 연구의 목적은 번역 규범이 될 수 있는 텍스트적 패턴을 발견하고, 이 패턴이 번역과정의 특징과 연관성을 갖는지 알아보는 것이었다. 이미 언급한 것처럼 본 연구를 통해 이러한 특징을 발견할 수 있었으나, 추후 연구를 통해 본 연구의 대상 언어 쌍 및 다른 언어 쌍에서 규범지배적 번역과정이 일어나는지를 살펴보고, 본 연구 결과의 일반화 가능성을 알아봐야 할 것이다. 본 연구에서 사용한 방법을 추후 연구에서도 적용할 수 있기를 기대한다.

6.5 번역 교육에의 함의

단계별 처리의 결과 업무에 소요된 시간 및 단계별 시간 배분이 각기 다른 과정 프로필로 나타났고, 본 연구 및 선행연구에서는 전문 번역에 대한 경험이 있다고 해서 번역 업무를 동일한 방식으로 수행하지는 않는다고 밝혔다. 향후 번역사 교육에 이러한 연구결과가 반영되어야 한다. 즉 번역사 교육 프로그램에서 학생들에게 번역 업무에 대한 접근법이 하나만 존재한다고 가르치기보다는 번역 업무를 수행하는 자신만의 방식을 길러 나가도록 도와야 하는 것이다. 또한 교육 과정 도중 TT에 대해서만 논의하는 것이 아니라 어떤 과정을 거쳐 그러한 TT를 생산해냈는지 다양한 측면에 대해 논의함으로써 학생들이 다양한 방식으로 번역을 시도해볼 수 있도록 해야 한다.

학생들은 ST 및 번역의 목적을 분석하고 번역 목적을 염두에 두고 ST를 읽도록 교육받아야 한다(노르트, 1991, 1997; 라이스와 페르미어, 1984). ST를 읽으면서 어떻게 번역할지를 계획해야 하는 것이다. 그러나 ST를 읽고 계획하는 데 있어 다양한 방식을 시도해볼 필요도 있다.

쓰기 전 단계에서 계획을 더 많이 한 경우 대부분 쓰기 단계에서 분절 크기가 커졌다. 또한 다양한 방식으로 사전을 찾아본 결과 쓰기 단계에서 분절 크기가 더 커지거나 작아졌다. 번역의 쓰기 단계 및 번역 과정의 분절에는 다양한 패턴이 나타났으며, 현재로써는 쓰기 단계의 쓰기 과정과 "고품질 번역" 생산 간에 연관성이 있는지는 확인할 수가 없다. 따라서 번역교육 시 특정 번역 방법이 다른 방법에 비해 더 훌륭하다고 가르쳐서는 안 되는 것이다. 학생들은 쓰기 단계에서 다양한 방식으로 분절을 시도해야 한다. 또한, 사전을 찾는 방식 등도 TT를 쓰기 전, 문장을 쓰기 전, 문장을 쓰던 도중 등 다양한 방식을 시도해보아 번역과정 및 결과물에 어떻게 영향을 주는지를 알아봐야 한다.

본 연구는 번역사들이 대부분 TL의 언어적 자료를 문장 이하의 작은 덩어리로 생산한다고 밝혔다. 또한, 이들은 이러한 덩어리를 번역과정 도중 곧바로 평가하고 즉시 교정했다. 이는 학생들이 같은 ST를 다양하게 번역하거나 다양한 방식으로 분절을 해보는 연습을 체계적으로 실행할 필요가 있음을 보여준다(휴슨과 마틴, 1991; 핌, 1992). 또한, 텍스트나 문장 전체뿐 아니라 더 작은 분절도 텍스트 전체의 목표에 일치하는지 평가하는 연습도 해야 한다.

John Benjamins Series

14

Expertise and
explicitation in the translation process

John Benjamins Series

14

Expertise and explicitation in the translation process

참고 문헌

Albert, M. L., & Obler, L. K. (1978). *The Bilingual Brain.* New York: Academic Press.

Altarriba, J. (1992). "The Representation of Translation Equivalents in Bilingual Memory". In R. J. Harris (Ed.), *Cognitive Processing in Bilinguals* (pp. 157-174). Amsterdam: North-Holland.

Alves, Fabio (Ed.). (2003). *Triangulating Translation. Perspectives in process oriented research.* Amsterdam and Philadelphia: Benjamins.

Alvstad, Cecilia (2003). *La traducción como mediación editorial: un estudio de 150 libros para niños i jóvenes publicados en Argentina durante* 1997. (diss.) Göteborg: Göteborg university, Inst itutionen för romanska språk.

Anderson, John R. (1990). *Cognitive Psychology and its Implications.* (3rd edition). New York: Freeman.

Bachman, Lyle F. (1991). *Fundamental Considerations in Language Testing.* New York: Oxford University Press.

Baddeley, A. D., & Hitch, G. (1974). "Working memory". In G. H. Bower (Ed.), *The psychology of learning and motivation* (Vol. 8, pp. 47-90). New York: Academic Press.

Baker, Mona (Ed.). (1998). *Routledge's Encyclopedia of Translation Studies* London and New York: Routledge.

Baker, Mona (2000). "Towards a Methodology for Investigating the Style of a Literary Translator". *Target,* 12 (2), 241-266.

Ballard, Michel (1993). "L'unité de traduction. Essai de redéfinition d'un concept". In M. Ballard (Ed.), *La traduction à l'université. Recherche et propositions didactiques* (pp. 223-262). Lille: Presses universitaires.

Barkhudarov, Leonid ([1969] 1993). "The Problem of the Unit of Translation" In P. Zlateva(Ed. and Transl.), *Translation as Social Action: Russian and Bulgarian Perspectives* London: Routledge.

Bartlett, Elsa Jaffe (1982). "Learning to Revise: Some Component Processes": In M. Nystrand (Ed.), *What Writers Know. The Language, Process, and Structure of Written Discourse* (pp. 345-363). New York: Academic Press, Inc.

Bartsch, Renate (1987). *Norms of language.* London: Longman.

Baurmann, Jürgen (1989). "Empirische schreibforschung" In G. Antos & H. P. Krings (Eds.), *Textproduktion* (pp. 257-277). Tübingen: Niemeyer.

Beaugrande, Robert de (1984). "Learning to Read Versus Reading to Learn: A Discourse-Processing Approach". In H. Mandl, N. L. Stein & T. Trabasso (Eds.), *Learning and Comprehension of Text* (pp. 159-191). Hillsdale, NT: Erlbaum.

Berk-Seligson, Susan (1987). "The intersection of testimony styles in interpreted judicial proceedings: Pragmatic alterations in Spanish testimony": *Linguistics, 25*, 1087-1125.

Bernadini, Silvia (2001). "Think-aloud protocols in translation research. Achievements, limits, future prospects". *Target, 13* (2), 241-263.

Blum-Kulka, Shoshana & Levenston, Eddie A. (1983). "Universals of lexical simplicification" In C. Færch & G. Kasper (Eds.), *Strategies in Interlanguage Communication* (pp. 119-139). London and New York: Longman.

Blum-Kulka, Shoshana (1986). "Shifts of Cohesion and Coherence in Translation". In J. House & S. Blum-Kulka (Eds.), *Interlingual and Intercultural Communication* (pp. 17-35). Tübingen: Narr.

Bower, Gordon H., & Cirilo, Randolph K. (1985). "Cognitive Psychology and Text Processing". In T.A. van Dijk (Ed.), *Handbook of Discourse Analysis, Vol.* 1 (pp. 71-105). London: Academic Press.

Breedveld, Hella (2002). "Translation processes in time". *Target, 14* (2), 221-240.

Breuer, Astrid Yvonne (2002). *Asyndese? Zum Problem einer 'negativen' Kategorie.* [Slavistische Beiträge 415]. München: Otto Sagner.

Brown, G. (1994). "Modes of understanding". In G. Brown, K. Malmkjær, A. Pollitt,& J. Williams (Eds.), *Language and Understanding* (pp. 10-20). Oxford: Oxford University Press.

Cao, Deborah (1996). "Towards a Model of Translation Proficiency: *Target, 8* (2), 325-340.

Chanquoy, Lucile, Foulin, Jean Noël & Fayol, Michel (1996). "Writing in adults: A real-time approach". In G. Rijlaarsdam, H. van den Bergh & M. Couzjin (Eds.), *Theories, Models and Methodology in Writing Research* (pp. 36-43). Amsterdam: Amsterdam University Press.

Chesterman, Andrew (Ed.). (1989). *Readings in Translation Theory.* Helsinki: Oy Finn Lectura.

Chesterman, Andrew (1993). "From 'is' to 'ought': Translation laws, norms and strategies". *Target, 5* (1), 1-20.

Chesterman, Andrew (1997). *The Memes of Translation. The spread of ideas in translation theory.* Amsterdam and Philadelphia: Benjamins.

Chesterman, Andrew (1998). "Communication Strategies, Learning Strategies & Translation Strategies". In K. Malmkjær (Ed.), *Translation and Language Teaching. Language Teaching and Translation* (pp. 135-144). Manchester: St. Jerome.

Chvany, C. (1985). "Backgrounded Perfectives and Plot Line Imperfectives: Toward a Theory of Grounding in Text". In M. S. Flier & A. Timberlake (Eds.), The *Scope of Slavic Aspect* (pp. 247- 273). Columbus, Ohio: Slavica.

Dancette, Jeanne (1995). *Parcours de traduction. Étude experimentale du processus de compréhension.* Lille: Presses Universitaires de Lille.

Dancette, Jeanne (1997). "Mapping Meaning and Comprehension in Translation. Theoretical and Experimental Issues". In J.H. Danks, G. M. Shreve, S. B. Fountain & M. K. McBeath (Eds.), *Cognitive Processes in Translation and Interpreting* (pp. 77-103). Thousand Oaks, London and New Delhi: Sage.

De Groot, A. M. B. (1993). "Word-Type Effects in Bilingual Processing Tasks: Support for a Mixed-Representational System". In R. Schreuder & B. Weltens (Eds.), *The Bilingual Lexicon* (pp. 27-51). Amsterdam and Philadelphia: Benjamins.

Delisle, Jean (1988). *Translation: An interpretive approach* [transl. by P. Logan & M. Creery]. Ottawa: University of Ottawa Press.

Delisle, Jean, Lee-Jahnke, Hannelore & Cormier, Monique C. (1999). *Terminologie de la traduction.* Amsterdam and Philadelphia: Benjamins.

Denver, Louise (2002). "On the Translation of Semantic Relations: An empirical study". *Revista Brasileira de Lingüística Aplicada, 2* (2), 25-46.

Dollerup, Cay & Loddegaard, Anne (Eds.). (1992). *Teaching Translation and Interpreting. Training, Talent and Experience.* Amsterdam and

Philadelphia: Benjamins.

Dollerup, Cay & Lindegaard, Anne (Eds.). (1994). *Teaching Translation and Interpreting 2: Insights, aims, visions.* Amsterdam and Philadelphia: Benjamins.

Dollerup, Cay & Appel. Vibeke (Eds.). (1996). *Teaching Translation and Interpreting 3 : New horizons.* Amsterdam and Philadelphia: Benjamins.

Ekblom, Richard (1960). *Rysk grammatik.* 6, omarbetade upplagan. Stockholm: Bonniers. *Encyclopedia of Language and Linguistics, Vol. 2.* Oxford 1994: Pergamon.

Encyclopedia of Ukraine. (1984-1993). Toronto: University of Toronto.

Englund Dimitrova, Birgitta (1993). "Semantic change in translation - a cognitive perspective". In Y. Gambier & J. Tommola (Eds.), *Translation and Knowledge. SSOTT IV* (pp. 285-296). Turku: University of Turku.

Englund Dimitrova, Birigtta (1994). "Statistical analysis of translations (on the basis of translations from and to Bulgarian, Russian and Swedish)". *Scandinavian Working Papers on Bilingualism, 9*, 87-102.

Englund Dimitrova, Birgitta (2001). "Egennamn vid översättning från ryska till svenska: olika problem för olika översättare" In H. Kronning, C. Norén, B. Novén, G. Ransbo, L.-G . Sundell & B. Svane (Eds.), *Langage et référence. Mélanges offerts à Kerstin Jonasson à l`occasion de ses soixante ans* (pp. 129-137). Uppsala: Acta Universitatis Upsaliensis.

Englund Dimitrova, Birgitta (2003). "Explicitation in Russian -Swedish translation: Sociolinguistic and pragmatic aspects': In B. Englund

Dimitrova & A. Pereswetoff-Morath(Eds.), *Swedish Contributions to the Thirteenth International Congress of Slavists, Ljubljana,* 15-21 *August 2003* (pp. 21-31). Lund: Lund University.

Englund Dimitrova, Birgitta (forthc. a). "Segmentation of the writing process in translation: Experts vs. novices". To be published in K. Sullivan & E. Lindgren (Eds.), *Computer key-stroke logging: Methods and Applications.* Amsterdam: Elsevier. Englund Dimitrova, Birgitta (forthc. b). "Combining product and process analysis: Explicitation as a case in point"; to be published in Bulletin suisse de linguistique appliquée, 81.

Ericsson, K. Anders & Simon, Herbert (1984 [1993]). *Protocol Analysis. Verbal Reports as Data.* Revised Edition. Cambridge, Mass.: MIT Press.

Ericsson, K. Anders & Simon, Herbert (1987). "Verbal Reports on Thinking". In C. Færch & G. Kasper (Eds.), *Introspection in Second Language Research* (pp. 24-53). Clevedon and Philadelphia: Multilingual Matters.

Ericsson, K. Anders & Smith, Jacqui (1991). "Prospects and limits of the empirical study of expertise: An introduction': In K. A. Ericsson & J. Smith (Bds.), *Toward a general theory of expertise. Prospects and limits* (pp. 1- 38). Cambridge: Cambridge university press.

Ericsson, K. Anders & Charness, Neil (1997). "Cognitive and Developmental Factors in Expert Performance". In P. J. Feltovich, K. M. Ford & R. R. Hoffman (Eds.), *Expertise in Context. Human and Machine* (pp. 3-41). Menlo Park, Cambridge MA and London: AAAI Press/The MIT Press.

Ervin, S., & Osgood, C. (1954). "Second language learning and bilingualism". *Journal of Abnormal and Social Psychology, 49*, 139-146.

Fält, Erik (1994). *Kort rysk grammatik.* Uppsala: Scripta.

Fawcett, Peter (1997). *Translation and Language. Linguistic Theories Explained.* Manchester: St. Jerome.

Fleischmann, Eberhard, Kutz, Wladimir & Schmitt, Peter A. (Eds.). (1997). *Translationsdidaktik: Grundfragen der Übersetzungswissenschaft.* Tübingen: Narr.

Flower, Linda (1979). "Writer-Based prose: A Cognitive Basis for Problems in Writing". *College English, 41* (1), 19-37.

Fraser, Janet (1993). "Public Accounts: Using Verbal Protocols to Investigate Community Translation". *Applied Linguistics, 14* (4), 325-343.

Fraser, Janet (1996a). "Mapping the Process of Translation". *Meta, XLI* (1), 84-96.

Fraser, Janet (1996b). "The Translator Investigated. Learning from Translation Process Analysis". *The Translator,* 2 (1), 65-79.

Frawley, W. (1984). *Translation. Literary, Linguistic & Philosophical Perspectives.* Newark: University of Delaware Press.

Ferch, Claus & Kasper, Gabriele (l983). "Plans and strategies in foreign language communication". In C. Færch & G. Kasper (Eds.), *Strategies in Interlanguage Communication* (pp. 20-60). London and New York: Longmans.

Gellerstam, Martin (1986). "Translationese in Swedish Novels translated from English". In L. Wollin & H. Lindquist (Eds.), *Translation Studies in Scandinavia* (pp. 89-95). Lund: Gleerups.

Gentzler, Edwin (1993/2001). *Contemporary Translation Theories.* London: Routledge and Clevedon: Multilingual Matters.

Gerloff, Pamela (1986). "Second Language Learners' Reports on the Interpretive Process: Talk-aloud Protocols of Translation". In J. House & S. Blum-Kulka (Eds.), *Interlingual and Intercultural Communication* (pp. 243-262). Tübingen: Narr.

Gerloff, Pamela (1987). "Identifying the Unit of Analysis in Translation: Some Uses of Think-Aloud Protocol Data". In C. Færch & G. Kasper (Eds.), *Introspection in Second Language Research* (pp. 135-158). Clevedon and Philadelphia: Multilingual Matters.

Gile, Daniel (1995). *Basic Concepts and Models for Interpreter and Translator Training.* Amsterdam and Philadelphia: Benjamins.

Goris, Olivier (1993). "The Question of French Dubbing: Towards a Frame for Systematic Investigation". *Target, 5* (2), 169-190.

Graesser, Arthur C., Swarner, Shane S., Baggett, William B., & Sell, Marie A. (1996). "New Models of Deep Comprehension". In B. K. Britton & A. C. Graesser (Eds.), *Models of Understanding Text* (pp. 1-32). Mahwah, NJ: Erlbaum.

Green, David W. (1986). "Control, Activation, and Resource: A Framework and a Model for the Control of Speech in Bilinguals". *Brain and Language, 27*, 210-223.

Grenoble, Lenore (1998). *Deixis and information packaging in Russian discourse.* Amsterdam and Philadelphia: Benjamins.

Grotjahn, Rüdiger (1987). "On the Methodological Basis of Introspective Methods" In C. Færch & G. Kasper (Eds.), *Introspection in Second Language Research* (pp.54-81). Clevedon and Philadelphia: Multilingual Matters Ltd.

Gunnarsson, Gunnar & Jacobsson, Gunnar (1962). *Rysk grammatik:* Stockholm: Almqvist & Wiksell

Gun, Ernst-August (1996). "Implicit Information in Literary Translation: A Relevance-Theoretic Perspective". *Target, 8* (2), 239-256.

Gužba, F. K. (1967). *Sovremernnyj russkij literaturnyj jazyk.* (Slovoobrazovanie, morfologija). Kiev: Radjan'ska škola.

Halliday, M. A. K., & Hasan, Ruqaiya (1976). *Cohesion in English.* London: Longman.

Hansen, Gyde (Ed.). (1999). *Probing the process in translation: Methods and results.* [Copenhagen Studies in Language 24). Copenhagen: Samfundslitteratur.

Hansen, Gyde (Ed.). (2002). *Empirical Translation Studies. Process and Product.* [Copenhagen Studies in Language 27]. Copenhagen: Samfundslitteratur.

Hansen, Silvia & Teich, Elke (2001). "Multi-layer analysis of translation corpora: Methodological issues and practical implications". In D. Cristea, N. Ide, D. Marcu & M. Poesio (Eds.), *Proceedings of EUROLAN 2001 Workshop on Multi-Layer Corpus-based Analysis* (pp. 44-55). Iasi.

Harris, B., & Sherwood, B. (1978). "Translating as an Innate Skill". In D. Gerver and H. W. Sinaico (Eds.), *Language interpretation and communication* (pp. 155-170). New York and London: Plenum Press.

Hayes, John R. (1996). "A New Framework for Understanding Cognition and Affect in Writing". In C. M. Levy & S. Ransdell (Eds.), *The Science of Writing. Theories, Methods, Individual Differences, and Applications* (pp. 1-27). Mahwah, NJ: Lawrence Erlbaum Associates.

Hayes, John R., & Gradwohl Nash, Jane (1996). "On the Nature of Planning in Writing". In C. M. Levy & S. Ransdell (Eds.), *The Science of Writing. Theories, Methods, Individual Differences, and Applications* (pp. 29-55). Mahwah, NJ: Lawrence Erlbaum Associates.

Hayes, John R., Flower, Linda, Schriver, Karen A., Stratman, James F., & Carey, Linda (1987). "Cognitive processes in revision". In S. Rosenberg (Ed.), *Advances in psycholinguistics, Volume 2. Reading, writing, and language learning* (pp. 176-240). Cambridge: Cambridge University Press.

Hemmungs wirtén, Eva (1998). *Global infatuation: Explorations in Transnational Publishing and Texts. The Case of Harlequin Enterprises and Sweden* [Skrifter utgivna av avavdelningen för litteratursociologi vid Litteraturvetenskapliga institutionen: diss.]. Uppsala: Uppsala universitet.

Heredia, Roberto & Mclaughlin, Barry (1992). "Bilingual Memory Revisited". In R. J. Harris (Ed.), *Cognitive Processing in Bilinguals* (pp. 91-103). Amsterdam: Elsevier.

Hermans, T. (1999). *Translation in Systems: Descriptive and System-oriented Approaches Explained.* Manchester: St. Jerome.

Hewson, Lance & Martin, Jacky (1991). *Redefining Translation. The Variational Approach.* London and New York: Routledge.

Hinds, John (1987). "Reader Versus Writer Responsibility: A New Typology". In U. Connor & R. B. Kaplan (Eds.), *Writing Across Languages: Analysis of L2 Text* (pp. 141- 152). Reading, Mass.: Addison-Wesley.

Holmes, James (1972). *The Name and Nature of Translation Studies.*

Amsterdam: Translation Studies Section, University of Amsterdam, Department of General Literary studies.

Hung, Eva (Ed.). (2002). *Teaching Translation and Interpreting 4. Building bridges.* Amsterdam and Philadelphia : Benjamins.

Hymes, Dell (1967). "On communicative competence". In R. Huxley & E. Ingram (Eds.), *Mechanisms of language development* (pp. 99-138). London: Center for Advanced Study in the Developmental Sciences.

Ivir, V. (1981). "Formal Correspondence vs. Translation Equivalence Revisited". In I. Even-Zohar & G. Toury (Eds.), *Theory of Translation and Intercultural Relations (=Poetics Today 2:4)* (pp. 51-59). Tel-Aviv: The Porter Institute for Poetics and Semiotics.

Jakobsen, Arnt Lykke (1999). "Logging target text production with *Translog". In G. Hansen (Ed.), *Probing the process in translation: Methods and results* (pp. 9-20). Copenhagen: Samfundslitteratur.

Jakobsen, Arnt Lykke (2000). "Understanding the Process of Translation: The Contribution of Time-Delay Studies". In B. Englund Dimitrova (Ed.), *Översättning och tolkning. Rapport från ASLA:s höstsympcsium,* 5-6 *november 1998* (pp. 155-172). Uppsala: ASLA.

Jakobsen, Arnt Lykke (2003a). "Translation drafting by professional translators and by translation students". In G. Hansen (Ed.), *Empirical Translation Studies. Process and Product* (pp. 191- 204). Copenhagen: Samfundslitteratur.

Jakobsen, Arnt Lykke (2003b). "Effects of Think Aloud on Translation Speed, Revision and Segmentation". In F. Alves (Ed.), *Triangulating Translation. Perspectives in process oriented research* (pp. 69-95). Amsterdam and Philadelphia: Benjamins.

Jakobson, Roman (1959). "On linguistic aspects of translation". In R. A. Brower (Ed.), *On translation* (pp. 232-239). New York: Oxford university Press.

Janssen, Daniël, van Waes, Luuk & van den Bergh, Huub (1996). "Effects of Thinking Aloud on Writing Processes". In C. M. Levy & S. Ransdell (Eds.), The *Science of Writing. Theories, Methods, Individual Differences, and Applications* (pp. 233-250). Mahwah, NJ: Lawrence Erlbaum Associates.

Jarrick, Arne & Josephson, Olle (1996). *Från tanke till text. En språkhandbok för uppsatsskrivande studenter.* (2nd ed.) Lund: Studentlitteratur. Jarvella, Robert J., Jensen, Astrid, Jensen, Elisabeth Halskov & Andersen, Mette Skovgaard (2002). "Towards characterizing translator expertise, knowledge and know-how: Some findings using TAPs and experimental methods". In A. Riccardi (Ed.), *Translation Studies. Perspectives on an Emerging Discipline* (pp. 172- 197). Cambridge: Cambridge University Press.

Jensen, Astrid (2000). *The effect of time on cognitive processes and strategies in translation.* Unpublished PhD dissertation. Copenhagen: Copenhagen Business School, Faculty of Modern Languages.

Jonasson, Kerstin (1997). "Norm and Variation in Translating from French into Swedish". In *Norm, variation and change in language. Proceedings of the centenary meeting of the Nyfilologiska sällskapet [=Stockholm Studies in Modern Philology, New Series 11]* (pp. 85-107). Stockholm: Almqvist & Wiksell International.

Jonasson, "Kerstin (1998a). "Le traitement des noms propres et des termes culturels dans la Traduction". In O. Merisalo & T. Natri (Eds.), *Aetes du XIIIème Congrès des Romanistes Scandinaves. Vol.*

1 (pp. 309-321). Jyväskylä: Université de Jyväskylä.

Jonasson, Kerstin (1998b). "Degree of Text Awareness in Professional vs. Non-Professional Translators". In A. Beylard-Ozeroff, J. Králová & B. Moser-Mercer (Eds.), *Translators' Strategies and Creativity* (pp. 189-100). Amsterdam and Philadelphia: Benjamins.

Jääskeläinen, R. (1993). "Investigating translation strategies". In S. Tirkkonen-Condit & J. Laffling (Eds.), *Recent Trends in empirical Translation Research* (pp. 99-120). Joensuu: University of Joensuu.

Jääskeläinen, Riitta (1999). *Tapping the process: An Explorative Study of the Cognitive and Affective Factors Involved in Translating.* Joensuu: Joensuun Yliopisto.

Jääskeläinen, Riita (2002). "Think-aloud Protocol Studies into translation: An annotated Bibliography". *Target, 14* (1), 107-136.

Källgren, Gunnel (1979). *Innehåll i text.* Lund: Studentlitteratur.

Källkvist, Marie (1998). "How Different are the Results of Translation Tasks? A Study of Lexical Errors". In K. Malmkjær (Ed.), *Translation and Language Teaching. Language Teaching and Translation* (pp. 77-87). Manchester: St. Jerome.

Kaufer, David S., Hayes, John R., & Flower, Linda (1986). "Composing Written Sentences". *Research in the Teaching of English, 20* (2), 121-140.

Kiraly, Don (1995). *Pathways to Translation. Pedagogy and Process.* Kent, Ohio: Kent State University Press.

Kiraly, Don (2000). *A Social Constructivist Approach to Translator Education.* Manchester: St. Jerome.

Klaudy, Kinga (1996). "Back-Translation as a Tool for Detecting Explicitation Strategies in Translation". In K. Klaudy, J. Lambert & A.Schár (Eds.), *Translation Studies in Hungary* (pp. 99-114). Budapest: Scholastica.

Klaudy, Kinga (1998). "Explicitation" In M. Baker (Ed., Ass. by K. Malmkjær), *Routledge's Encyclopedia of Translation Studies* (pp. 80-84). London and New York: Routledge.

Klaudy, Kinga (2000). "Explicitation Strategies within Lexical and Grammatical Translational Operations". In E. Lendvai (Ed.), *Applied Russian studies in Hungary* (pp. 101-113). Pécs: Krónika Kiadó.

Klaudy, Kinga (2001). "Grammatical Specification and Generalisation in Translation". In J. Andor, T. Szüts and I. Terts (Eds.), *Színes eszmék: nem alszanak. In honour of György Szépe on his 70th birthday* (pp. 679-690). Pécs: Lingua Franca.

Klaudy, Kinga (2003). *Languages in Translation* [transl. by K. Károly and T. DeKornfeld]. Budapest: Scholastica.

Knott, Alistair & Sanders, Ted (1998). "The classification of coherence relations and their linguistic markers: An exploration of two languages". *Journal of Pragmatics, 30,* 135-175.

Koller, Verner (1979/1992). *Einführung in die Übersetzungswissenschaft.* [4 ed.]. Heidelberg: *Quelle* & Meyer.

Komissarov, V. N. (1969). "Eksplicirovanie kak problema perevoda". In *Problemy prikladnoj lingvistiki: Mezvuzovskaja konferencija 16-19 dekabrja, Moskva 1969 g. Tezisy* (pp. 158-160). Moskva.

Komissarov, V. N. (1988). "Smyslovaja stratifikacija teksta kak perevodčeskaja problema". In D. Švejcer (Ed.), *Tekst i perevod* (pp.

6-17). Moskva : Nauka.

Komissarov, V. N. (1990). *Teorija perevoda (lingvističeskie aspekty}*. Moskva: Vysšaja škola.

Kosta, Peter (1988). "Zur Beschreibung der translatorischen Textkompression im Rahmen enines "Scenes-and-frames"-Modells". In J. Raecke (Ed.), *Referate des XIII Konstanzer Slavistischen Arbeitstreffens Tübingen 22-25.9 1987* (pp. 209-232). München: Otto Sagner.

Krings, H. P. (1986a). *Was in den Köpfen von Übersetzern vorgeht*. Tübingen: Narr.

Krings, H. P. (1986b). "Translation Problems and Translation Strategies of Advanced German Learners of French (L2)". In J. House & S. Blum-Kulka (Eds.), *Interlingual and Intercultural Communication* (pp. 263-276). Tübingen: Narr.

Krings, Hans P. (1987). "The use of introspective data in translation". In C. Færch & G. Kasper (Eds.), *Introspection in second language research* (pp. 159-176). Clevedon: Multinglingual Matters.

Krings, Hans (1988). "Blick in die 'Black Box' - Eine Fallstudie zum Übersetzungsprozess bei Berufsübersetzem" In R. Arntz (Ed.), *Textlinguistik und Fachsprache. AILA-symposium* 1987 (pp. 393-411). Hildesheim: Olms.

Krings, Hans P. (2001). *Repairing Texts. Empirical Investigations of Machine Translation Post-Editing Processes.* [ed. by G. S. Koby, transl. by G. S. Koby, G. M. Shreve, K. Mischerikow & S. Litzer]. Kent, Ohio: Kent State University Press.

Kroll, J. F., & Sholl, Alexandra (1992). "Lexical and Conceptual Memory in Fluent and Nonfluent Bilinguals". In R. J. Harris (Ed.), *Cognitive Processing in Bilinguals* (pp. 191-204). Amsterdam: North-

Holland.

Kroll, Judith F. (1993). "Accessing Conceptual Representations for Words in a Second Language". In R. Schreuder & B. Weltens (Eds.), *The Bilingual Lexicon* (pp. 53-81). Amsterdam and Philadelphia: Benjamins.

Krucinina, I. N. (1988). *Struktura i funkcii sočinitel'noj svjazi v russkom jazyke.* Moskva: Nauka.

Kussmaul, Paul (1995). *Training the translator.* Amsterdam and Philadelphia: Benjamins.

Kussmaul, Paul (1996). "Die Bedeutung des Verstehensprozesses für das Übersetzen" In A. Lauer (Ed.), *Übersetzungswissenschaft im Umbruch. Festschrift für Wolfram Wilss zum 70 Geburtstag* (pp. 229-238). Tubingen: Narr.

Kussmaul, Paul (1997). "Comprehension processes and translation. A think-aloud protocol(TAP) study". In M. Snell-Hornby, Z. Jettmarová & K. Kaindl (Eds.), *Translation as Intercultural Communication* (pp. 239-248). Amsterdam and Philadelphia: Benjamins.

Kussmaul, Paul (1998). "Die Erforschung von Übersetzungsprozessen: Resultate und Desiderata". *Lebende Sprachen, 2*, 49-53.

Künzli, Alexander (2000). "The Role of Pragmatic Analysis in the Translation of Text-type Conventions". In B. Englund Dimitrova (Ed.), *Översättning och tolkning. Rapport från ASLA:s höstsymposium Stockholm, 5-6 november* 1998 (pp. 207-218). Uppsala: ASLA.

Künzli, Alexander (2001a). "Experts vs. Novices. La traduction du dialogue fictif dans les textes publicitaires" *Babel, 47* (4), 323-342.

Künzli, Alexander (2001b). "Experts versus novices: l'utilisation de sources d'information pendant le processus de traduction". *Meta, XLVI* (3), 507-523.

Künzli, Alexander (2003). *Quelques strategies et principes en traduction technique françaisallemand et français-suédois.* (diss.) Stockholm : Stockholms universitet, Institutionen för franska och italienska.

Künzli, Alexander (forthc.). "Translation revision - A study of the performance of ten professional translators revising a legal text." Submitted for publication. In Y. Gambier, M. Shlesinger & R. Stolze (Eds.), *Translation Studies. Doubts and directions. Selected contributions from the 4th EST Congress, Lisbon, 2004.*

Laviosa-Braithwaite, Sara (1996). "Comparable corpora: Towards a corpus linguistic methodology for the empirical study of translation". In M. Thelen & B. Lewandowska-Tomaszczyk (Eds.), *Translation and Meaning, Part 3* (pp. 153-163). Maastricht: Euroterm.

Laviosa-Braithwaite, Sara (1998). "Universals of translation". In M. Baker (Ed., Ass. by K. Malmkjær), *Routledge's Encyclopedia of Translation Studies* (pp. 288-291). London and New York: Routledge.

Lehmann, Christian (1988). "Towards a typology of clause linkage." In J. Haiman & S.A. Thompson (Eds.), *Clause Combining in Grammar and Discourse* (pp. 181-225). Amsterdam and Philadelphia: Benjamins.

Lehrer, Adrienne (1989). "Remembering and Representing Prose: Quoted Speech as a Data Source". *Discourse Processes*, *12*, 105-125.

Leow, Ronald P., & Morgan-Short, Kara (2004). "To Think Aloud or not to Think Aloud. The issue of Reactivity in SLA Research Methodology". *Studies in Second Language Acquisition, 26*, 35-57.

Leuven-Zwart, Kitty van (1989, 1990). "Translation and Original: Similarities and Dissimilarities I, II". *Target, 1* (2), 151-181; *2* (1), 69-95.

Levý. Jiří(1965). "Will Translation Theory be of Use to Translators?". In R. Italiaander (Ed.), *Übersetzen. Vorträge und Beiträdge vom Internationalen Kongress literarischer Übersetzer in Hamburg 1965* (pp. 77-82). Frankfurt-am-Main: Athenäum.

Levý, Jiří (1967/1989). "Translation as a decision process". In A. Chesterman (Ed.), *Readings in Translation Theory* (pp. 38-51). Helsinki: Oy Finn Lectura Ab.

Levy, C. Michael & Ransdell, Sarah E. (1996). "Writing signatures". In C. M. Levy & S. Ransdell (Eds.), *The Science of Writing. Theories, Methods, Individual Differences, and Applications* (pp. 149-161). Mahwah, NJ: Lawrence Erlbaum Associates.

Levy, C. Michael, Marek, J. Pamela & Lea, Joseph (1996). "Concurrent and retrospective protocols in writing research". In G. Rijlaarsdam, H. van den Bergh & M. Couzjin (Eds.), *Theories, Models and Methodology in Writing Research* (pp. 542-556). Amsterdam: Amsterdam University Press.

Liljestrand, Birger (1993). *Språk i text. Handbok i stilistik:.* Lund: Studentlitteratur.

Lindqvist, Yvonne (2002). *Översättning som social praktik. Toni Morrison och Harlequin serien Passion på svenska* (diss.). Stockholm: Stockholms universitet, Institutionen för nordiska språk.

Ljapon, M. V. (1986). *Smyslovaja struktura složnogo predloženija i tekst. K tipologii vnutritekstovych otnošenij.* Moskva: Nauka.

Long, Debra L., & Bourg, Tammy (1996). "Thinking aloud: Telling a story about a story". *Discourse Processes, 21* (3), 329-339.

Long, Debra L., Seely, Mark R., Oppy, Brian J., & Golding, Jonathan R. (1996). "The Role of Inferential Processing in Reading Ability". In B. K. Britton & A. C. Graesser (Eds.), *Models of Understanding Text* (pp. 189-214). Mahwah, NJ.: Erlbaum.

Lorenzo, Maria Pilar (1999). "Apuentes para una discusión sobre métodos de estudio del proceso de traducción". In G. Hansen (Ed.), *Probing the process in translation: Methods and results* (pp. 21-42). Copenhagen: Samfundslitteratur.

Lörscher, Wolfgang (1991). *Translation Performance, Translation Process, and Translation Strategies. A Psycholinguistic Investigation.* Tübingen: Narr.

Lörscher, Wolfgang (1993). "Translation process analysis". In Y. Gambier & J. Tommola (Eds.), *Translation and Knowledge. SSOTT IV* (pp. 195-211). Turku: University of Turku, Centre for Translation and Interpreting.

Malakoff, M., & Hakuta, K. (1991). "Translation skill and metalinguistic awareness in bilinguals". In E. Bialystok (Ed.), *Language processing in bilingual children* (pp. 141-166). Cambridge: Cambridge University Press.

Malakoff, M. E. (1992). "Translation Ability: A Natural and Metalinguistic Skill". In R. J. Harris (Ed.), *Cognitive Processing in Bilinguals* (pp. 515-529). Amsterdam: North-Holland.

Malmkjær, Kirsten (1998a). "Unit of translation". In M. Baker (Ed., Ass. by K. Malmkjær), *Routledge's Encyclopedia of Translation Studies* (pp. 286-288). London and New York: Routledge.

Malmkjær, Kirsten (1998b). "Introduction". In K. Malmkjær (Ed.), *Translation and Language Teaching. Language Teaching and Translation* (pp. 1-11). Manchester: St. Jerome.

Maslov, Ju. S. (1984). *Očerki po aspektologii.* Leningrad: Izdatel'stvo Leningradskogo universiteta.

Mason, Ian (2001). "Translator behaviour and language usage: Some constraints on contrastive studies". *Hermes, journal of linguistics, 26*, 65-80.

Matsuhashi, Ann (1982). "Explorations in the Real-Time Production of Written Discourse". In M. Nystrand (Ed.), *What Writers Know. The Language, Process, and Structure of Written Discourse* (pp. 269-290). New York: Academic Press.

Mendoza, Imke (1996). *Zur Koordination im Russischen: i, a und da als pragmatische Konnektoren.* [=Slavistische Beiträge 338]. München: Otto Sagner.

Mossop, Brian (2001). *Revising and Editing for Translators.* Manchester: St. Jerome.

Munday, Jeremy (2001). *Introducing Translation Studies. Theories and Applications.* London and New York: Routledge .

Newmark, Peter (1988). *A Textbook of Translation.* Hemel Hempstead: Prentice Hall.

Nida, Eugene A. (1964). *Toward a Science of Translating.* Leiden: E. J. Brill.

Norberg, Ulf (2003). *Übersetzen mit doppeltem Skopos. Eine empirische Prozess-and Produktstudie.* [=Studia Germanica Upsaliensia 42]. Uppsala: Uppsala University.

Nord, C. (1991). *Text Analysis in Translation. Theory, Methodology, and Didactic Application of a Model for Translation -Oriented Text Analysis.* Amsterdam and Atlanta, Ga.: Rodopi.

Nord, Christiane (1997). *Translating as a Purposeful Activity. Functionalist Approaches Explained.* Manchester: St. Jerome.

Nystrand, Martin & Wiemelt, Jeffrey (1991). "When is a text explicit? Formalist and dialogical conceptions". *Text, 11* (1), 25-41.

Nørgård-Sørensen, Jens (1992). *Coherence Theory. The Case of Russian.* Berlin and New York: Mouton de Gruyter.

Offord, Derek (1996). *Using Russian. A Guide* to *Contemporary Usage.* Cambridge: Cambridge University Press.

Olohan, Maeve (2000). "Investigating Domain Conceptualisation and Scene Construal in Trainee Translators". *Meta, XLV* (4), 593-608.

Orozco, Mariana & Hurtado Albir, Amparo (2002). "Measuring Translation Competence Acquis ition". *Meta, XLVII* (3), 375-402.

Øverås, Linn (1998). "In search of the third code: An investigation of norms in literary translation". *Meta, 43* (4), 571-588.

Oxford Russian Dictionary. (1984). Oxford: Clarendon P.

Ožegov, S. I., & Švedova N. Ju. (1993). *Tolkovyj Šlovar' russkogo jazyka.* Moskva: *Az".*

Padučeva, E. V. (1992). "Toward the problem of translating grammatical meanings: The factual meaning of the imperfective aspect in Russian". *Meta, XXXVII* (1), 113-126.

Padučeva, E. V. (1996). *Semantičeskie issledovanija. Semantika vremeni i vida v russkom jazyke. Semantika narrativa.* Moskva: Škola

Jazyki Russkoj kul'tury.

Papai, Vilma (2004). "Explicitation: A universal of translated text?" In A. Mauranen & P. Kujamaki (Eds.), *Translation Universals. Do they exist?* (pp. 143-164). Amsterdam and Philadelphia: Benjamins.

Paradis, Michel (1989). "Bilingual and polyglot aphasia". In F. Boller & J. Grafman (Eds.), *Handbook of Neuropsychology, Vol.* 2 (pp. 117-140). Amsterdam: Elsevier.

Paradis, M., Goldblum, M.-C., & Abidi, R. (1982). "Alternate antagonism with paradoxical translation behavior in two bilingual aphasic patients". *Brain and Language, 15*, 55-69.

Perecman, E. (1984). "Spontaneous translation and language mixing in a polyglot aphasic". *Brain and Language, 23,* 43-63.

Perego, Elisa (2003). "Evidence of explicitation in subtitling: Towards a categorisation". *Across Languages and Cultures, 4* (1), 63-88.

Pul'kina, I. M., & Zachava-Nekrasova, E, B. (1968). *Učebnik russkogo jazyka dlja studentovinostrancev.* Moskva: Vysšaja skola.

Puurtinen, Tiina (2004). "Explicitation of clausal relations: A corpus-based analysis of clause connectives in translated and non-translated Finnish children's literature". In A. Mauranen & P.Kujamäki (Eds.), *Translation Universals. Do they exist?* (pp. 165-176). Amsterdam and Philadelphia: Benjamins.

Pym, Anthony (1992). "Translation error analysis and the interface with language teaching". In C. Dollerup & A. Loddegaard (Eds.), *Teaching Translation and Interpreting. Training, Talent and Experience* (pp. 279-288). Amsterdam and Philadelphia: Benjamins.

Pym, Anthony (n.d.). "Ideologies of the Expert Discourses on Translator Training". http://www.fut.es/~apym/on-line/expert.pdf. Accessed 2005 -02-21. Ransdell, S. E. (1994). "Generating think-aloud protocols: Impact on the narrative writing of college students". *American Journal of Psychology, 108,* 89-98.

Recker, Ja. I. (1974). *Teorija perevoda i perevodčeskaia praktika. Očerki lingvističeskoj teorii perevoda.* Moskva: Meždunarodnye otnošenija.

Reiss, Katharina & Vermeer, Hans J. (1984). *Grundlegung einer allgemeinen Translationstheorie.* Tübingen: Niemeyer.

Robinson, Douglas (1998). "Literal translation". In M. Baker (Ed., Ass. by K. Malmkjær), *Routledge's Encyclopedia of Translation Studies* (pp. 125-127). London and New York: Routledge.

Romaine, S. (1989). *Bilingualism.* Oxford: Blackwell.

Rozental', D. E. (1976). *Praktičeskaja stilistika russkogo jazyka.* Moskva: Vysšaja skola.

Rozcntal', D. E. (1997). *Spravočnik: po pravopisaniju i literaturnoj pravke.* Moskva: Ajris Rol'f.

Rudolph, E. (1985). "Kann asyndetische Koordination gelegentlich als elliptischer Ausdruck einer Kausalitätsverknüpfung aufgefasst warden?" In R. Meyer-Hermann & H. Rieser (Eds.), *Ellipsen und fragmentarische Ausdrücke, Band 1* (pp. 55-84). Tübingen: Niemeyer.

Russkaja grammatika, tom I. Fonetika, fonologija, udarenie, intonacija, slovoobrazovanie, morfologija. (1980a). Akademija nauk SSSR, Institut russkogo jazyka. Moskva: Izdatel'stvo Nauka.

Russkaja grammatika, tom II. Sintaksis. (1980b). Akademija nauk SSSR, Institut russkogo jazyka. Moskva: Izdatel'stvo Nauka.

Sanders, Ted, Janssen, Daniël, van der Pool, Els, Schilperoord, Joost & van Wijk, Carel (1996). "Hierarchical text structure in writing products and writing processes". In G. Rijlaarsdam, H. van den Bergh & M. Couzjin (Eds.), *Theories, Models and Methodology in Writing Research* (pp. 473-492). Amsterdam: Amsterdam University Press.

Sannikov, V. Z. (1989). *Russkie sočinitel'nye konstrukcii. Semantika, pragmatika, sintaksis.* Moskva: Nauka.

Scardamalia, Marlene & Bereiter, Carl (1987). "Knowledge telling and knowledge transforming in written composition". In S. Rosenberg (Ed.), *Advances in psycholinguistics, Volume 2. Reading, writing, and language learning* (pp. 142-175). Cambridge: Cambridge University Press.

Scardamalia, Marlene & Bereiter, Carl (1991). "Literate expertise". In K. A. Ericsson & J. Smith (Eds.), *Toward a general theory of expertise. Prospects and limits* (pp. 172-194). Cambridge: Cambridge university press.

Schilperoord, Jost (1996). *It's about time. Temporal Aspects of Cognitive Processes in Text Production.* Amsterdam: Rodopi.

Schmidt, Morena A. (forthc.). *"How do you do it anyway?" A longitudinal Study of three Translator Students translating from Russian into Swedish* (forthc. diss.).

Schmied, Josef & Schäffler, Hildegard (1997). "Explicitness as a universal feature of translation". In M. Ljung (Ed.), *Corpus-based Studies in English. Papers from the seventeenth International Conference on English Language Research on Computerized Corpora* (pp. 21-34). Amsterdam and Atlanta: Rodopi.

Séguinot, C. (1989). "The Translation Process: An Experimental Study". In C. Séguinot (Ed.), *The Translation Process* (pp. 21-53). York: York University Press.

Séguinot, Candace (1985). "Translating Implication". *Meta, XXX* (3), 295-298.

Séguinot, Candace (1996). "Some Thoughts About Think-Aloud Protocols". *Target, 8* (1), 75-95.

Seleskovitch, Danica (1968). *L' interprète dans les conférences internationales.* Paris: Minard. Seleskovitch, Danica & Lederer, Marianne (1984). *Interpréter pour traduire.* Paris: Didier.

Severinson Eklundh, Kerstin (1995). "Skrivmönster med ordbehandlare". *Språkvård, 4,* 11-18.

Severinson Eklund, Kerstin & Kollberg, Py (1996). "Computer tools for tracing the writing process: From keystroke records to Scnotation" In G. Rijlaarsdam, H. van den Bergh & M. Couzijn (Eds.), *Theories, Models and Methodology in Writing Research* (pp.526-541). Amsterdam: Amsterdam University Press.

Shreve. Gregory (1997). "Cognition and the Evolution of Translation Compete nce". In J. H.

Danks, G. M. Shreve. S. B. Fountain & M. K. McBeath (Eds.), *Cognitive Processes in Translation and Interpreting* (pp. 120-136). Thousand Oaks-London -New Delhi: Sage.

Shreve, Gregory (2002). "Knowing translation: Cognitive and experiential aspects of translation expertise from the perspective of expertise studies". In A. Riccardi (Ed.), *Translation Studies. Perspectives on an Emerging Discipline* (pp. 150-171). Cambridge: Cambridge University Press.

Shreve. Gregory M., Schäffner, Christina, Danks, Joseph H., & Griffin, Jennifer (1993). "Is There a Special Kind of "Reading" for Translation? An Empirical Investigation of Reading in the Translation Process" *Target, 5* (1), 21-41.

Shreve, Gregory & Diamond, Bruce J. (1997). "Cognitive Processes in Translation and Intepreting. Critical Issues". In J.H. Danks, G. M. Shreve, S. B. Fountain & M. K.

McBeath (Eds.), *Cognitive Processes in Translation and Interpreting* (pp. 233-251). Thousand Oaks-London-New Delhi: Sage.

Shuttleworth, Mark & Cowie. Moira (1997). *Dictionary of Translation Studies.* Manchester: St. Jerome.

Sidiropoulou, Maria (1995). "Causal shifts in news reporting: English vs Greek press". *Perspectives: Studies in Translatology, 3* (1), 83-98.

Širjaev, E. N. (1986). *Bessojuznoe složnoe predloženie v sovremennom russkom jazyke.* Moskva: Nauka.

Sirotinina. O. B. (1968). "Nekotorye žanrovo-stilističeskie izmenenija sovetskoj publicistiki" In T. G. Vinokur & D. N. Šmelev (Eds.), *Razvitie funkcional'nych stilej sovremennogo russkogo jazyka* (pp. 101-125). Moskva: Nauka.

Smagorinsky, Peter (1994). "Think-Aloud Protocol Analysis Beyond the Black Box." In P. Smagorinsky (Ed.), *Speaking about Writing. Reflections on Research Methodology* (pp. 3-19). Thousand Oaks: Sage.

Snell-Hornby, Mary, Hönig, Hans G., Kussmaul, Paul & Schmitt, Peter A. (Eds.). (1999). *Handbuch Translation (2nd ed).* Tübingen: Stauffenburg.

Snodgrass, Joan Gray (1993). "Translating versus Picture Naming: Similarities and Differences." In R. Schreuder & B. Weltens (Eds.), *The Bilingual Lexicon* (pp. 83-114). Amsterdam and Philadelphia: Benjamins.

Solganik, G. Ja. (1973). *Sintaksičeskaja stilistika (složnoe sintaksičeskoe celoe).* Moskva: Vysšaja skola.

Stepovik, D. V. (1984). *Taras Ševcenko. Živopis, grafika.* Kiiv: Mistectvo.

Sternberg, Robert J. (1997). "Cognitive Conceptions of Expertise': In P. J. Feltovich, K. M. Ford & R. R. Hoffman (Eds.), *Expertise in Context. Human and Machine* (pp. 149-162). Menlo Park-Cambridge MA-London: AAAI Press/The MIT Press.

Stratman, James F., & Hemp-Lyon s, Liz (1994). "Reactivity in Concurrent Think-Aloud Protocols. Issues for Research". In P. Smagorinsky (Ed.), *Speaking about writing. Reflections on Research Methodology* (pp. 89 112). Thousand Oaks-London-New Delhi: Sage.

Strömquist. Siv. (1989). *Skrivboken. Skrivprocess, skrivråd och skrivstrategier.* Malmö: Gleerups.

Strömqvist, Sven (1996). *Discourse flow and linguistic information structuring: explorations in speech and writing.* [=Gothenburg papers in theoretical linguistics, 78]. Göteborg: University of Göteborg, Department of Linguistics.

Sullivan, Kirk & Lindgren, Eva (Eds.). (forthc.). *Computer key-stroke logging. Methods and applications.* Amsterdam : Elsevier.

Teleman, Ulf & Wieselgren, Anne Marie (1990). *ABC i stilistik.* Stockholm: Liber.

Teleman, Ulf, Hellberg, Staffan & Andersson, Erik (1999a). *Svenska*

Akademiens grammatik. 2. Ord. Stockholm: Norstedts.

Teleman, Ulf, Hellberg, Staffan & Andersson, Erik (1999b). *Svenska Akademiens grammatik. 4. Satser och meningar.* Stockholm: Norstedts.

Tirkkonen-Condit, Sonja (1992). "The Interaction of World Knowledge and Linguistic Knowledge in the Processes of Translation. A Think-Aloud Protocol Study". In B. Lewandowska-Tomasczyk & M. Thelen (Eds.), *Translation and Meaning, Part 2* (pp. 433-440). Maastricht: Faculty of Translation and Interpreting.

Tirkkonen-Condit, Sonja (1997). "Who Verbalizes What: A Linguistic Analysis of TAP Texts" *Target, 9* (1), 69-84.

Tirkkonen-Condit, Sonja (2000). "Uncertainty in Translation Processes". In S. Tirkkonen-Condit & R. Jääskeläinen (Eds.), *Tapping and Mapping the Processes of Translation and Interpreting* (pp. 123-142). Amsterdam and Philadelphia: Benjamins.

Tirkkonen-Condit, Sonja (2002). "Process Research: State of the Art and where to go next?" *Across Languages and Cultures, 3* (1), 5-19.

Tirkkonen-Condit, Sonja & Laukkanen, Johanna (1996). "Evaluations -a key towards understanding the affective dimension of translational decisions". *Meta, XLI* (1), 45-59.

Tolstoj, Leo (1928). *Anna Karenina* [transl. by Oscar Nachman]. Stockholm: Saxon & Lindström.

Tolstoj, Leo (1958). *Anna Karenina* [transl. from Russian by Sigurd Agrell, revised by Gunilla Nordlund]. Stockholm: Bonniers.

Tolstoy, Leo (1914). *Anna Karenin* [transl. by Walborg Hedberg]. Stockholm.

Tolstoy, Leo (1965). *Anna Karenina* [transl. by Louise and Aylmer Maude]. London: Oxford University Press.

Tommola, Jorma (1986). "Translation as a psycholinguistic process". In L. Wollin & H. Lindquist (Eds.), *Translation Studies in Scandinavia* (pp. 140-149). Lund: Gleerup.

Torrance, Mark (1996). "Strategies for familiar writing tasks: Case studies of undergraduates writing essays". In G. Rijslaarsdam, H. van den Bergh & M. Couzijn (Eds.), *Theories, Models and Methodology in Writing Research* (pp. 283-298). Amsterdam: Amsterdam University Press.

Toury, Gideon (1984). "The Notion of "Native Translator" and Translation Teaching". In W. Wilss & G. Thome (Eds.), *Die Theorie des Übersetzens und ihr Aufschlusswert für die Übersetzungs- und Dolmetschdidaktik* (pp. 186-195). Tübingen: Narr.

Toury, Gideon (1986). "Monitoring Discourse Transfer: A Test-Case for a Developmental Model of Translation': In J. House & S. Blum-Kulka (Eds.), *Interlingual and Intercultural Communication* (pp. 79-94). Tübingen: Narr.

Toury, Gideon (1980). *In Search of a Theory of Translation.* Tel Aviv: Tel Aviv University, the Porter Institute for Poetics and Semiotics.

Toury, Gideon (1995). *Descriptive Translation Studies and Beyond.* Amsterdam and Philadelphia: Benjamins.

Toury, Gideon (2004). "Probabilistic explanations in translation studies: Welcome as they are, would they qualify as universals?" In A. Mauranen & P. Kujam aki (Eds.), *Translation Universals. Do they exist?* (pp. 15-32). Amsterdam and Philadelphia: Benjamins.

Trabasso, Tom, Secco, Tom & Van Den Broek, Paul (1984). "Causal Cohesion and Story Coherence": In H. Mandl, N. L. Stein & T. Trabasso (Eds.), *Learning and Comprehension of Text* (pp. 83-111). Hillsdale, NT: Earlbaum.

Trabasso, Tom & Suh, Soyoung (1993). "Understanding Text: Achieving Explanatory Coherence Through On-Line Inferences and Mental Operations in Working Memory" *Discourse Processes, 16*, 3-34.

Trask, R L. (1993). *A Dictionary of Grammatical Terms in Linguistics.* London/New York: Routledge.

Ukrains'ka radjans'ka enciklopedija. (1985). Kiiv.

van Waes, Luc (1991). *De computer en het schrijfprocess. De invloed van de teksverwerker op het pauze- en revisiegedrag van schrijvers.* Enschede: Universiteit Twente.

Vehmas-Lehto, Inkeri (1989). *Quasi-Correctness. A critical study of Finnish translations of Russian journalistic texts. (=Neuvostoliittoin-stituutin vuoisikirja No.* 31.) Helsinki: Neuvostoliittoinstituuti.

Vehmas-Lehto, Inkeri (2001a). "Explicitation as a translation strategy". In P. Kukkonen & R. Hartama-Heinonen (Eds.), *Mission, Vision, Strategies, and Values* (pp. 221- 229). Helsinki : Helsinki University Press.

Vehmas-Leh to, Inkeri (2001b). "Translation-proper explicitatios-a fallacy or reality?" In *Fifth International Conference on Translation. Interculturality and Translation: Less-Translated Languages.* Barcelona 29.-31.10.2001.CD rom publication.

Weinreich, U. (1953). *Languages in contact.* New York.

Weiss, Daniel (1993). "Die Faszination der Leere." *Zeitschrift für Slavische Philologie, LIII* (1), 48-82.

Weissbrod, Rachel (1992). "Explicitation in translations of prose-fiction from English to Hebrew as a function of norms". *Multilingua, 11* (2), 153-171.

Wengelin, Åsa (2002). *Text Production in Adults with Reading and Writing Difficulties.* (diss.) Göteborg: Göteborg University, Department of Linguistics.

Venuti, Lawrence (1998). "Strategies of translation". In M. Baker(Ed, Ass. By K. Malmkjær *Routledge's Encyclopedia of Translation Studies* (pp. 240-244). London and New York: Routledge.

Venuti, Lawrence (Ed.). (2000). *The translation studies reader.* London and New York: Routledge.

Whitney, Paul & Budd, Désirée (1996). "Think-aloud- protocols and the study of comprehension". *Discoursr Processes, 21* (3), 341-351.

Wikland, Lennart (1974). *Modern rysk Grammatik.* 2 uppl. Nacka: Esselte Studium.

Wikborg, Eleanor & Bjork, Lennart (1989). *Sammanhang i text.* Uppsala: Hallgren och Fallgren.

Wilss, Wolfram (1996a). *Knowledge and Skills in Translator Behavior.* Amsterdam and Philadelphia: Benjamins.

Wilss, Wolfram (1996b). *Übersetzungsunterricht: eine Einfuhrung.* Tübingen: Narr. Vinay, J.-P., & Darbclnet, J. (1958/1977). *Stylistique comparée du français et de l'anglais.* Montréal, Quebec: Beauchemin.

Wern, Yvonne (1979). *Thinking aloud during reading. A descriptive model and its application* [=Reports from the Department of Psychology, 546]. Stockholm: Stockholm University, Department of Psychology.

Zarubina, N. D. (1981). *Tekst: lingvističeskij i metodičeskij aspekty.* Moskva: Russkij jazyk.

Zolotova, G. A, Onipenko, N. K., & Sidorova, M. Ju. (I998). *Kommunikativnaja grammatika russkogo jazyka.* Moskva: Moskovskij gosudarstvennyj universitet, Filologičeskij fakul'tet.

Zorichina-Nil'sson, Nadežda (2000). "Russkie deepričastnye konstrukcii v zerkale švedskogo jazyka (vyraženie otnošenija raznovremennosti meždu dejstvijami)" In A. Barentsen & Y. Poupynin (Eds.), *Functional grammar: Aspect and Aspectuality. Tense and Temporality. Essays in Honour of Alexander Bondarko* (pp. 143-155). München: LINCOM Europa.

John Benjamins Series

14

Expertise and explicitation in the translation process

존 벤자민스 통번역 총서 **14**

번역과정의 전문지식과 명시화

Expertise and explicitation in the translation process

초판 인쇄 2016년 4월 20일
초판 발행 2016년 4월 30일

편저자 비르지타 엥겔룬드 디미트로바
기 획 정호정(존 벤자민스 통번역 총서 기획위원장)
옮긴이 유한내
발행인 김인철
편집총괄·기획 장지호 Director, University Press
편집장 신선호 Executive Knowledge Contents Creator
도서편집 김민정 Contents Creator
진수연 Contents Creator
도서·전자책편집 최인우 e-Contents Creator
마케팅 곽용창 Chief Marketing Creator
재무관리 권미경 Chief Managing Creator
김은혜 Managing Creator
발행처 한국외국어대학교 지식출판원
02450 서울특별시 동대문구 이문로 107
전화 02)2173-2493~7
팩스 02)2173-3363
홈페이지 http://press.hufs.ac.kr
전자우편 press@hufs.ac.kr
출판등록 제6-6호(1969. 4. 30)
디자인 · 편집 (주)이환디앤비 02)2254-4301
인쇄 · 제본 네오프린텍(주) 02)718-3111

ISBN 979-11-5901-074-3 94700
978-89-7464-914-2 (세트)

정가 25,000원

*잘못된 책은 교환하여 드립니다.

HUiNE 은 한국외국어대학교 지식출판원의 어학도서, 사회과학도서, 지역학 도서 Sub Brand이다. 한국외대의 영문명인 HUFS, 현명한 국제전문가 양성(International +Intelligent)의 의미를 담고 있으며, 휴인(携引)의 뜻인 '이끌다, 끌고 나가다'라는 의미처럼 출판계를 이끄는 리더로서, 혁신의 이미지를 담고 있다.